30 MOTS DE FRANÇOISE DOLTO
À L'USAGE DES PARENTS
ET DES ÉDUCATIFS

ÉDUCATION ET FORMATION

COLLECTION FONDÉE ET DIRIGÉE PAR GASTON MIALARET

Recherches scientifiques

Françoise Chébaux

30 MOTS DE FRANÇOISE DOLTO À L'USAGE DES PARENTS ET DES ÉDUCATIFS

PRESSES UNIVERSITAIRES DE FRANCE

La subtile présence de Jacqueline Challemel du Rozier
a accompagné l'expérience de cet ouvrage.
Je l'en remercie.

ISBN 2 13 051616 5

Dépôt légal — 1re édition : 2001, mai

Sommaire

Préface

Un lexique, un abécédaire, ou un antidictionnaire à grandir ?

Françoise Chébaux est une femme courageuse et obstinée. Courageuse, parce qu'elle s'est toujours tenue sur les frontières des sciences humaines, jusqu'à revendiquer depuis longtemps l'intersection où la sociologie croise la psychanalyse, au nom du sujet, bien avant que la mode et la clinique sociale de la violence en assurent la mise en scène. Obstinée, parce qu'elle poursuit cette déconstruction du tissage de la subjectivité sociale ; de la subjectivité, de l'intersubjectivité, toujours déprises mais éprises, du social. C'est en fait l'élaboration d'une recherche patiente et originale sur l'origine de l'homme, à ce point précis où il se rencontre dans la peau d'un autre, sous le regard, la relation, au quotidien. Françoise Chébaux est un chercheur du sujet ; comme Françoise Dolto se voulait médecin d'éducation ; on pourrait reprendre ici ce terme qui lui aussi revient questionner l'Université, de praticien chercheur, du sujet. Car une troisième qualité s'ajoute au courage et à l'obstination, la simplicité. Elle s'adresse à vous et moi, et, pourrait-on dire, à tout un chacun, au professionnel de l'éducation qui sommeille en nous. Elle expose et s'expose, aurait dit Fernand Oury ; elle raconte de la théorie, et ce n'est vraiment possible qu'après de longues années de fouilles, de méditations, au cœur du concept.

Voilà une clé pour les républicains du savoir. On doit pouvoir enseigner comme on conte, peut-être y a-t-il là d'ailleurs une trouvaille active incontournable, tout le reste revenant à la scolastique et à l'école assise déjà brocardées au début du siècle. En effet le savoir est vivant, et l'école et l'Université pour des raisons politiques et hégémonistes de sociocultures n'en gardent – c'est le cas de le dire – que des essences quasi platoniciennes. Les monographies de la pédagogie institutionnelle sont là pour le montrer, les problèmes d'école, les difficultés, c'est toute une histoire, un agencement, un réseau. Et voilà donc la nouvelle, le conte. Comptons les concepts. Nous vous les conterons. Dans l'éducation nationale, de la maternelle à l'Université, on enseigne, sans conter, et l'on compte son plaisir, l'on décompte son désir.

C'est Françoise Chébaux qui osa récemment écrire et publier un livre d'étonnante intention, sur la question du sujet, où elle rapproche et articule avec patience Françoise Dolto et Alain Touraine. Je me souviens avec amusement des réactions de certains de nos amis universitaires, prenant la proposition pour une boutade. Que nenni ! Elle poursuit sans désemparer son voyage au bout de l'éducation, de l'acte éducatif, il s'agit comme elle l'a indiqué d'une archéologie. Une archéologie du sujet, que l'on retrouve à l'œuvre dans cet antidictionnaire.

Le sujet n'avait sa place, bien gardée, qu'au plus profond d'une tradition philosophique en partie relayée par une certaine psychanalyse. En fait, le XXe siècle a vu le sujet suspendu entre deux abîmes. Celui d'une sociologie systématique, objectiviste, relevant les grandes philosophies, acharnée comme ces dernières à expliquer l'espèce humaine en société, dans une généralité impuissante aujourd'hui encore à rendre compte de la force et de la différence de la subjectivité à l'œuvre dans les pratiques quotidiennes de l'être humain. Françoise Chébaux connaît bien la sociologie, elle a longuement suivi Alain Touraine, François Dubet, et je me souviens ici des réflexions d'Alain Touraine lors de la soutenance de l'habilitation à diriger des recherches de Françoise Chébaux, à Caen, en 1997. Il butait avec toute son intelligence sur la dimension analytique, clinique, du sujet, sur la figure de l'inconscient. Le jury était à l'image du questionnement : les sciences de l'éducation, la sociologie, la psychanalyse, la psychologie clinique, la pédagogie institutionnelle, avaient répondu à la demande de soutenance, et assistaient la démarche. Françoise Chébaux parlait juste à cette intersection où l'inconscient et le corps basculent la société dans la subjectivité, dans le désir. Et c'est là que s'ouvre le deuxième abîme, entre le narcissisme et la solitude où Françoise Dolto ancre le sujet et son désir, sa foi de vie, celui d'une déréliction subjectiviste où l'individu prend ses aises et ses travers contemporains. On pourrait tomber de Charybde en Scylla, et céder à un sujet désirant porté par l'économie sociale. Mais là aussi le corps et l'inconscient interviennent, et le désir en appelle à l'autre, au moment où le solipsisme prend la route du sujet. Le mystère de la parole est fondateur de relation, il est impératif d'aimer, de donner, de recevoir (de) l'autre. L'un et l'autre feront maison commune. Un peu comme Françoise Chébaux et Françoise Dolto.

Le sujet l'emporte. Alain Touraine le revendique lui-même désormais avec conviction. Nous n'en sommes plus au temps de l'acteur, c'est le sujet et la subjectivation qui s'imposent, dans la recherche de soi. On voit bien à présent comment la démarche de Françoise Chébaux tire le meilleur d'une transversalité essentielle à l'humanité, nouant les champs disciplinaires sous le prétexte de l'éducation. On dit en effet de plus en plus que là est le vrai problème, l'éducation des enfants, et sans doute il est vrai l'éducation à la génitude. Le lien est en danger. La violence criminelle n'a plus d'âge ; les guerres sont banalisées ; la guerre est un état d'esprit du parc humain cher à Peter Sloterdijk. Et tout de go, Françoise Dolto nous dit que le désir même de vivre, c'est Dieu en nous. Une de mes amies disait de la même façon il y a quelques années que le conseil de la pédagogie institutionnelle, dans le lieu des laissés-pour-compte où elle aussi contait l'école, et assurait la parole, c'était Dieu : la société qui chuchote et interpelle le sujet dans son corps y compris inconscient. Dieu, c'est l'éthique du désir, on peut le prendre comme on veut, il a laissé des traces chez Aristote, Hegel, Kant, Marx, Sartre, mais aussi chez Nietzsche, Schopenhauer, Heidegger, et Sloterdijk. C'est Freud qui le découpe en inconscient, et marque définitivement le sujet d'une transmission fragile et structurale où la dialectique et la castration tiennent de l'éducation. Il faut appartenir pour se singulariser. Nous ne faisons pas assez attention à l'être humain, au petit d'homme. Il y a chez Françoise Dolto une immense appétence pour l'enfant, sans doute est-ce là cette petite fille qu'elle fut, dans une famille rigide et très française, une petite fille presque coupable de la mort de sa sœur, au dire de la mère. La spiritualité, ce n'est jamais que la fuite amoureuse du sujet. Pour grandir, il faut aimer. L'escargot ne déploie ses cornes que quand il est en sécurité. Je revois ici Miloud, jeune enfant, étranger, étranger à l'autre, étranger à soi, dans la classe de Catherine Pochet. Il ne parle pas, il crie ; il n'écrit pas, il jette des boudins sur les murs. Il lui faudra la règle, la loi, des garants et des garanties, pour se poser à un point de la structure, et accepter de s'y leurrer, jusqu'au même, de se risquer vers l'autre. Après tout, nos jeunes enviolentés d'aujourd'hui, en état limite et limité, ont une peur bleue de l'autre, une angoisse radicale du corps ; un corps sans image construite, vampirisé par le miroir – il m'a regardé, disent-ils, après avoir frappé. C'est là qu'interviennent les éducatifs, comme dit Françoise Chébaux, les rebouteux du sujet, mobilisés dans l'urgence. Le travail social, c'est ne pas (trop) s'identifier à l'enfant, c'est casser la prise et l'emprise directe, c'est accompagner la parole et l'ascension du Je, c'est le pédagogue grec de François Tosquelles, c'est le *Je est un autre* de Jacques Lévine. Les éducatifs travaillent entre l'abandon et l'accueil. Ils travaillent avec eux-mêmes, avec des attitudes, des gestes, des mots, on voit bien dès lors l'importance d'une formation au langage du sujet en situation, le moindre mot est un concept éthologique et éthique. Ce lexique, abécédaire, voire antidictionnaire, nous livre à domicile 30 mots, mûris par Françoise Chébaux de son lieu magique où les sciences humaines par nécessité se rejoignent. Elle est ainsi l'auteur d'un conte éducateur et doltoïen à la hauteur d'une pédagogie institutionnelle du travail social. Si les enseignants réalisaient qu'ils ont eux aussi là tout à apprendre, nous serions presque comblés. On peut rêver. L'émoi est formateur, s'il est bien accueilli. Là où l'enseignement perd son émotion, le travail social trouve sa raison d'être, d'être humain.

En 1971, je terminais avec Fernand Oury *Chronique de l'école caserne*. J'interviewais pour cela Louis Legrand, Roger Ueberschlag, François Tosquelles, et Françoise Dolto. Elle me reçut chez elle, en début d'après-midi. Nous eûmes une longue conversation, retracée dans le livre. Et puis on sonna. Une petite fille fit son entrée. Françoise Dolto la fit asseoir et lui proposa quelques objets. Nous poursuivîmes quelques minutes. La petite fille jouait en attendant, attendait en jouant. Je pressai un peu le mouvement. Mais elle m'arrêta. Ne nous pressons pas, dit-elle,

elle nous entend ; elle comprend très bien ce que nous disons ; elle sait que nous parlons d'elle. C'est cette confiance qui la faisait tant rechercher par nos groupes. Lacan, bien sûr. Mais Dolto, tout autant. La rue Saint-Jacques nous était familière.

« Je serais heureuse si un certain nombre d'entre vous, lecteurs à qui je m'adresse, pouvaient se sentir concernés, comme je le suis moi-même, par la recherche de l'unité entre la vie personnelle et le débat public, entre l'individualisme et le respect des droits culturels. Il faut se comprendre mieux soi-même, si l'on veut comprendre mieux le monde. » Je reprends Alain Touraine, à la recherche de soi. Restons-en là. Nous avons à lire.

Jacques PAIN,
professeur de Sciences de l'éducation
responsable du secteur de recherches
Crise, École, Terrains sensibles
Université Paris X, Nanterre.

Introduction

« Que vas-tu faire de Françoise Dolto dans l'éducation ? » m'a demandé un membre du jury, lors de la soutenance de mon habilitation à diriger des recherches. La question m'a surprise, tant la réponse allait de soi : sa conviction (et la mienne) éthique, clinique et théorique de l'importance et de la place du Sujet en chaque personnalité suffisait. Pour Françoise Dolto, le Sujet c'est le manque-à-communiquer version-corps ; le Sujet c'est la recherche de communication avec l'autre, alors l'éducation va de soi... À vrai dire, j'ai eu peur que le débat ne s'ouvre en termes d'*application* de sa psychanalyse à l'éducation, travers normatif tentant et difficilement évitable – il se peut que l'humain cherche des réponses qui viendraient clore le labyrinthe de ses questions –, là où il ne s'agit pas d'appliquer, mais seulement de se laisser *inspirer*. Par quoi ?

Le Sujet, c'est une éthique, en amont... et une norme, en aval. D'abord. Alain Touraine (1981), dont l'œuvre m'inspire aussi fort que celle de Dolto[1], réhabilite cette notion de norme dans le travail éducatif au sens large (il s'adresse, là[2], aux travailleurs sociaux, aux enseignants...). Il y a des normes, dit-il, et puis, des conduites individuelles et collectives qui ne rentrent jamais

1. Cf. Françoise Chébaux, *La question du sujet entre Alain Touraine et Françoise Dolto*, Archéologie de l'acte éducatif, Paris, L'Harmattan, 1999.

2. A. Touraine, Le sociologue et la sociologie, in *Informations sociales*, n° 4/1981, p. 39-47.

entièrement dans les normes. Tel est le lieu social de ces professions. Le problème, poursuit-il, dans ces professions, c'est de fonctionner en tout ou rien : c'est très bien ou c'est très mal de conformer, de remettre au pas... Or, s'il va distinguer trois postures de rétroaction (nécessaires, qui n'ont rien de péjoratif) sur les normes, trois tentatives pour diminuer l'écart entre la conduite et la norme, c'est en nous invitant à révoquer en doute cette notion de norme. Les normes sont tout, sauf des absolus, dit-il. Si bien qu' « agir pour changer la norme, c'est tenter de diminuer l'écart, c'est normer le plus de conduites possible – mais au prix d'une modification de la norme » (1981, p. 44). Le travail éducatif (inspiré de la recherche du Sujet collectif comme du Sujet individuel) ne peut ainsi faire l'économie de la question de la norme, mais dans son rapport à la norme – l'éthique –, en révoquant en doute l'absolu de la norme. C'est bien par rapport à cette démarche que F. Dolto, elle aussi, construit son Sujet et qu'elle invite chaque sujet que nous cherchons à être à réfléchir. Le temps et l'espace de l'inspiration sont là : dans son éthique du « ni bien, ni mal », manière d'aider le sujet à renouer avec sa dynamique en lien avec les autres, dans le respect de lui et des autres, éthique qui a ses conséquences normatives. Les normes, dans cette perspective, sont le fruit provisoire de l'expérience du sujet, telle qu'il l'a vécue et la vit : légitimes, elles ne devraient rien avoir d'absolu. Les parents, les éducatifs, peuvent-ils tout juste dire à leur(s) enfant(s) : « Par rapport à telle situation, tel problème, c'est ma solution... et tu trouveras la tienne en échangeant avec d'autres que moi. Cherche et on en reparlera... »

Entre dynamique inconsciente – mode narcissique de relation à soi et à l'autre puisé dans le climat émotionnel, d'échange, de la relation familiale initiale – et re-présentation, présentation de lui qu'il se donne et donne aux autres, navigue le Sujet de Dolto : entre éthique et normes. L'essence d'une éducation inspirée de la psychanalyse doltoïenne se situe dans cette division de départ ; et si les psychanalystes situent leur démarche dans le travail de l'origine de cette division, Loi fondamentale (l'interdit de l'inceste) qui délimite chacun et lui permet de trouver sa place, les éducatifs, eux, visent à permettre au sujet de faire-avec. Cette loi, si elle est le pivot de séparation des postures, aboutit à une éthique partagée : la reconnaissance de soi comme Autre et le respect de l'autre en tant qu'Autre.

Si la recherche d'une dynamique éducative se nourrit en son essence de cette éthique, souffle de son inspiration, elle peut s'éclairer aussi de la théorisation de la clinique doltoïenne. Autrement dit, le Sujet est une éthique, une clinique et une théorie.

C'est à travers 30 mots clés que le lexique présenté va rechercher la théorisation de cette clinique du Sujet.

Ces mots clés... s'ils ont ainsi pour point de départ cette théorisation, se nourrissent aussi des avenues heuristiques déjà ouvertes par d'autres praticiens de l'acte analytique. Leur questionnement, quelles que soient les situations, convergent vers le pivot de la *castration,* point de passage d'une démarche (analytique) à l'autre (éducative) : là où nous verrons qu'éduquer c'est donner la castration, aider le sujet à advenir à ce qu'il a à être, séparé des autres-de-son-histoire, tels qu'il les a construits.

Ces mots clés... dégagent aussi les réflexions ouvertes par des praticiens de l'acte éducatif qui revendiquent l'inspiration de cette perspective : tant dans le domaine de l'enfance en souffrance (à l'Aide sociale à l'enfance, ASE), que dans celui de l'enseignement (à l'école, dans des écoles pas ordinaires). Un certain nombre d'éducatifs travaillent déjà en ce sens : on verra dès lors comment on ne peut plus se définir seulement comme enseignant, par exemple, mais comme enseignant-éducateur. Les équipes de La Neuville ou de la Pédagogie institutionnelle vont en témoigner, ici.

Enfin ces mots clés... sont nourris à l'aune de mon expérience de chercheur et d'enseignant en sciences de l'éducation, depuis une vingtaine d'années, dans la recherche de la rencontre de ceux que j'appelle les éducatifs. Que l'on soit travailleur sociosanitaire ou enseignant, c'est ce niveau de relation de soi à soi, comme de soi à l'autre, où l'on cherche soi-même à être sujet et à faire retrouver ou à maintenir chez l'autre son fonctionnement de sujet, c'est cette éthique éducative, dimension éducative, qui est privilégiée.

C'est dans le cadre de l'ASE que j'ai initié bon nombre de mes recherches sur l'acte éducatif. À travers équipes de Prévention spécialisée, Placements familiaux, foyers d'accueil, lieux de vie, j'ai interrogé la place faite au sujet, dans les enfants et les jeunes accueillis. Au cours d'une recherche avec des adultes ex-enfants placés, voire abandonnés à l'ASE, l'urgence du sujet m'est apparue ; dans ces situations où ceux qui cachaient leur histoire aux enfants accueillis croyaient bien faire pour leur éviter la souffrance d'une réalité dramatique, sans se rendre compte des angoisses bloquantes générées en lieu et place de leur histoire familiale sans parole. Dans la souffrance partagée avec ces enfants – on les comprend –, ils ne savaient pas trouver, on ne les aidait pas à trouver, le chemin d'une juste compassion, de celle qui cherche à se mettre à la place de l'autre... sans être gagné par le pathos de l'autre.

Ce que j'ai aimé au Colloque de janvier 1999[1] sur Françoise Dolto c'est que chacun des intervenants a dit, non pas : « F. Dolto a dit », mais : « Voilà ce que j'entends de ce que F. Dolto a dit. » C'est ainsi que ce lexique est écrit : voilà comment j'entends ce que la psychanalyse de F. Dolto éclaire de l'éducation, des questions qui dans l'éducation peuvent se trouver réorienter à partir de ses recherches et de celles de quelques autres.

Entendons, dès lors, ce lexique comme une ouverture : il appelle la conjugaison du verbe être et du sujet qui l'anime à travers de multiples expériences qui ne sont pas encore écrites. Il a pour ambition d'élargir l'horizon du sujet à tous ceux qui veulent se risquer à son académie au cours de leur travail relationnel avec les enfants.

1. Journées d'études Dolto, Association Archives et documentation Françoise Dolto, Unesco, Paris, 14-17 janvier 1999.

Amour

Aimer c'est permettre à l'autre de vivre son désir (1977-2, p. 81). Facile à dire...

Chez Dolto, tout part de l'autre, tout nous y ramène, soit pour s'en démettre tant il nous domine – nous y sommes aliénés, si je peux le dire ainsi –, soit pour lui laissant sa place, y trouver la nôtre. Le sujet chez Dolto, c'est toujours dans le rapport à l'autre. Alors aimer, c'est une dynamique toujours en recherche et une dialectique. Quand l'interaction est duelle, la relation obéit à une logique besogneuse ; pour s'ouvrir à la logique du désir, voire de l'amour, l'interaction passe par la soumission à quelques conditions. C'est sur ces conditions que je réfléchis...

Aimer, c'est permettre à l'autre de vivre son désir : amour se conjugue avec liberté, au sens de renoncer à faire de l'autre son objet, tout autant qu'à se faire objet de l'autre. Le renoncement, c'est plus chez Denis Vasse (1969) que je puise les mots pour dire la densité de cette dynamique qui fait articulation entre besoin et désir. Entre besoin de l'autre – du même, du semblable, mouvement de réduction de l'autre à moi, au besoin que j'en ai, premier mouvement nécessaire, incontournable, de construction du petit humain – et désir de l'Autre[1] – acceptation que l'autre échappe,

1. J'emprunte à Denis Vasse l'écriture lacanienne de l'a/Autre : « L'autre est, si l'on veut, mon prochain, mon semblable. L'Autre est ce qui, dans cette proximité, m'échappe, porteur insaisissable d'une altérité radicale qui surgit dans tout rapport

insaisissable, méconnaissable dans cette pourtant co-naissance, dépassement de l'infantile négation de la différence, en soi comme en l'autre, travail autour de l'altérité en soi et en l'autre –, se situe le pivot du renoncement à l'avoir, à la maîtrise, au Un. « Ce mouvement, que nous appelons "désir", naît ainsi du besoin (le besoin de consommer ou de savoir, de connaître) mourant à lui-même. Le lieu où s'exerce cette conversion toujours à reprendre est l'amour » (D. Vasse, *ibid.*, p. 39). Dans cette perspective, l'humain navigue entre l'illusion du besoin et de sa satisfaction qui lui ferait avoir l'être, et l'apprentissage du désir de l'autre pour ce qu'il est – Autre –, non pour l'utilisation qu'il en fait. « La véritable relation au prochain détache de ceux que l'on aime jusqu'à les laisser être pour eux dans le plus lointain de l'existence » (D. Vasse, *ibid.*, p. 28). « [...] l'amour [...] est lien vivant, qui laisse la liberté d'aimer ailleurs » (F. Dolto, 1981-1, p. 221). Aimer, c'est accéder au-delà de la présence de l'autre dans laquelle je crois trouver la sécurité garantie de mon existence, mirage de la vérité de mon être, au sentiment que son absence en moi est réalité de sa présence à lui, révélation de ce qui manque pour être. Aimer, c'est accepter de vivre dans l'inachèvement et les contradictions, dans l'écart, la faille, le manque, que j'évite, que je ne veux pas reconnaître comme le cœur de l'être. Aimer c'est mourir à soi-même, à l'idéal de soi, ennemi tapi, habile recouvrement de notre division. Au plus profond. Aimer c'est accepter de se reconnaître comme unité brisée, divisée. De là que l'amour soit conditionné au renoncement ; le renoncement est, sur le plan relationnel, l'œuvre du manque, sur le plan individuel.

Aimer notre ennemi... L'évangile va trop vite : l'ennemi est en nous, à reconnaître d'abord. L'ennemi c'est le masque, à nos propres yeux, de toutes nos impuissances, les leurres de certitude, de réponses sur soi et sur l'autre que nous nous plaisons à construire comme certitudes d'être. Savoir sur soi et sur l'autre : s'avoir, faire Un, au plus loin de la division qui nous fait. Heureuse division car elle nous pousse vers l'autre. Malheureuse division

d'identité et qui la fonde » (1969, p. 19), l'autre appréhende le prochain dans l'ordre d'une consommation besogneuse ; il obéit à une logique moïque. L'Autre, ouvre à l'appel du désir, ouverture vers l'inconnu ; irréductible au moi-connaissant, il est dans son rapport à l'autre ce qui fonde la différence, toujours là au cœur du même.

quand elle nous donne l'illusion d'être comblé par l'autre ou la prétention à le combler. Faire Un, c'est éliminer l'Autre, l'Autre en soi et l'Autre en l'autre. Aimer notre ennemi, F. Dolto dit que « c'est aimer celui qui est support de ce que je refoule le plus et que je ne veux pas reconnaître en moi. [...] C'est être capable de voir en tout autre mon semblable, [...] reconnaître que les “défauts” de mon ennemi, et ses carences, ses disproportions sont aussi miennes que siennes ! » (1977-2, p. 123). Aimer notre ennemi, c'est pactiser avec l'ennemi en nous, pactiser avec le diable en nous, avec ce qui nous désunit de l'Autre en nous – « Être divisé contre soi-même, c'est, en effet, de l'énergie perdue » (1981-3, p. 68) dit-elle – nous éloignant de reconnaître l'Autre, l'inépuisable, l'inconnaissable, le mouvement et la liberté chez l'autre.

C'est ainsi, qu'éduquer, c'est aimer. Éduquer, c'est aimer au sens d'avoir suffisamment de compassion pour ses faiblesses propres qu'on y puise de la compassion pour les insuffisances de l'autre qui sont la face cachée des nôtres. J'introduis d'emblée le lien avec l'éducation. Dans toutes les paroles de F. Dolto, c'est ce subtil du lien de désir qui me paraît guider ses réflexions. Dans le domaine éducatif, c'est cet humanisme qui vise le renoncement au même que je vois comme l'espace du travail à laisser advenir. Pas facile. Il se dialectise, d'abord, en soi ; d'abord, cela n'a rien de chronologique. Mais la présence à l'autre n'adviendra que sur fond d'absence à soi. Éduquer c'est s'ouvrir à l'Autre en nous, d'une manière telle, qu'à la mode de Winnicott, on pourra alors chercher à se mettre à la place de l'autre, tout en gardant sa tête sur les épaules (1975, p. 188). Non pas s'y identifier, mais percevoir la même interrogation autour du sens de la vie et de la mort que nos vies poursuivent, tout autant que le même dénuement dans les réponses que trouvent nos « fragiles existences », pour parler comme F. Dolto. Dans son œuvre, je lie, d'abord, éducation et amour, de cette façon. Au plus loin du Moi... Depuis la liberté à laquelle l'Autre nous assujettit, si on en n'a pas peur.

Si éduquer c'est aimer, chercher en éducation, c'est aussi aimer. Impossible de faire de la recherche, d'aller sur le terrain (selon l'expression consacrée) rencontrer des éducatifs, si on n'est pas ému, mis en mouvement, par leur quête à être, au-delà du rôle ou de la fonction qu'ils occupent. On ne pourra pas conduire sa recherche, on deviendra dogmatique : on partira d'une théorie et on cherchera à les faire rentrer dedans, au plus loin de leur manière d'être et de faire à eux, celle-là même qui est l'objet de la recherche clinique en éducation[1].

Abandon

Dans une recherche sur des adultes ex-enfants placés à l'Aide sociale à l'enfance, j'ai proposé un dégagement analytique[2] tant du côté de la mise en question de la fonction de l'ASE, institution d'accueil, que de l'interrogation de l'expérience vécue par ces personnes, au cours de leurs placements. Parce que la question qui me talonne, pour parler comme Piera Aulagnier, est celle du sujet, j'ai analysé la fonction de l'ASE, dans certains départements, en termes d'anhistoricisation au regard de la violence de la non-interprétation de l'histoire personnelle des sujets accueillis qui est restée en souffrance. M'est apparu alors en perspective, ce désir d'histoire au regard de la conception du sujet de F. Dolto.

Au regard de la théorisation de sa clinique de l'archaïque, F. Dolto pose l'impossible d'un sujet hors de la prise en compte de son histoire. J'ai interrogé plus précisément l'isolement inhumain dans lequel ces sujets ont été abandonnés : laissés dans la déliaison des émotions ou des questions qui faisaient leurs expériences originaires, tant au niveau du placement, que de leur histoire, par la censure institutionnelle. Morcelés comme sujets, de bien des manières, dont on ne saurait dire laquelle est la pire : morcelés dès leur arrivée dans les structures, quand leur histoire jusqu'au moment du placement ne leur a pas été dite quand ils la demandaient et jusqu'où ils la demandaient, morcelés au cours de leurs placements, abandonnés à l'isolement d'un ressenti non signifié par les adultes de tutelle[3].

1. Cf. F. Chébaux, Le secret de l'entretien, in *L'entretien de recherche dans les sciences sociales et humaines*, L. Marmoz (dir.), Paris, L'Harmattan, 2001.

2. Cf. F. Chébaux, *Archéologie de l'acte éducatif. Habilitation à Diriger des Recherches*, t. 2, Université de Caen, 1997.

3. Dans la perspective doltoïenne, cf. F. Dolto, D. Rapoport, B. This, *Enfants en souffrance*, Paris, Stock, 1981-1 ; *L'enfant et la psychanalyse*, Esquisses psychanalytiques, Paris, CFRP, 1993.

Abandon et scène primitive

« Il n'y a *rien* dans la loi en France qui empêche un enfant abandonné de connaître la personne qui l'a abandonné sauf – cas exceptionnel – quand la mère a spécifié comme clause qu'elle ne voulait pas que son identité soit jamais révélée ; mais c'est très rare, un cas sur cent. [...] c'est la DDASS qui fait barrage pour que les enfants abandonnés ne connaissent pas leur origine, alors qu'officiellement, elle n'aurait pas le droit d'y faire obstacle » rapporte F. Dolto (1987-2, p. 57).

Qui protège le secret demande René Clément[1], qui va jusqu'à parler, lui d'« euthanasie amnésique » provoquée par l'institution. De quoi se protège-t-on en effet ? On peut avancer quelques éléments concernant la conception de l'abandon qu'avait l'ASE, en renvoyant aux travaux de Catherine Bonnet (1990) qui, à propos de la notion d'abandon légal, interroge cet acte dans les termes d'un geste d'amour. J'ai souvent entendu, à l'ASE, les résistances des professionnels face au contenu de cet ouvrage : l'abandon comme acte d'amour paraissait inconcevable. Aussi, dans le même mouvement où avec P. Aulagnier (1984, 1989) j'ai pu dégager l'impensable pour le sujet de se concevoir du côté d'un désir de non-désir, j'en ai appelé à une conception revisitant l'origine en termes d'amour. Si F. Dolto, depuis sa clinique, aboutit au même remaniement – l'abandon d'un enfant, « c'est au contraire une intelligence du cœur de la part de sa mère d'avoir su qu'elle ne pouvait pas l'élever, ou qu'elle aurait pu le voir seulement une fois de temps en temps, de loin en loin » (1981-1, p. 219) – à vrai dire, elle va plus loin : l'amour, dans ces situations, renvoie, à mon sens, à la sécurité de base initiée dans la « scène primitive », à ce signifiant de confiance en soi, que les autres ont donné aussi, dans le mouvement du désir triangulé.

« L'enfant a besoin d'une parole vraie sur la première triangulation dans laquelle il a pris corps, ce que nous appelons scène primitive [...] » définit-elle (1987-2, p. 112).

1. Cf. R. Clément (1981), Objets de soins et de mesures... ou personnes en devenir ?, in *Enfants en souffrance, op. cit.*, p. 24.

Si l'abandon est conçu comme acte d'amour, j'ai proposé de le décliner à partir du travail de ce concept de « scène primitive », par lequel F. Dolto renvoie successivement :

— au sujet, son désir de naître : l'acte de naître n'est pas seulement issu de deux personnes, mais triangulation de trois désirs, enjeu éthique ;
— au sujet, le travail d'historicisation, de prise d'identité sexuelle et sociale, articulation de la scène primitive et de l'interdit de l'inceste : enjeu de vérité symbolique, la seule qui soit à dire ; la vraie, celle d'un travail historique par rapport aux lignées, aux générations qui ont précédé le sujet. Pas celle d'une « réalité » simple histoire familiale, mais celle d'un travail symbolique à effectuer dans l'adoption de deux lignées et aux interdits qui s'y nouent, à partir de la liberté du sujet de s'être incarné dans ces deux histoires ;
— aux professionnels, le danger d'une lecture psychologique du sujet. Ce n'est pas la question des identifications qui se pose dans le trajet d'un sujet, mais celle du travail d'un sentiment de confiance dans la vie qu'il avait en s'incarnant, son sentiment de sécurité qui va lui permettre d'aller et de devenir : le narcissisme.

La scène primitive articule ainsi la question de la place au monde, celle que recherche chacun. Mais, dans la conception de F. Dolto, la place est soumise à l'éthique qui soutient le concept de scène primitive ; s'il y est question de légitimer dans la loi humaine le désir du sujet d'être au monde – ce qui est sa place –, c'est en redonnant au sujet un désir d'égale valeur avec les partenaires de sa scène primitive.

La scène primitive légitime le sujet dans une égalité de désir : c'est l'enfant qui dit son mot pour naître... Quand F. Dolto parle plus spécifiquement de sa clinique des enfants abandonnés à partir de son expérience française en pouponnière, elle resitue l'enjeu de l'importance du don de cette scène primitive : dans l'égalité de valeur désirante, ressenti faute duquel le sujet n'assumera pas sans dommage son devenir humain. « Le sujet doit se sentir dans cette égalité avec les parents, dès la puberté, pour pouvoir en franchir le cap, pour devenir à son tour mère ou père. Sinon, plus tard, le jeune père sera terrorisé d'avoir un enfant-monstre, un géant, puisque celui-ci, n'étant pas son égal, lui deviendra supérieur. Il est vital que s'établisse l'égalité avec les géniteurs, en termes de valeur humaine ; or, cette égalité ne peut exister que référée à la scène primitive, c'est-à-dire non seulement au désir des parents, mais à celui du sujet d'être devenu leur enfant. [...] Le désir des parents est lié à celui d'un enfant qui veut naître ; c'est de ce moment qu'il est dans la loi du désir » (1987-2, p. 159). Devenant l'égal de ses parents sur le plan du désir, le sujet travaille, au fond de lui, ce passage au désir de vivre qui l'a fait naître, il assume son désir d'être là, retrouvant la possibilité de dépasser les épreuves qu'il estime ne pas assumer, coupable, attendant toujours d'un autre le coup de pouce, le regard ou la parole qui va le dynamiser. « Tu les as choisis pour naître, ça veut dire qu'ils avaient de quoi faire un enfant vivant. Mais, toi, que fais-tu de ta vie ? » propose F. Dolto (*ibid.*, p. 49) de dire à un enfant, de manière à lui permettre de retrouver sa place à lui dans le jeu parental, dégageant le sujet de l'autre en lui, lui renvoyant du même coup sa dynamique à retrouver du lieu de l'Autre. La place, l'état d'une quête d'être-au-monde, est soumise, ici, au travail du manque-à-être, jamais comblé par un autre. L'égalité, c'est le point de départ de la continuité spatiale et temporelle, référence prise dans la scène primitive, qui va permettre au sujet de poursuivre, de reprendre, son chemin à lui. Égalité désirante non redonnée : les enfants, comme les adultes que j'ai rencontrés, se trouvent bloqués dans un contentieux a-dynamique. Ils revendiquent une place dont l'autre a les clés, soumission, maintien de la soumission à l'autre, contre laquelle l'égalité dans la loi du désir de la scène primitive veut lutter. « [...] Peut-être t'es-tu trompé en t'incarnant ; n'empêche que tu es là, et c'est mieux de continuer de vivre. » Vous voyez, il s'agit de prendre le sujet dans son désir. Ce qui ne veut pas dire qu'on suivra son désir. De cette façon, l'enfant va se débrouiller ; en s'appuyant sur quelque chose qui n'est pas tout à fait ce qu'il veut ; mais il vit, il est dynamique, il avance. C'est cela notre rôle : soutenir la dynamique d'un sujet pour qu'il avance dans sa vie, pour qu'il arrive plus loin ; ce n'est pas de le contenter ; c'est justifier son désir en paroles et supporter ses reproches. À partir de ce moment-là, il fera comme il pourra « propose F. Dolto (*ibid.*, p. 27). Il s'agit de tenter de remobiliser la dynamique du sujet qui est en lui, pour le désaliéner d'une dépendance qui l'immobilise au présent, comme dans son avenir.

Le premier niveau que je dégage dans la scène primitive se situe, ainsi, du côté du désir de l'enfant, là où il a pris corps, dans un temps et un espace dans l'articulation de trois désirs, où il a mêlé le sien à ceux de deux êtres. De ce point de vue, la scène primitive représente un rapport de rencontre de trois désirs. Dans le fond, R. Clément articule clairement cet enjeu-là, relativement à la question du secret sur l'origine, fonctionnement de l'ASE qui me préoccupe : « On peut repérer dans nombre de cures d'enfants et d'adultes combien est mortifère tout non-dit touchant à la question des origines. Prenant souvent la forme du secret, ce non-dit a toujours des conséquences graves et mutilantes, dans la mesure où, mettant en cause les parents géniteurs, il porte atteinte à la nature symbolique de la transmission du don de la vie, en tant que ce don est fondateur du désir de vie de l'enfant lui-même, et qu'il permet de légitimer son désir d'être au monde » (1985-3, p. 139).

La scène primitive chez Dolto, c'est le remaniement de la question de la filiation, selon sa perspective : une dynamique de vie qui s'incarne, *et*, dans le rapport aux autres : celle qui fait le sujet, justement.

Abandon et vérité symbolique

« Dès que l'enfant sait que sa mère est mère, c'est-à-dire qu'elle l'a conçu dans un acte d'amour, de désir, même passager, avec un homme, acte auquel le désir de l'enfant s'est mêlé pour prendre chair, il se trouve dans la vérité symbolique » dit F. Dolto (1987-2, p. 112).

Si l'incarnation désirante touche au travail du sujet lors des premiers temps de sa dynamique de vie, dans la « scène primitive », c'est aussi du travail d'une filiation en amont dont il va être question, en amont du point de départ de ses coordonnées de sujet.

Son acception à elle de la scène primitive qui n'est pas que le coït parental, description de la réalité d'une situation, ouvre, en effet, également à un croisement nature/culture : elle est point d'ancrage et travail à mener par rapport à l'Œdipe. En ce sens, elle est point de départ – état – dominé par une dynamique actuelle, passée et future. Elle va générer, en tant que situation, identité sociale et sexuelle.

En tant que situation, la scène primitive situe l'enfant dans une perspective à trois dimensions : « Il faut qu'un enfant puisse se situer comme le troisième d'une lignée, qu'il ait un père en même temps que la référence à celui que son père prenait pour modèle et aimait ; sinon l'enfant n'est pas élevé à devenir un homme. De même il n'est pas élevé à savoir choisir une femme, si sa mère n'a pas eu elle-même pour modèle une mère. Cela n'implique pas nécessairement que la mère ait aimé sa mère. Mais il suffit qu'elle en parle pour faire repères dans le temps » (*ibid.*, p. 25).

Ce qui structure l'inconscient, c'est « [...] une référence à partir de laquelle le sujet se construit » *(ibid.)*, où il est situé « [...] par rapport à la loi et au temps, dans un équilibre social » *(ibid.)*. La scène primitive représente le travail d'une identité à la fois sexuelle et sociale : elle est marquée de l'Œdipe, d'emblée. C'est là que le sujet est d'emblée social, il est marqué de l'autre, dès son incarnation, chez le sujet de Dolto ; même dès la fécondation, à vrai dire...

« Pour devenir œdipien, il lui faut être situé dans une lignée », dit-elle à propos de l'enfant (*ibid.*, p. 108). Pour devenir œdipien, c'est-à-dire se structurer dans l'identification au parent des deux sexes d'abord, puis du même sexe que lui, après la perte de l'illusion d'avoir à faire comme papa et maman en tout. Illusion perdue, il sort de l'Œdipe, il intériorise l'ordre humain, social. La scène primitive représente, alors, cet enjeu indispensable d'inscription comme produit de deux lignées, perspective à trois dimensions, acte d'inscription symbolique, de lien social. Par la scène primitive, le sujet ne peut se vivre comme « le produit de sa mère et des mâles de la lignée maternelle », par exemple et selon l'exemple rapporté dans les *Dialogues québécois*, ou dans les termes d'une génération spontanée – l'acte, c'est ce travail. Produit de deux lignées, faute de cette représentation, le petit humain sera un « hémiplégique symboliquement ou affectivement » (*ibid.*, p. 112). « [...] qu'il ait été abandonné ou non, il faut, pour qu'un enfant se reconnaisse dans une identité humaine, qu'il se sache inscrit dans une lignée où deux personnes du même sexe que lui l'ont précédé, dans l'ordre des générations » dit-elle (*ibid.*, p. 108).

Cette perspective à trois dimensions – l'enfant est le produit de deux lignées –, borne accessible dans la scène primitive permet de remonter le fil de l'histoire en un mouvement diachronique, et d'en prendre identité sociale à travers un arrêt synchronique : « Sinon il est comme un chiot dont on connaît le pedigree mais qui n'est pas représenté par des personnes vivant dans un lieu réel et ayant une identité sociale » *(ibid.)*. Le sujet prend, dans cette scène primitive, une identité humaine, et en tant qu'elle est humanisée par la parole, il trouve sa place dans le temps et l'espace, dans le travail qu'il a à effectuer par rapport aux personnes qui l'ont précédé.

Mais non seulement, dans cette scène primitive, il y prend une identité humaine, sociale, mais sexuelle. En devenant œdipien, il travaille au dégagement de son identité sexuée, à partir de cette perspective à trois dimensions. Scène primitive et Œdipe sont liés, identité sociale et sexuelle, aussi. C'est dans cette scène primitive que l'enfant s'enracine, car elle lui donne « des fantasmes d'advenir à tel modèle » (*ibid.*, p. 20). Restera à l'enfant à effectuer ce travail d'identification et de désidentification, de construction de son identité en référence aux modèles parentaux, en perdant peu à peu de ce mode de construction incestueux, en le transposant avec d'autres modèles dans la réalité, jusqu'à la découverte qu'il n'y en a pas... de modèles. Travail de deuil.

Pour terminer sur cette vérité symbolique, c'est cette scène primitive en ce qu'elle est porteuse d'une ouverture sur la lignée qui fait histoire, qui borne la mêmeté d'être, qui pourra aller et devenir structurée ou restructurée, qui est à dire aux enfants accueillis dans les diverses situations de placement ou à redire aux adultes qu'ils sont devenus. Donner ou redonner la famille intérieure, celle de la scène primitive, à la fois première triangulation dans laquelle il a pris corps – son mouvement à lui – et inscription dans une perspective à trois dimensions – situation qui va devenir vérité de l'interdit de l'inceste –. Elle fait vérité et sécurité par la castration qu'elle impose.

Le dire vrai, structurant, temporellement structurant, c'est la vérité symbolique de l'inscription dans une lignée dès l'origine, dans la scène primitive, espace d'incarnation désirante. Parler l'histoire, à partir de l'expérience et de la théorie de F. Dolto, c'est redonner l'espace et le temps de cette dynamique triangulaire du désir, pour permettre au sujet de se relier à ce moment historique d'inscription désirante dans une lignée, incarnation dans le temps et la loi des humains, état et mouvement d'une identité qui reste à travailler ou à remanier.

Abandon et identifications

Enfin, autre enjeu inhérent à ce concept de scène primitive, vérité à redonner au sujet : le dégagement des identifications – œdipiennes – nécessaires, mais à dépasser.

« Supposons qu'un enfant, Paul, qui a comme père Pierre, rêve d'un père qui serait comme Jules, un oncle ou le père d'un camarade. "Ça veut dire que Jules est le modèle que tu as en toi, c'est celui-là que tu as à advenir." En tout cas, pour l'instant. Et ne t'en fais pas si, dans quelques mois, tu as dans l'idée de devenir un autre homme. Cela signifie que tu as en toi beaucoup de possibilités ; et puis tu changeras de modèle, parce que tu auras rencontré quelqu'un d'autre ; jusqu'au jour où, de modèle en modèle, tu sauras qu'il n'y a pas de modèle sur terre. C'est de toi que tu as à te soutenir, et toi, c'est celui qui a choisi de naître le jour où tu t'es mis dans la graine de vie maternelle qui avait rencontré la graine de vie paternelle », expose F. Dolto (*ibid.*, p. 20), revenant à cette scène primitive fondatrice des fantasmes d'advenir par rapport à tel modèle, légitimant le désir d'être, d' « être-comme » d'abord, selon le premier mouvement de l'humain. La vérité symbolique de cette scène originaire, qui se joue à un double niveau, dans une triangulation de désirs et dans l'interdit de l'inceste, touche ainsi, aussi, aux questions de l'identification, des identifications, peut-être en jeu dans les résistances institutionnelles, celle de l'ASE par exemple, à cette conception du sujet.

À propos de la question de l'identification, F. Dolto précise : « L'Œdipe en est le tournant, puisque le sujet va jusqu'à désirer des rapports sexuels avec sa mère, comme le père en a avec elle. Or, cela ferait de l'enfant un animal au lieu d'un humain. Son père n'a pas épousé sa propre mère (la grand-mère paternelle de l'enfant). Celui-ci comprend tout d'un coup comme une illusion, comme un quiproquo, son désir de faire comme papa et de coucher avec maman » dit-elle (*ibid.*, p. 141). À un moment où plusieurs participants au colloque acté dans *Dialogues québécois* lui expriment leurs craintes de voir les enfants qu'ils ont à suivre, soit s'identifier à un parent délinquant, soit, du fait de multiples placements, ne pas parvenir à trouver de repères identificatoires stables, F. Dolto renvoie le risque d'une « compréhension livresque, psychologique » de cette notion d'identification. Elle oriente la réflexion du côté du travail que le sujet doit encore accomplir : « [...] l'identification est un processus dialectique, structurant, permettant à un sujet d'assumer son désir dans la loi qui régit les humains, son père comme les autres » *(ibid.)*. C'est cette loi que l'éducation a à inculquer, non la façon de vivre par rapport à la loi, dit-elle.

À partir de cette question de l'identification, de la crainte des professionnels à voir les enfants clivés entre de multiples identifications, elle dégage l'enjeu : « Ce que je voudrais vous faire comprendre, c'est que la stabilité est beaucoup plus symbolique que corporelle [...] On peut pallier le risque qu'ils ne deviennent des arlequins en leur restituant la sécurité qu'ils ont en eux, qui leur vient de leur histoire. Le narcissisme est une "mêmeté d'être", reconnue dans l'espace et le temps » (*ibid.*, p. 142). Cette sécurité, ils l'ont en eux... depuis leur scène primitive. Ils l'ont en eux, car ils l'ont mise en œuvre au moment de leur incarnation, dans leur énergie à s'incarner. Plutôt que dans la question de l'identification, F. Dolto resitue le débat dans la question de l'identité, c'est-à-dire du narcissisme, de cette mêmeté d'être, continuité narcissique, continuité spatio-temporelle, qui s'est étoffée à sa naissance, dit-elle, étoffée car elle était déjà là dans la scène primitive, dans son désir de naître là.

C'est cette mêmeté, continuité, connue et reconnue, propre au génie de chacun, qui fait identité. Là est la question. Pas dans l'identification. En quelque sorte, F. Dolto nous enjoint, sur le plan de l'éducation, à recentrer le débat sur l'identité sociale et symbolique, mouvement de construction du narcissisme à partir du désir du sujet, dans son sentiment de sécurité qui a pris corps dans la scène primitive, selon son désir à lui, et dans sa relation à ses géniteurs. Alors la question éducative ne réside pas tant dans les identifications à construire ou à craindre, que dans celle des signifiants de sécurité à redonner aux personnes accueillies dans les structures éducatives, enfants, jeunes ou adultes. Elles n'ont pu croître qu'en fonction de cette mêmeté d'être cohésive, déjà là, qui fera toujours ressource, déjà là et qui s'étoffe au cours de leur histoire. Si bien que s'il s'agit de redonner au sujet sa scène primitive, c'est du point de vue de la question de l'identification, de manière à la lire comme ce moment où il a pris le parti de vivre en égalité désirante en fonction d'un signifiant de sécurité qu'il a su trouver en lui et dans les autres, dans l'histoire de sa vie qu'il a su poursuivre puisqu'il y avait de quoi : le modèle de vie est en lui.

Abandon et Identité

Citons encore F. Dolto : « Si on ne lui raconte pas son histoire, il lui manque de pouvoir retrouver sa continuité. [...] Quitte à choquer, je dirai : puisqu'un enfant a survécu physiquement, il peut être aidé à survivre dans son psychisme, à travers les liens symboliques et imaginaires qu'il peut créer en parlant à un psychothérapeute. Ce dernier ne peut rien changer aux faits, mais il permet à l'enfant de les réordonner dans son histoire, par la parole. Lui restituer son histoire, c'est lui rendre son identité, en le débarrassant de toutes ses identifications successives de caméléon » (*ibid.*, p. 142).

Lui restituer son histoire, c'est lui permettre de reconstruire, de retrouver sa continuité. C'est cette stabilité symbolique, cette stabilité-continuité de sens, qui est à redonner car elle fait structure, elle structure l'inconscient. Pour l'inconscient, il n'y a ni « gentil », ni « hostilité », il n'y a ni négatif, ni positif : « [...] pour l'inconscient, il n'y a de négatif que l'absence de symbolisation, l'absence de mots, de désir. L'amour comme la haine s'inscrivent au même titre, dans l'inconscient, comme désir. C'est du positif. Le seul véritable négatif pour l'inconscient, c'est l'indifférence, la non-perception » (*ibid.*, p. 108). Le négatif de l'hostilité ou de la haine d'un parent à l'égard de l'un de ses parents par exemple, c'est du positif. Le véritable négatif, c'est la non-perception, le « rien-dire ». « Ne rien dire, c'est ce qui prépare des psychoses » (*ibid.*, p. 35) témoigne-t-elle, rapportant bien des exemples de situations où dire l'histoire de l'abandon définitif de l'enfant, que les raisons en soient connues ou pas, a fait hurler l'enfant de souffrance (*ibid.*, p. 107), mais lui a permis de poursuivre son évolution. Il s'agit de faire face à la souffrance plutôt que de provoquer l'interruption de la communication, la brèche de symbolisation et l'incommunicable, la rupture dans le continuum d'espace et de temps. L'identité se construit sur la continuité : alors, même faute d'informations sur l'histoire réelle – dans les cas d'abandon réel par exemple –, c'est au niveau de la continuité, sécurité de sens et de désir à vivre qu'elle propose de parler. C'est cela qui va permettre de faire sens d'identité sociale et humaine.

Abandon et adoption

Dans la question de l'origine, chaque sujet est interpellé au plus vif de son être. C'est ce que renvoie, d'emblée, Étienne Herbinet, dans un ouvrage compte rendu d'une journée de rencontres sur ce thème, dont la deuxième partie ouvre des questions à F. Dolto. Selon lui, entre la « situation extrême » de ceux qui ont perdu leur origine biologique et chacun de nous se partage une même problématique : « [...] chacun de nous, en fait, est peut-être à la recherche de quelque chose sur ses origines pourtant biologiquement claires, cherche comme le Petit Poucet, cherche quelque chose d'ordre affectif autour de sa petite enfance, de sa naissance, de sa conception... » (1985-3, p. 27).

La question de l'origine, dans les sentiments que chaque sujet construit à partir de son expérience, fait lien, au-delà des différences de situations objectives, dans les ressemblances de situations subjectives. « [...] l'abandon est notre lot à tous » dit Claude This (*ibid.*, p. 112) qui y parvient à partir d'Hamlet, comme Bernard This à partir de Moïse, des contes et des mythes. « Nous sommes tous des enfants abandonnés... » reprend plus avant Anne Bouchart (*ibid.*, p. 152), de la même manière qu'É. Herbinet va montrer que l'adoption est notre lot à tous. Bien au-delà des seules situations objectives d'adoption, il se demande si « [...] nous n'avons pas tous à adopter nos enfants et si tous nos enfants n'ont pas à adopter leurs parents » (*ibid.*, p. 28). « [...] nous avons tous, enfants et parents et parents géniteurs de nos enfants, à nous entre-adopter » avait déjà proposé F. Dolto (1981-1, p. 215).

L'adoption est posée dans le processus symbolique à effectuer à partir de la réalité. « Nous sommes tous des parents adoptants [...] » propose, alors B. This (1985-3, p. 104), dans le même sens, ouvrant sur la même dynamique d'interrogation : « Comment faire comprendre aux parents que si, eux adoptent, l'enfant, de son côté, les adopte lui aussi, et les transforme, tel le greffon ? » (*ibid.*, p. 105).

Au cœur de la question des origines, l'abandon et l'adoption renvoient à la coupure qui articule le sujet – au manque en soi articulé à partir du manque de l'autre –, celle à partir de laquelle il a eu à construire sa place dans une relation privilégiée avec sa mère, eu égard à un tiers. Il s'agit d'une place symbolique à construire : abandon comme adoption se manient et se remanient sur fond de triangulation, dans l'acceptation que l'autre échappe – la mère vers le père –, et que quelque chose échappe en soi, dans le renoncement tant à faire de l'autre son objet qu'à se vivre comme son objet. Travail de l'altérité, difficile, douloureux : « [...] la dimension d'altérité qui seule protège de la dévoration d'autrui » dit, pourtant, D. Vasse (1969, p. 55). Travail auquel chacun est confronté, que l'homme se plaît à éviter, si je suis D. Vasse, effrayé de la division en lui, qui le renvoie à son inexorable solitude. L'adoption réactualise en chacun cette dynamique : « [...] l'enfant a à adopter "son" objet d'attachement, "sa" mère, laquelle, par sa parole et son désir orienté ailleurs, vers le tiers, témoigne qu'elle n'est pas "à lui" » (1985-3, p. 54) et dans le double mouvement, « [...] le parent a donc à accepter d'être "triangulé" par l'enfant ; il doit adopter également l'enfant avec sa sexualité orientée vers un autre que lui » (Jean-Marie Vidal, *ibid.*, p. 55).

L'adoption, tout comme l'abandon, remettent X fois sur le métier l'ouvrage à poursuivre : la quête de la place symbolique.

Abandon et projections

« Pourquoi celui qui n'a pas été enfant abandonné comprend mal ceux qui en ont souffert ? » se demande F. Dolto (1985-3,

p. 153), ouvrant le débat sur les sentiments projectifs suscités par le mot abandon.

La dialectique de pensée à laquelle nous invitent ces analystes, dans cette journée de rencontres, dans le mouvement d'identification aux personnes abandonnées ou adoptées s'avère nécessaire, sans aucun doute, mais difficile à mettre en route.

A. Bouchart va nous permettre d'identifier quelque chose de cette difficulté. Elle va parler des sentiments projectifs, dans un repérage de leurs contenus œdipiens. Ils sont, dit-elle, nécessairement au centre de notre vie imaginaire : « Pour tout sujet, l'abandon et l'histoire, les versions de l'abandon dont il a été victime, représentent sa *construction,* il en est le maître d'œuvre, le metteur en scène. C'est pourquoi nous sommes tous des enfants abandonnés, des enfants adoptés et adoptant, des êtres humains qui ont été confrontés à la découverte, dramatique et fondatrice, que nous sommes *radicalement seuls,* fondamentalement autres, essentiellement abandonnés ; mais aussi, nous avons alors découvert que nous pouvions survivre à ce "désêtre", à cette séparation, à ce que nous croyons avoir perdu, et que nous pouvions nouer des relations de personne à personne, mus par cette quête, inaccessible dans son objet, de retrouver ce qui aurait été perdu » (*ibid.,* p. 164).

Elle propose ainsi de démonter le mécanisme de fascination autour du mot abandon : dans la collusion qu'il remanie entre ce qu'elle appelle la réalité historique, biographique, extérieure, et la réalité psychique. L'abandon fascine, « au point qu'il nous fait oublier la réalité psychique intérieure pour ne plus considérer que la réalité historique, la réalité extérieure, à laquelle nous restreignons alors la première » (*ibid.,* p. 162). Les subjectivités et les repères vacillent, tant l'abandon interpelle le plus vif de la solitude en chacun, au point de l'oublier, pour privilégier la seule réalité extérieure, mais celle qui alors ne concerne que certains. Mécanisme d'économie de « [...] la réalité intérieure fondatrice du sujet [...] » *(ibid.)* qui conduit à l'état d'abandonné. « C'est alors comme si cette réalité extérieure désubjectivante prenait toute la place dans notre esprit et nous amenait à enlever cette subjectivité *pleine* aux personnes victimes d'abandon dans leur réalité historique. Nous disons qu'ils ont un manque, un trou, un *vide* de parents, un *vide* de racines, un *vide* d'identité, que nous référons à cette réalité historique de ne pas connaître leurs parents : c'est alors l'état d'abandonné qui leur tient lieu de référence à ces parents-là, c'est alors l'état d'abandonné qui leur tient lieu, dans notre esprit, d'identité » (*ibid.*, p. 162-163).

Piège tendu à l'autre, l'identité d'abandonné se construit dans la fantasmatique personnelle, économie de la faille fondatrice, piège tendu à soi. Mais c'est cette fantasmatique « [...] qu'aucune réalité ne vient dialectiser » (*ibid.*, p. 163) qui est renvoyée en miroir aux enfants de l'ASE. *« L'enfant abandonné réellement rencontre auprès du personnel qui le prend en charge une fantasmatique d'abandon » (ibid.)*. C'est ainsi que « les enfants abandonnés de fait seraient donc en danger de devenir des enfants abandonnés faute d'être nourris d'autre chose que d'abandon » (*ibid.*, p. 164).

Si nous sommes tous des enfants abandonnés, adoptés et adoptants, pour autant chacun, metteur en scène de son histoire, peut faire l'économie de ce travail de symbolisation à conquérir à l'intérieur de soi.

A. Bouchart décrit ce travail d'évitement, du lieu des adultes qui prennent en charge l'enfant abandonné dans la réalité historique. Cet enfant, en ce qu'il représente un « [...] double privilégié de l'enfant abandonné que chacun porte en soi » (*ibid.*, p. 165), va devenir victime des projections des adultes, tout occuper à leur travail d'évitement. Confrontés, explique-t-elle à un vide de représentation objective des parents de l'enfant, ils vont remplir le vide de manière à occuper la place. Ils vivent, alors, dans une posture de substitution. « Ils sont confrontés à un vide qui, parfois, est en partie fabriqué par eux, poussés qu'ils sont à renforcer l'abandon en détruisant les pistes, les traces, les indices dont ils pourraient disposer » selon ses termes (*ibid.*, p. 163). Ils sont livrés à un débat interne avec des « [...] figures d'enfant abandonné et de parents abandonnant correspondants, qu'ils ont construites à travers leur histoire personnelle » *(ibid.)*. C'est dans cette fantasmatique offerte en miroir que l'enfant se construit, si bien que *« D'enfant abandonné historiquement, il devient un enfant abandonné quotidiennement » (ibid.)*. Dans cette coïncidence de la réalité historique et de la vie imaginaire, chacun est aveuglé et en premier lieu l'enfant lui-même...

Du désir de l'enfant, de sa dynamique originaire sur laquelle il construit sa continuité d'être en lien avec les autres de ses deux lignées, c'est cette vérité symbolique doublement déclinée, en lui et par rapport aux autres, qui me paraît être au cœur de la clinique et de la théorie de l'abandon chez F. Dolto. Telle est la vraie question, bien loin des fausses, dans lesquelles les éducatifs piègent leur énergie. Il s'agit bien de continuité, de stabilité à promouvoir ou à faire retrouver : mais elles sont symboliques, pas psychologiques. F. Dolto recentre le débat et les pratiques sur la question de l'Œdipe, mais à sa manière à elle : toujours dans une *dynamique* triangulaire et en *dialectique,* du lieu de ce qui se passe dans la relation ou des informations à disposition ou absentes sur la situation. Enfin, à partir du travail qu'elle a initié, j'ai ramené les interrogations que d'autres – analystes, médecins, biologistes..., formulent sur notre lieu commun à tous vis-à-vis de l'abandon. Dans les informations dont nous disposons aujourd'hui encore à propos de l'ASE, il apparaît que cet espace de projections reste à travailler entre éducatifs. Il touche en chacun le cœur voilé du sujet, au plus vif. Si des enfants y restent encore en souffrance, faute d'être reconnus dans l'origine de leur sujet, des professionnels éducatifs le sont aussi.

Authenticité

Authenticité et apparence

Nous vivons tellement sur les apparences... Il y a dans la perspective doltoïenne, comme chez d'autres au demeurant, un avant et un après miroir. Je vais dire quelques mots du miroir pour dégager le rapport authenticité/apparence ; puis je vais illustrer cette question du lieu de la pratique éducative.

L'humain, croisement dialectique nature/culture (se) construit un régime relationnel très différent, avant et après le miroir. Avant, il imaginarise son rapport à lui et son rapport au monde, dans le lien symbiotique à l'autre, dans la polyphonie sensorielle ; après, c'est le scopique qui prévaut. C'est d'ailleurs l'un des apports spécifiques de « son » miroir : l'enfant poursuit la construction d'une continuité cohésive grâce au rôle de l'odorat, de l'ouïe, du ressenti viscéral, du toucher, qui vont se trouver refoulés dans les oubliettes – le psychisme oublieux de ses origines dont parle joliment Gérard Guillerault (1989, p. 56) – avec la prédominance du scopique à la phase du miroir. Il a d'abord besoin et désir du co-l'autre. C'est ainsi qu'il s'en ressent : l'imaginaire qui soutient la recherche du sens du rapport à soi, comme du rapport au monde, tisse d'abord une image indistincte. L'enfant en est assujetti comme objet partiel dans ce jeu relationnel (G. Guillerault, *ibid.*, p. 187), de la même façon que l'autre est un morceau de lui. Il se vit obligatoirement comme objet partiel de la-tout qu'est la mère ou son substitut. Il s'en ressent tout entier, cohésé, jamais morcelé, dans la présence de l'autre. C'est le premier mouvement de construction de l'humain.

La phase du miroir va ainsi se vivre comme une série de castrations en cascade ; l'enfant va devoir se déprendre de cette façon d'imaginer le monde, c'est-à-dire d'en rechercher le sens grâce à l'outil de sa construction qu'est l'imaginaire (et la mémoire, à ne pas oublier !), en symbiose totale avec l'autre pas encore véritablement autre. F. Dolto parle de choc, de stupeur, voire de traumatisme, au moment du miroir, au contraire de Jacques Lacan qui parle de jubilation. C'est une épreuve qui contre son développement libidinal... et le sépare douloureusement de cette partie de lui qu'est l'autre, avant de l'en libérer. Il l'ouvre à l'Autre, ou plutôt il en fixe le rapport à l'Autre, rapport déjà là, mais inconnu comme tel. C'est un des moments les plus paradoxaux qu'a à vivre l'humain, à la fois d'appauvrissement et de promotion. De son mode de franchissement, nos vies vont en garder la trace, dans la relation à soi, comme dans la relation à l'autre. Chacun – pour parler un langage lacanien et doltoïen – va poursuivre sa quête dans l'oscillation entre une relation vécue selon les termes d'une relation duelle – relation d'image à image, relation spéculaire, où c'est l'apparence qui compte, ce qui se voit de Moi, promu au moment du miroir –, et une relation où l'expérience aidant – celle métabolisée au moment du miroir – il saura que la rencontre – vraie, authentique – avec soi comme avec l'autre tient du ressenti profond qui cherche à s'exprimer et à se partager – là où le sujet est assigné à résidence, une fois le miroir franchi, là où tout le sensorium de son premier mode de construction symbiotique réside : dans l'inconscient –.

Alors, toute cette subtilité (dans tous les sens du terme) peut se dire en d'autres termes : la phase du miroir, c'est l'instauration du Moi, le sujet naviguant désormais entre image scopique, lieu de son Moi ou de son apparence, et image (devenue inconsciente) du corps, essence du sujet.

Dans le champ de l'éducation, la Pédagogie institutionnelle éclaire la portée du miroir dans la classe. Dans *L'année dernière, j'étais mort... signé Miloud* (1986), l'équipe de la PI s'appuie sur la divergence du miroir de Lacan par rapport à celui de Dolto. Juan David Nasio (1992), Yannick François (1990)[1] en fondent les dimensions (1992) ; disons, ici, que dans la Pédagogie institutionnelle, comme chez Lacan, l'enfant, avant le miroir « se sent dispersé, morcelé » (1986, p. 157), là où tout l'appareil Doltoïen insiste sur le nécessaire continuum de sécurité qui permet à l'enfant de s'unifier, continuum, unité, faute desquels il choit, à l'extrême, dans la psychose.

Il m'arrive de dire que le sujet de Dolto se termine au miroir et celui de Lacan commence au miroir ; formule « stratégique » d'enseignement, mais il y a du vrai... Sauf à rajouter que le sujet doltoïen s'entend aussi par rapport au cheminement œdipien – pour ne pas dire centralement d'ailleurs – présent d'emblée et qui parachève l'œuvre des castrations qui aident à son dégagement. Prend place ainsi tout ce qu'elle analyse de la logique libidinale en termes de porter fruits orale, anale puis génitale, recherche de ressenti de complicité avec l'autre, que l'enfant parcourt dès la mise en route de son grandissement, qu'il aura à quitter passé un certain stade de maturation affective.

Or donc, écarts de la théorisation mis à part, le miroir, dans tous les cas, fait figure d'attribut du Moi, fonction dans laquelle le sujet se leurre.

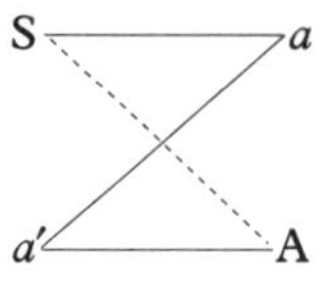

1. Cf. F. Dolto, J. D. Nasio (1992), p. 59-63 ; Y. François (1990), p. 70-75 et 86-89.

Tel est le schéma (emprunté à Lacan (1966, p. 548) à partir duquel Fernand Oury et Génèse de la coopérative (1986, p. 156) proposent de prendre distance par rapport à la dimension de l'imaginaire qui se (re)joue dans la classe ; schéma qui donne la mesure du sujet divisé entre authenticité désirante et apparence moïque, dimensions sujet/moi qui structurent la relation à soi, comme la relation à l'autre. « [...]Quand on désire communiquer, explicite le collectif (*op. cit.*, p. 156-160), on croit pouvoir parler authentiquement à l'Autre. » On cherche à faire entendre une parole au plus près de S, de notre subjectivité, tout comme on s'attend à ce que l'Autre reçoive notre vérité. « Nous rêvons [...] d'un trajet direct, d'une communication sans détour entre S et A. » Et... on se leurre, car on se heurte au piège de l'apparence, des images de soi et de l'Autre (*a* et *a'*). S, le sujet du désir inconscient, s'il constitue l'essentiel de notre être, nous est inconnu. « Ce que nous voyons de nous est notre Moi *(a)*, les rôles que nous jouons, l'apparence que nous voulons avoir. Nous parlons du lieu de notre Moi. » D'où cette forme que donne D. Vasse à l'humain : « [...] c'est de l'écart différentiel entre la représentation qu'il a de lui et ce qu'il est vraiment, ce qu'il cherche, que surgit tout le problème de l'homme » dit-il (*ibid.*, p. 142). Si bien que quand je parle à un autre, je parle à un autre Moi, le Moi de l'autre (relation *a-a'*). Je parle depuis l'image que j'ai de Moi à l'image que j'ai de toi. Instauration d'un jeu d'images en porte à faux qui laisse présager les difficultés de la communication interhumaine, y compris dans la classe, si on veut bien définir l'école comme lieu d'éducation et non pas seulement d'instruction. « Rien ne dit que l'image que j'ai de moi coïncide avec celle que tu as de moi. Rien ne dit que je suis là où tu voudrais que je sois. [...] Ou inversement rien ne dit que tu es là où je voudrais te voir » *(ibid.*, p. 159). Mal-entendus de la communication qui dynamisent, ici, la recherche de relation. « Cette difficulté est parfois contournable dans une classe institutionnelle. Deux conditions sont nécessaires. Peut-être d'une part, si le maître de cette classe a plus ou moins intuitivement conscience que S n'est pas *a*, que ce que donne à voir un enfant n'est qu'une image et que le Sujet est au-delà de cette image. Mais d'autre part et surtout parce que dans la classe institutionnelle le maître a un peu plus de chance que dans une autre classe. Il a à sa disposition des “outils” » (*ibid.*, p. 159-160) qui permettent d'affronter les pièges de l'imaginaire. Une institution – le conseil, instance collective de création des lois de la classe, où chacun est appris à mettre en mots ses constructions imaginaires perceptibles dans ses angoisses ou ses conflits par exemple –, et une technique, la batterie des « en tant que », y travaillent. La batterie des « en tant que » est référence à un statut assumé individuellement (chacun est responsable d'une tâche nécessaire au bon fonctionnement du temps et de l'espace classe), contresigné collectivement ; elle permet de remettre de l'articulation, d'introduire la distance nécessaire entre le rôle joué, l'acte posé, et la manière dont rôles ou actes sont construits. À un perturbateur, par exemple, qui empêche ses copains de travailler, qui pose ses actes à partir d'un imaginaire où il construit l'autre à sa manière, loin de ce qu'il est ou cherche à être, on cherchera avec lui à clarifier ce qui l'a fait agir ainsi, construire son acte de cette manière. La batterie des « en tant que » vient rappeler chacun dans l'espace-temps de la classe à l'ordre de sa division entre ce qui se voit et ce qui cherche à s'exprimer, entre un imaginaire qui se leurre de l'apparence et une loi collectivement structurante de l'écart.

Le dérapage de l'imaginaire, dont la PI a bien repéré le rôle antipédagogique, c'est cette construction de soi comme de l'autre mal castrée, mal accompagnée par un témoin humain, résultat d'un miroir maladroitement franchi, témoin qui n'a pas insisté suffisamment sur *l'image* de soi qui se dégage du miroir, l'apparence qui s'y voit seulement. Alors l'imaginaire confusionne avec la réalité, il prend sa construction pour la réalité : Miloud, enfant psychotique, dans la classe de Catherine Pochet, persiste à la construire comme « maîtresse caca » ou « madame cochon », comme chacun de nous qui prétendons savoir ce que l'autre est ou veut, veut dire par exemple. Confusion insuffisamment dialectisée entre soi et l'autre, dommage narcissique du miroir...

Dans les classes de la PI, l'authenticité ne s'appréhende pas. On y parle de l'opacité du sujet à préserver. Il ne s'agit pas de tout entendre : « Un monde où les êtres seraient l'un pour l'autre transparents serait abominable. Une certaine opacité est nécessaire pour que le sujet ne se sente pas continuellement visé » (*ibid.*, p. 105). On laisse le sujet naviguer sur un moi protecteur. Dans les classes de la PI, simplement, c'est des leurres de l'imaginaire que les sujets sont informés...

Autrui

L'élan vers autrui... Thème infini chez Dolto ; à ne pas perdre de vue en éducation. C'est en s'occupant des autres, en parlant aux autres, que l'homme puise la force de vivre ou de survivre. Par exemple, pendant la guerre, F. Dolto nous explique qu'il y avait moins de malades, malgré les restrictions draconiennes : « Les dépressifs étaient rares : on avait tant de soucis dus aux causes étrangères à soi, extérieures à soi, on avait tant de thèmes collectifs sur lesquels chacun pouvait broder le fil personnel de son angoisse en en parlant avec les autres au lieu de tisser sa propre toile comme l'araignée solitaire » (1981-3, p. 67). C'est en parlant aux autres ou en s'occupant des autres, comme ce prêtre ou ce médecin revenus de camp de concentration avec des cavernes pulmonaires cicatrisées, à s'oublier en trouvant le goût des échanges avec autrui, que l'homme maintient le goût de vivre. « Cet élan vers autrui [...] bande tout notre être vers un but autre que nous » formule Gérard Séverin *(ibid.)*. « Ne rien donner et ne rien recevoir, c'est l'arrêt de la communication qui est vie. N'avoir besoin de personne et que personne n'ait besoin de vous rend malade. Guérir, c'est retrouver le goût des échanges qui font vivre, d'où qu'ils viennent » (*ibid.*, p. 73). C'est ça l'humain de F. Dolto. Je peux le dire autrement, ceci impliquant d'ailleurs peut-être cela : *La* question de F. Dolto, c'est l'autre. Son souci c'est de nous ouvrir à l'autre, nous aider à nous décentrer de nous, pour l'accueillir. Je pourrais développer, ici, mais je vais le faire tout du long de cet ouvrage, le mode de construction de l'humain, qui au plus nucléaire pour ex-ister en passe nécessairement par l'autre. Certes. Je veux dire, ici, que l'autre, autrui, c'est le but, en amont, comme en aval, vers lequel l'élan vital de nos pulsions est tendu. Vivre, c'est communiquer avec l'autre, quelles que soient les maladresses de notre élan.

Bien, ni bien, ni mal (cf. éthique)

Castrations

Si éduquer, c'est aimer, éduquer, c'est aussi donner la castration. Donner la castration, c'est accompagner le dépassement d'une épreuve douloureuse par une parole signifiante, faire accéder au symbolique.

Castrations et frustrations

« Les frustrations sont le contraire des castrations. Les castrations sont génératrices de symbolisme, tandis que les frustrations sont génératrices de dévitalisation ou d'exacerbation vitale, ce qui revient à la même chose : l'inutilisation des pulsions frustrées » (1995, p. 40). Si les pulsions n'ont pas trouvé, d'abord, droit à satisfaction dans le corps de l'enfant, ce qui est nécessaire au grandissement de l'enfant dans l'amour de soi, « [...] alors une castration devient une frustration [...] » (1982-1, p. 47). Y. François parle de « donner une castration (qui) n'est pas simplement frustrer, c'est conduire l'enfant à symboliser la satisfaction interdite et le lien abandonné par des paroles référées à la loi [...] » (1999, p. 82). La castration, dans une première approximation, conduit à un travail.

Il faut que l'enfant éprouve d'abord le plaisir de la satisfaction de la pulsion, de la façon dont il l'a cherché au début, et que la personne qu'il aime, s'occupant de lui, admette, de son côté, le plaisir qu'il tire de sa pulsion satisfaite. De cette façon, l'objet qui procure satisfaction est associé à une relation à une personne. « À partir du moment où cette personne prend pour un enfant au moins autant d'importance que la satisfaction de sa pulsion, elle peut l'aider à atteindre un niveau supérieur de communication, en dépassant l'assouvissement brut de la pulsion » (1982-1, p. 47). Alors, c'est le moment pour recevoir la castration : elle portera ses effets. Si bien, qu'en deuxième approximation, la notion de castration chez Dolto est relationnelle[1] : c'est dans une

1. Cf. Y. François, *ibid.*, p. 78.

conversion du besoin en désir d'ouverture et de communication non fusionnelle à autrui, que la castration ne se vit pas seulement comme frustration, mais se fait productrice d'un travail.

L'enfant restera dans la frustration seulement, s'il accepte l'interdit pour faire plaisir, pour plaire à sa mère. Une castration est donnée dans le but d'étendre le champ de satisfaction d'une pulsion, pour lui permettre d'entrer en communication avec une personne, puis de personne à personne, étendant sa relation d'échange avec autrui. « Sinon c'est un marché de dupes, prouvant seulement que l'enfant a été "violé" par ses éducateurs. Il a été seulement vu comme un être de besoins et non comme un être de désirs » (*ibid.,* p. 48). C'est autrui qui guide la conversion ; l'enfant reste dans la loi du plaire ou la crainte de déplaire autant qu'il est réduit à une logique besogneuse.

Frustrations et inutilisations des pulsions ; arrêt de la dynamique du sujet sur une satisfaction besogneuse dans une situation perverse qui réduit l'enfant à un être de besoins. Si bien que les castrations vont de pair avec la reconnaissance du droit de l'enfant au plaisir dans son corps aux lieux où il émerge, mais la déprivation de la satisfaction brute et partielle doit passer par un circuit plus long, d'échange, de communication, par le pont de passage qu'est la parole dite – inter-dite – par un autre. Je dégage de ce premier moment un humain être de désir d'échange au-delà du besoin, mais qui pour être guidé à cette ouverture, doit être reconnu là où il est, sinon il n'adviendra pas à cette conversion productrice.

Castrations et dialectique

« À ce propos, une des thèses les plus stimulantes de ton livre est d'élever la castration au rang d'une opération génératrice d'effets positifs et socialement humanisante pour le corps de l'enfant. Bien sûr cela dépend de la manière dont le sujet franchit cette épreuve de la castration... » renvoie J. D. Nasio (1992, p. 52). « ... mais aussi de qui est l'agent castrateur et surtout de quelle façon l'enfant est assisté dans son épreuve » introduit F. Dolto dans sa réponse *(ibid.)*. Le sujet de Dolto construit toujours *son rapport à...* selon *la manière* dont il est accueilli. La manière est relative au témoin humain qui va parlant, humanisant ainsi le grandissement de l'enfant ; il concourt ainsi au développement de la fonction symbolique. Mais encore faut-il que la personne tutelle soit elle-même castrée. La notion de castration chez Dolto fonctionne ainsi également en dialectique. Agnès et Jean-Jacques Rassial (1988, p. 174-175) soulignent bien que pour être donnée – pour être un don – la castration doit avoir déjà été assumée, l'adulte doit être marqué comme l'enfant par le travail de l'interdit. Si la castration peut se faire productrice, c'est à être soumise à l'assumation de la division entre objet et sujet, autre et Autre, au plus profond de la personne en relation avec l'enfant.

Ainsi, pour que l'enfant soit assisté dans l'épreuve castrante, il faut déjà que l'adulte soit castré, accepte la séparation de l'enfant au niveau en jeu dans la pulsion. « La castration orale consiste, par exemple, à rendre un enfant indépendant des dires de sa mère, c'est-à-dire à permettre à l'enfant de juger lui-même s'il est d'accord ("s'il oui") pour exécuter l'acte qu'implique le dire de sa mère ou de quelqu'un d'autre. [...] Quand une mère vous dit par exemple : "Mon fils est désobéissant, il suffit que je lui dise quelque chose pour qu'il fasse le contraire." [...] en fait, la mère traduit, dans ses injonctions, le désir de voir son enfant réaliser ses fantasmes à elle. C'est la raison pour laquelle ce style de mère reproche sans cesse à son enfant de ne pas agir ses dires, et qu'elle le met toujours en faute. Elle veut que son dire soit assimilé comme une réalité non jugeable par l'enfant » (1982-1, p. 45-46). Il s'agit là d'un adulte non castré à ce niveau et qui n'aide pas son enfant.

« Il est clair que tout adulte, tout "autre" qui accompagne l'enfant au moment de l'épreuve, doit lui-même avoir subi la même épreuve et en être sorti. L'adulte se verra alors accorder la confiance de l'enfant et représentera pour lui celui qui a réussi à traverser l'épreuve » (1992, p. 53). Pour traverser et surmonter l'interdit séparateur, l'enfant a besoin d'un moi-idéal, la personne qui assiste l'enfant, dont il admire l'expérience et qui va soutenir et garantir la continuité de son existence, continuer à l'aimer dans la manière dont il prenait du plaisir jusque-là, et l'introduire à une modalité plus étendue de communication. Il s'agit de valoriser le plaisir de téter, par exemple, d'autoriser le plaisir que l'enfant en tire, mais d'élargir le plaisir de bouche au parler, de l'initier à la façon plus élaborée dont elle-même satisfait cette pulsion. « Tout être humain est inconsciemment mû par le désir de croître et de devenir. "Là où tu es, je veux advenir" tel est son mode inconscient de relation à l'adulte. Oui, répond la réalité, représentée par les parents éducateurs, mais à condition de lâcher prise au plaisir auquel tu te complais, pour découvrir le plaisir qui est dévolu à qui tu seras, et dont moi, ton père ou ta mère, je suis le garant ; et tu ne peux y accéder qu'en renonçant à ta sécurité actuelle, celle que tu dois au plaisir connu » (1981-2, p. 301). Ouvrir l'enfant à un devenir plus prometteur d'échanges plus subtils, le mettre en relation avec son image adulte représentée par l'adulte : l'enjeu est là. En être garant, parce qu'on s'y est soumis : la dialectique de construction pourra suivre son œuvre à cette seule condition. C'est peut-être cela situer l'enfant au même niveau que soi, pour un adulte...

Castration symboligène

La castration vise à faire renoncer à la satisfaction archaïque d'une pulsion pour permettre à l'enfant d'accéder à une satisfaction plus en relation avec son âge. « La castration symboligène demande donc la médiation d'une personne assumant d'être à la fois un modèle permissif mais aussi un obstacle progressif à la satisfaction de l'enfant, provoquant ainsi un déplacement de la pulsion sur un autre objet » (1982-1, p. 48). Symboligène, un mot qui n'existe pas dans le dictionnaire, mais qui devrait y être, explique F. Dolto (*ibid.*, p. 301). Car dans le fond, c'est là son rajout. Symboligène, permettant la symbolisation d'une relation, d'un échange avec autrui, avec un autre sujet, *générateur de symbolisme*, d'un travail de recherche d'un échange de plus en plus large avec autrui. « La castration est une délivrance. On délivre une castration, on délivre à un enfant ce don qu'est la castration en assumant le fait qu'il va devenir un homme grâce à cet interdit qui est donné à ses instincts [...] » (1995, p. 126). Délivrance d'une symbolisation qui conduit vers une sublimation du brut de la pulsion. « L'important est que le sujet comprenne qu'au nom de son développement – et pas du tout au nom de qui va le punir –, pour un plaisir différé, plus grand et plus durable, pour être davantage libre, il doit accepter cette impossibilité à satisfaire ce qu'il veut satisfaire, de la façon dont il le désire » (*ibid.*, p. 11). A. et J.-J. Rassial, pour qui la notion de castration symboligène est la « clé de voûte de la doctrine » doltoïenne (*ibid.*, p. 174), estiment que « ce que les parents donnent, en "donnant une castration", est double [...] : d'un côté, il y a un "non", mais ce "non" a des "fruits" : *l'humanisation* du sujet » (*ibid.*, p. 175). Humanisation qui dans la clinique et la théorie de F. Dolto peut avoir des ratés. Si les castrations échouent, c'est sur plusieurs générations qu'on peut en mesurer les effets (A. et J.-J. Rassial distinguent la « transmissibilité sur plusieurs générations » d'un échec des castrations dans leur effet symboligène, *ibid.*, p. 176). Du même coup, en une nouvelle approximation, la castration chez Dolto, est non seulement symboligène, productrice d'un travail de séparation, mais symbolique, instauratrice de la recherche d'une place en référence à la loi. Y. François le dit autrement : « Chacune des castrations [...] est donc tout à la fois symbolique et symboligène : symbolique parce qu'elle ne relève pas d'une loi locale, mais de la loi du désir, symboligène parce que le plaisir interdit doit être symbolisé après qu'une castration est donnée » (*ibid.*, p. 81-82).

Castrations successives

« Le mot de castration rend compte du processus qui s'accomplit chez un être humain lorsqu'un autre être humain lui signifie que l'accomplissement de son désir, sous la forme qu'il voudrait lui donner, est interdit par la loi » (1984, p. 78). C'est un processus de séparation à accomplir, une mutation de niveau de désir de plaisir. L'enfant souffre de l'interdit imposé au mode de satisfaction connu jusque-là, mais s'il est aimé et respecté comme un égal par l'adulte qui inter-dit, il sait qu'il aura plus de joie et de possibilités de communiquer dans la loi à laquelle chacun s'est soumis (1985-2, p. 181).

Ainsi en va-t-il de différentes castrations au cours de l'enfance. F. Dolto n'a pas inventé les stades de développement ; si sa perspective promeut le Sujet, c'est dans une rupture synchronique qui interrompt le déroulement de la diachronie, de l'évolution. Et la synchronie est faite des castrations.

En effet, chez Dolto, l'économie de développement de l'humain obéit à ce que j'appelle une éthique de grandissement, à laquelle aucun humain n'échappe, quelles que soient les étapes de sa mutation. Le mode de grandissement est invariable, il ne change pas. Cette éthique le dynamise vers des acquisitions nouvelles, toujours liées au mode d'être de la relation dyadique. L'enfant franchit les étapes de son développement par rapport aux castrations, interdits qui sont donnés et selon la manière dont ils lui sont donnés. Il s'en conçoit, toujours, un certain apport narcissique où l'être en est changé, affecté, par la nature de ce qui se symbolise, dans la manière dont la castration se fait symboligène. Dans la diachronie du changement, c'est la synchronie, espace de rencontre, temps de travail entre ce qui se vit en soi à partir de l'autre, qui est privilégiée. La synchronie est la condition du sujet, mode de dégagement de la singularité du sentiment de soi, en fonction de sa sensibilité propre, selon son degré et de son mode de supportabilité à l'obstacle de l'interdit. Le Sujet de Dolto ne s'appréhende pas dans une seule évolution linéaire : son concept de narcissisme vient rendre compte de ce qui s'étoffe, se modifie, de son allant-devenant dans une dialectique de présence/absence de l'autre. « [...] nous avons besoin de plaisir mais ce n'est pas le plaisir, c'est la souffrance qui nous façonne. Il en est de même pour chacun de nous : nous avons à mourir à quelque chose pour advenir désirant, désirant de vrai désir par-delà le besoin avec comme seul guide l'amour » (1977-2, p. 66). Le désir cherche à s'accomplir, mais dans sa quête il rencontre des obstacles, « [...] ou parce que le sujet n'a pas un désir suffisant, ou parce que l'objet est absent, ou encore parce qu'il est interdit » (1984, p. 63). C'est dans le travail de la rencontre que se fait le sujet. C'est pourquoi la notion de « symboligène » est fort importante ; ce processus d'accomplissement du désir contré est l'activité du sujet. Il n'en a pas d'autre. Cela se redira de bien d'autres façons chez Dolto.

La première castration pour F. Dolto est la naissance, castration ombilicale, « [...] castration du fusionnel, qui est alors symbolisée par une relation à deux, dont l'un, la mère, est tout à fait entier, et l'autre, le bébé, a besoin d'un objet partiel » (1982-1,

p. 59). Elle se joue dans la perte du placenta, par la césure ombilicale. Elle y ouvre l'enfant à l'accès à de nouvelles perceptions (sa respiration et son propre cri qu'il entend, l'olfaction, l'audition intensifiée des voix déjà connues *in utéro*). La castration orale, deuxième renoncement vis-à-vis de sa mère se signe du sevrage et aboutit à la possibilité de parler, moyens de communication avec des objets dont l'incorporation n'est plus possible. Sevrage d'une relation érotique à la bouche, au corps à corps, qui vise à distribuer les connaissances de l'enfant sur la tactilité d'autres objets que ceux connus dans la tétée. Exercice, mise en place des premiers essais d'expression langagière : les lallations. Disparition du corps à corps. La castration anale se joue dans le détachement du don érogène excrémentiel où la motricité expulsive se voit relayée par la maîtrise de la motricité : l'enfant deviendra continent lorsqu'il sera capable de motricité volontaire et agile. Sourcée dans le fonctionnement sphinctérien volontaire de sa maîtrise, elle se solde, au-delà de l'acquisition de la propreté naturellement acquise dès que le développement neurophysiologique le permet, du développement de la conduite autonome, dépassement du besoin, par un désir de communication et d'échange plus socialisants. « Donner la castration anale, pour Dolto, c'est donc soutenir l'investissement de la motricité consciente de l'enfant dans un "faire" constructif et créatif » commente Y. François (*ibid.*, p. 85). De la maîtrise musculaire, l'enfant doit accomplir le travail métaphorique dans l'exercice du « faire », faire seul et faire aux autres. De là qu'elle soit castration de l'interdit de nuire à lui-même et aux autres par des agissements moteurs non maîtrisés, indésirables, nuisibles. La castration génitale, fin du parcours libidinal, qui va voir l'assomption depuis l'image de soi conçue dans la rencontre avec le miroir d'un soi sexué, limité par l'interdit de l'inceste. Moment d'individuation où le petit humain s'individualise dans son corps par la reconnaissance singulière de son sexe – castration primaire – après avoir été appris à se reconnaître différent des autres face au miroir, avec les conséquences que cela implique pour son avenir. Il entre dans l'ordre de l'humanisation génitale par le dire de la prohibition de l'inceste – castration secondaire.

Y. François, de façon limpide (*ibid.*, p. 85-86), dégage que la « formule sociale » de la castration orale est le tabou du cannibalisme, celle de la phase anale est l'interdit de meurtre. Il situe aussi la castration du miroir, après la phase anale, dans l'édifice doltoïen. Il a raison. Je vais y consacrer un moment (cf. Miroir).

Castrations et éducation

« L'éducation, c'est non seulement l'identification aux adultes, mais aussi l'abandon du circuit court des satisfactions pour un échange à base de modification des formes, en vue de produire des idées qui sont des représentations d'autre chose » (1982-1, p. 64). Identifications, non pas au sens où l'enfant n'aurait pas d'autres désirs pour lui-même que ceux que ses parents avaient pour lui – « Si le fin du fin de la vertu pour un enfant était de s'identifier ainsi à ses parents, on en serait toujours à l'époque de Cro-Magnon. [...] C'est parce que les enfants ont toujours pensé qu'ils avaient à découvrir autre chose que ce que leurs parents avaient trouvé que l'humanité a fait des progrès » (1987-2, p. 136) –, quelques réflexions de bon sens ne nuisent pas ! Au-delà de l'humour, la question est d'importance dans le champ éducatif[1]. L'éducation passe par une certaine forme d'identification et de répression *parlée* des pulsions. Les pulsions réprimées parlées, le désir réprimé en partie, parlé, est justifié d'exister. « Alors, l'enfant trouvera un autre moyen de satisfaire ses pulsions refoulées, mais légitimées dans leur existence, notamment comme moyen social d'expression, puisque vous lui aurez donné l'outil de la parole, qui est le modèle même de la vie symbolique. Il transférera sur d'autres personnes les moyens de faire reconnaître son désir qui aura été reconnu *valable*, bien qu'il soit resté non satisfait sur le mode où il réclamait de l'être autrefois ; car la validité du désir lui vient d'être reconnu, sans être pour autant satisfait » (1987-2, p. 106). Éduquer, c'est, ici, apprendre et accompagner les étapes de la séparation. « Plus il y a séparation, ou castration, plus nous ressentons notre manque ; s'aiguise alors notre désir, obligé de tendre vers un but non plus immédiat mais plus lointain » (1981-3, p. 139). Dès notre mise en route, nous avons espéré d'un autre l'apaisement de notre

1. Cf. Abandon et identifications *(supra)*.

manque. Notre désir s'est exprimé de cet espoir, toujours insatisfait. Et pourtant l'humain poursuit sa course, grâce à ce manque. « C'est ce qui manque qui est enviable, désiré » (*ibid.*, p. 138). La séparation stimule à chercher... et permet la différenciation. « Si nous collons aux autres, jamais nous ne serons autonomes » (*ibid.*).

Dans le fond, à suivre le déroulement de la Neuville ou des classes de la Pédagogie institutionnelle, c'est de castrations successives que l'école se nourrit. Fabienne d'Ortoli et Michel Amram, dans leur dialogue avec F. Dolto, dégagent les principes de l'école de la Neuville : la liberté de parole (1990, p. 248) guide l'action de ces éducatifs : « [...] on parle. On se dit ce qu'on a à se dire dans les réunions et la parole de chacun est écoutée dans le respect et la confiance, l'esprit de tolérance des caractères et des réactions de chacun » (*ibid.*, p. 138) estime F. Dolto. On a, là, des réunions collectives pour parler et se séparer, comme dans la PI. Au niveau de cette première séparation qui ouvre sur la parole, F. Oury signale l' « accueil et la coupure » (1990, p. 284) qui font grandir et permettent à chacun de retrouver le désir d'être là. Venir à la Neuville, explique-t-il, c'est « renoncer à un présent connu et accepter un futur inconnu », renoncement rendu possible car le nouvel arrivé est entouré : « On lui parle, on l'écoute » (*ibid.*). Libertés de communication et de parole se veulent, là, travaillées et signifiées d'emblée et au cours même du vivre de cette école.

À la Neuville, comme dans la PI, c'est aussi un second passage qui se réussit : celui du faire en groupe. « Pour moi, puisque vous me le demandez, ce qui me paraît le plus intéressant à la Neuville, c'est l'existence de la notion de groupe et les responsabilités confiées à chacun, adultes comme enfants » propose F. Dolto (1990, p. 138). Chacun participe aux travaux communautaires, aux décisions à prendre, à la gestion de la classe (en PI) ou de l'école (à la Neuville), à son niveau, à sa manière, sans rivalité, compétition, ni comparaison. Les éducatifs donnent des repères sur le plan scolaire (René Laffitte, 1985, p. 70), des perspectives proches et repérables, qui permettent de mesurer le chemin accompli, celui qui reste à accomplir, en lien toujours, avec le groupe, à chaque niveau scolaire, dans chaque matière (en lecture, en écriture, en orthographe, en maths...). F. Oury dégage le renoncement à l'impossible, à la toute-puissance (1990, p. 283) depuis l'entraînement au faire, et selon la manière de faire chacun à sa mesure, qui est favorisé dans ce mode d'acte éducatif. La « liberté de circulation et de mouvement » comme métaphore du faire seul autonome, d'une maîtrise de soi, s'ouvre au faire avec les autres, à l'agir collectif, où les plus grands (adultes comme enfants) entraînent et enseignent les plus petits, où chacun prend sa part d'une déspécialisation des rôles. On ne joue pas à des personnages, on ne s'enferme pas dans un rôle ou une image, pas plus que dans une activité unique. C'est un milieu de vie que l'on cherche à créer, dans lequel toutes les activités, comme tous les humains, qui permettent de se construire sont mis sur un même plan (1990, p. 76), chacun participant à tour de rôle à toutes les tâches pour faire vivre le milieu. On fait la cuisine, on sort les poubelles, on joue au foot... et on apprend les maths et le reste !

Ainsi, là, « [...] les enfants mettent leur libido [...] c'est-à-dire leur créativité, leur inventivité à des choses qui leur rapportent du plaisir » (F. Dolto, *ibid.*, p. 252). L'école, là, passe la barre de la castration génitale : elle atteint le stade du projet collectif, là où chacun trouve un intérêt personnel, certes, et un dépassement de soi pour une œuvre commune dans l'échange. La machine à désirer étant relancée, c'est la machine à faire ensemble qui se met au service d'une œuvre commune, dans les petits comme dans les grands projets.

Culpabilité

L'homme est limité pour ce qui en est de vivre son désir, par le décalage entre réalité et imaginaire espérance. Être responsable de son désir, s'y risquer, amène l'homme à se rabattre sur le besoin, le répétitif, le déjà-connu. Mais alors il se piège, et la roue de la culpabilité file sa route... Dans le fond, c'est ainsi que je pourrais définir l'essence de ce qui fait culpabilité chez F. Dolto.

« Mais selon ce que nous avons reçu à notre naissance, caractère, culture, religion, selon notre entourage à respecter, à aimer, nous voilà bien limités... spontanément. Devient plus risqué d'aventurer librement notre désir, d'autant plus que nous ne savons pas la marge de notre liberté ! (1981-3, p. 44). Liberté et déterminisme, F. Dolto ne parle pas de déterminisme, mais de limitation. La différence est importante. Il m'arrive d'entendre que le sujet de la psychanalyse (doltoïenne notamment) est déterminé : le sujet y serait contenu dans son passé. Il y va, là, d'un malentendu qui se lève aisément à la lecture des écrits de F. Dolto. » C'est justement par rapport au passé, aux racines, à l'héritage de l'enfant qu'elle amène matière à clarifier cette association de la déculpabilité et du passé. Dans *La cause des enfants,* au moment elle situe l'éclairage de la psychanalyse sur la dynamique de l'inconscient des humains, elle nous dit : « Qu'on ne dise pas que ça culpabilise ! Cela déculpabilise plutôt, puisque, comme l'on peut prévoir, on éveille un sens de responsabilité, mais pas de culpabilité au sens "j'ai agi mal", non ! Connaître une vérité, ce n'est pas la même chose que d'apprendre qu'on a fait une faute. C'est sortir d'un état d'ignorance pour entrer dans une période de recherche et celle-là n'est jamais acquise. [...] Cette conscience qu'on est responsable n'est pas accablante. Ce qui est fait est fait, on est construit par ce qui s'est passé, mais on sait qu'on a peut-être une prise pour ce qui suit, pour le développement de son enfant ou de soi-même » (1985-1, p. 196). La lecture de F. Dolto réhabilite l'humain avec son cheminement désirant : il s'en voit habilité à suivre la dynamique qui le meut à aller de l'avant, toujours, et à faire-avec les désillusions, les décalages, entre ses espérances et l'imaginaire qui a soutenu son entreprise par rapport à la réalité. À faire la différence entre responsabilité et culpabilité : « L'épouvantable chez l'humain, c'est qu'il se sent coupable de ce dont il est responsable (alors qu'il n'est en rien coupable). Et, comme il se sent coupable, il a honte et il s'empêche d'exprimer... » (*ibid.,* p. 422). La culpabilité mutile l'expression du désir de (à) vivre. Elle origine la construction de ce sentiment dans la période de dépendance vitale, longue immaturation à laquelle le petit humain est voué, tout un temps de son enfance. Quand nous étions enfants, dit-elle, nous dépendions des autres, nos adultes protecteurs, nos modèles. « Ils nous ont en effet enseigné leur manière de parler et d'aimer. Mais leur langage d'adultes était hélas inadapté à la sensibilité d'enfants en croissance. De cette inadéquation sont nés, me semble-t-il, tâtonnements, hésitations, essais, dénégations et contradictions » (1977-2, p. 114), caractéristiques du désir dans ses allers et retours entre imaginaire et réalité, fantasmes et faits. On ne nous a pas appris, semble nous dire F. Dolto, ou on n'a pas su nous dire que le risque fait partie du désir de plaisir. Le désir a une force fantastique pour rechercher le plaisir. Les adultes se risquent à cette contradiction. La preuve en est qu'un père de famille peut risquer sa vie et celle des autres de sa famille pour rechercher son plaisir de vitesse, tout en disant, ressentant, que la mort est l'un des plus grands drames de l'existence, la fin d'une vie de désir. C'est à partir de cette contradiction non parlée qui a laissé des peurs, des hésitations en chacun de nous que F. Dolto réhabilite le risque auquel pousse le désir et qui attire chacun. La culpabilité est alors proche de la contradiction, de la peur ou de l'hésitation à se risquer, à se laisser aller à la puissance du désir. G. Guillerault approche la culpabilité chez Dolto – dont l'éradication est *le* projet au cœur de son système de pensée, propose-t-il très justement – comme « manquement quant au désir » : « [...] c'est quand le fléchage du désir n'arrive pas à accomplir son tracé » dit-il (1999, p. 160). La culpabilité, c'est le péché par rapport à la prise de risque, à l'inconnu que recèle le désir, dit-il. Le péché, à entendre comme la peur, les hésitations, à se risquer vers l'inconnu, fruits de contradictions dans lesquelles l'enfant a ressenti l'adulte qui disait d'une manière, mais faisait d'une autre. Mais la culpabilité résulte aussi de l'amère déception que notre désir, parfois (bien souvent dit F. Dolto), rencontre au lieu du plaisir attendu ; et c'est la tristesse et la douleur qui résultent de l'échec qui peuvent se faire « sources d'un sentiment de culpabilité » (1977-2, p. 115). Le sentiment de culpabilité est un *état,* non plus un frein à toute entreprise risquée qu'attise la dynamique même de la vie. Elle le décrit comme un état affectif, diffus, d'indignité personnelle, possiblement fantasmatique. On vit dans un sentiment de culpabilité, d'indignité, dès lors qu'on ne s'aime plus, qu'on est déçu de soi-même, que l'insatisfaction devient angoisse et souffrance. On se fait des reproches et, par là, la marche du désir, le sens de la vie, sont étouffés. Par raison déraisonnable l'homme se fie à son désir – « Sur la route de la vie, le plaisir lié aux risques mortels est un fait d'observation quotidienne » pour rester dans notre exemple (*ibid.,* p. 114) –, toujours il dépend de cette espérance dans la fiabilité de son désir... Il faut lire ces si jolies pages qui ponctuent comment au jeu du désir les dés sont pipés et les cartes truquées (1981-2, p. 324-328)... C'est alors que, pour détourner la souffrance, l'homme se rabat sur le besoin. « Le sentiment de culpabilité ne vient pas de la jouissance mais de ce que nous confondons désir et besoin... quand nous nous arrêtons à consommer. [...] le désir ne vise pas la satisfaction substantielle. Le désir vise le plaisir de la relation interpsychique entre humains. Dès qu'il est "satisfait", notre désir ou notre manque disparaît. Il renaît plus loin, ailleurs. Si nous en restons à notre satisfaction, notre désir entre alors dans la dialectique du connu, donc du besoin : on répétera sa vie selon des habitudes, selon des besoins ou des tics, en un mot selon des sécurités. Mais est-ce vivre ? » (1977-2, p. 139-140). Si bien que l'humain chez Dolto est appelé à dépasser la sécurité du connu, à la risquer toujours... Dans le fond, l'humain dont elle témoigne, vit entre hésitations, peur, voire angoisses à se risquer : il met des freins à la dynamique foudroyante du désir. Il peut s'en ressentir coupable de ne pas oser se risquer. Ou bien alors, quand il se risque à son désir, il conçoit une déception entre imaginaire espérance et réalité : c'est la logique même du désir qui y pousse. Si « on » savait parler cette contradiction, il n'y aurait ni peur, ni hésitation, ni culpabilité. Mais il se peut aussi que l'humain franchisse un cran supplémentaire entre angoisse à ne s'être pas risqué et déception vis-à-vis de soi, fantasme de faute : ce sentiment de culpabilité vient du désir étouffé qui maintient l'homme dans une sécurité répétitive : mais il en perd la face à ses propres yeux.

Démarche

Lors du thème « sujet et spiritualité », aux Journées d'études Dolto[1], Jean-Pierre Winter a axé sa réflexion sur la déculpabilisation à laquelle conduit la démarche doltoïenne. Elle privilégie les faits sans émettre de jugements et souligne que la culpabilité vient des jugements à effet inhibiteur – c'est bien ou mal – prononcés par les adultes tutélaires devant le bébé ou l'enfant.

1. Cf. J.-P. Winter, *Dieu profane, sujet divin*, Journées d'études Dolto, Association Archives et documentation Françoise Dolto, *op. cit.*

« Ce n'est pas une faute de ne pas être en mesure d'élever son enfant, c'est un fait » (1995, p. 79). Elle délivre l'humain de la culpabilité qui mine sa dynamique de sujet. « Lui avoir permis de naître, alors que l'avortement est aujourd'hui licite, est déjà un acte maternel qui a sa valeur » poursuit-elle *(ibid.)*. La « valeur » qui l'habite, c'est le positif de la vie. Dans toute sa clinique se dégage une confiance dans la vie, une foi dans la vie, dans les forces vitales que chaque humain a au plus profond. C'est toujours elles que F. Dolto vise, toujours sur elles qu'elle s'appuie pour travailler, pour ne pas dire que c'est grâce à elles qu'elle donne la castration, sûre que l'interdit va se dynamiser sur elles pour faire son douloureux, mais nécessaire, travail de séparation. Alors elle fait confiance à l'humain, mais c'est plus que cela. Il y a chez Dolto une foi dans le mystère de l'énergie qui fait vie. C'est cela même le levier de la déculpabilisation. Faire advenir le sujet, reconnaître son désir à lui, phrasés qui tissent nombre de ses écrits, ne se soutiennent que de cette conviction qu'il n'y a pas « [...] d'autres valeurs que celles de la vie » (1982-1, p. 43). Cet enfant a trouvé assez de force pour vivre jusqu'à votre rencontre, renvoie-t-elle toujours, quels que soient les contextes, il n'a pas de raison de ne pas continuer avec votre soutien. C'est cette conviction, à redonner, qui libère de la culpabilité, de la peur à faire-avec son énergie propre.

Elle entraîne l'humain (entraînement au sens d'apprentissage) à retrouver foi dans les valeurs de la vie qui sont en lui. Elle fait alors fonction de miroir, tout comme elle entraîne les éducatifs à remplir la même fonction, chacun de son propre lieu. Ses valeurs de la vie oscillent entre souffrances et joie – « [...] si on évitait toutes les souffrances, on ne saurait plus ce qu'est la joie » (1995, p. 32), non ?, entre solitude et rencontres, solitude décréative parfois ou solitude industrieuse, celle qui permet de s'atteler à la recherche de sens, au-delà de la rencontre, celle dans laquelle l'humain s'occupe à affabuler sa puissance ou à se reconstruire par-delà ses impuissances.

Aussi, dans ses écrits, n'est-ce pas tant la compréhension qui soutient son entendement de l'humain que la compassion et l'intuition. Elle comprend avec le cœur – « Tout au long de mon analyse, j'ai passé mon temps à dire Laforgue : “Mais enfin, vous avez l'air très content. Moi, je ne comprends rien de ce que je fais ici". » Il me disait alors avec son accent alsacien : « Vous combrenez très bien. Vous ne combrenez pas avec la tête, tant mieux ! Vous combrenez avec le cœur » (1988, p. 8) elle s'est entendue et entend les autres, pas par « le ciboulot », mais par une sensibilité de compassion, qui ne se laisse pas gagner par le pathos de la compassion (1987-1, p. 182). Dans son autoportrait, elle raconte comment, enfant, dans sa confiance à l'égard des adultes, elle a appris à se défendre de la logique si illogique de leur propos : « Et, c'est arrivé le jour où j'ai compris que les grandes personnes disaient n'importe quoi, qu'elles ne savaient pas ce qu'elles disaient. C'est là que ma compassion pour les grandes personnes a été telle qu'alors je ne les ai plus crues » (1989, p. 25). J'ai vu, poursuit-elle que j'étais bête (de prendre leurs propos au pied de la lettre), qu'on est tous bêtes. « Je sentais qu'on était tous des pauvres malheureux quoi ! Qu'il fallait faire avec. C'est très important, l'expression "faire avec". Accepter comme c'est et ne pas vouloir redresser les torts. On est comme on est » (*ibid.*, p. 26), superbe reconnaissance de l'autre en tant qu'autre !

Alors F. Dolto a une démarche qui vise à la déculpabilisation, qui se soutient de compassion, mais aussi d'intuition. Ce sont là trois maîtres mots. Trois lieux de résistance, le dernier n'étant pas le moindre. Son intuition de l'autre, c'est cette façon qu'elle a, au-delà de ce qui lui est dit d'un humain, de démêler l'écheveau intriqué de son histoire, en trouvant le début de la pelote qui va permettre de tricoter... puisqu'il va s'en montrer redynamisé. Intuitive et pas assez obsessionnelle, rapporte Mireille Cifali (1988, p. 76), de ce qu'on lui reprochait. C'est bien dit ainsi. C'était son génie clinique à elle. L'intuition, ça ne se transmet pas ; reste la visée de déculpabilisation et la compassion...

Dialectique

« Ce n'est justement pas le comportement de l'enfant qu'il faut étudier, mais la triangulation, telle qu'elle apparaît dans le discours, et le rôle joué par la personne qui est le pôle d'identification de l'enfant dans cette situation triangulaire [...] » (1988, p. 24). Ceci est équivalent à : l'image inconsciente du corps, c'est « [...] la recherche dans la relation de deux personnes de *qui parle et à qui* [...] » (1997, p. 129). Ceci est équivalent à « [...] qui parle et à qui ? et de quel lieu (lieu de l'autre ou de l'Autre) ? », question que Lacan pose (1966, p. 303) comme le dit M. Mannoni (1979, p. 60).

Intéressons-nous à la structure triangulaire qui divise l'interaction enfant/parent, comportement/sujet ; structure triangulaire qui est l'histoire du sujet marqué d'une division, d'emblée, et qui se travaille à travers toutes les castrations. C'est du manque dont le désir est marqué, d'emblée, manque qui fait confondre au sujet, par réduction, l'autre et l'Autre, en lui comme dans sa relation à l'autre. Il se peut que l'évitement – celui du manque – soit l'une des activités favorites du sujet...

Si on perd de vue cette structure triangulaire, on réduit la relation à l'interaction, le sujet à son moi ou à son comportement. La dialectique c'est, dès lors, la forme du travail du manque chez chacun des deux partenaires de l'interaction. Cela peut se dire en d'autres termes : le sujet, chez Dolto, est marqué d'emblée d'un travail œdipien à accomplir. Son allant-devenant dans le génie de son sexe, sa dynamique narcissique, est marqué d'emblée d'un travail de séparation en soi et par rapport à l'autre propre à laisser travailler la question de la différence. C'est à ce travail que le petit humain est d'emblée confronté – à partir de la phase du miroir, commencement de la fin d'un parcours où il a matière, là, à se savoir individué dans son corps, et à s'assumer comme sujet dans son ressenti profond qui ne se voit pas. Confrontation à la différence qui se parachève de la castration œdipienne où la différence des sexes et l'interdit par rapport au parent du même sexe qui s'en trouve, là, posé, devrait avoir valeur de travail de séparation définitivement accompli, libérateur d'une dynamique autonome. L'Œdipe, chez Dolto, est là d'emblée et se révèle travail, toujours à travailler, chez les sujets dont sa clinique témoigne, tout comme fil rouge à suivre dans toute posture clinique. « C'est toujours par rapport à l'Œdipe que j'envisage ce que l'on me dit de l'histoire de quelqu'un » dit-elle (1987-2, p. 278). L'Œdipe est le parangon de la structure triangulaire ; cette structure est en marche bien avant la castration œdipienne. C'est cette structure triangulaire qui fait le sujet ; si on la perd de vue, on réduit le sujet comme la relation... On les perd de vue.

Le sujet est divisé par le manque, celui-là qui s'infiltre entre lui-même et l'Autre en lui. D. Vasse montre bien comment cette naissance se fait dans le rapport à l'autre. Le sujet prend co-naissance – de son manque, de sa division – entre l'autre et l'Autre dans le mouvement de sa relation à autrui, sa mère, un autre qui satisfait ses besoins, mais ne comble jamais ce qui manque à son désir de relation, car elle est Autre, divisée elle-même par le manque. Elle est Autre, mère et femme, là, grâce à un tiers – un homme, le père ; elle n'est pas dans la réduction qu'opère nécessairement le petit enfant qui la construit dans le *même* qu'il voudrait qu'elle soit, toute semblable au besoin qu'il en a, tout entièrement là pour lui, que pour lui – l'enfant se vit comme objet partiel, dans cette relation, d'un Tout qu'il croit former avec sa mère, avec la-Tout qu'est sa mère –, toute semblable à ce à quoi il la conforme inconsciemment. Sa mère est différente – la différence fonde intrinsèquement la notion de même qui n'est pas pensable sans elle, dit D. Vasse (*ibid.*, p. 19) ; elle est autre et Autre, tout comme lui, travail de séparation, de différenciation, auquel le petit humain est confronté d'emblée. Alors, quand Lacan, Dolto, se demandent qui parle et de quel lieu dans le sujet, c'est cette dialectique de séparation, de différenciation, jamais vraiment acceptée, ou difficilement, qu'ils cherchent. C'est le travail d'une vie, la vie qui vingt fois sur le métier d'homme nous le remet à l'ouvrage, ce travail. L'autre est d'emblée dans le sujet ; le sujet est d'emblée social, porteur de cette nécessaire séparation qui permet au sujet de gagner sa vie. Il n'est pas l'objet de l'autre ; il ne peut faire de l'autre son objet. La vie le confronte d'emblée à cette éthique et à cette loi fondamentale, éthique qui va se conjuguant au pluriel selon les différentes étapes de mutation de son désir, éthiques orales, anales, génitales – pour reprendre les moments de maturation classiques –, inscrites dans son corps, qui sans cesse espère d'un autre l'apaisement du manque. Leurre. Désir qui se leurre de faire Un, quels que soient les moments de maturation du corps dans lesquels le désir prend chair, d'éviter sa division qui est, pourtant, si heureuse. Seule la dimension d'altérité protège de la dévoration d'autrui, dit D. Vasse (*ibid.*, p. 55), et dynamise.

Un sujet dans la relation à soi est toujours porteur de sa relation à l'autre, de la manière dont il la construit, comme de la manière dont cette relation le construit. Si « on » oublie cette dialectique subjectivante, c'est au comportement de l'individu ou à l'interaction duelle que notre comprenoir intime en reste : prisonnier du leurre.

Toujours, toujours chez Dolto, il y va du sujet dans son rapport à l'image de l'autre qu'il a intériorisé. Jamais dans sa clinique on ne trouvera la relation d'un comportement, mais la manière dont un individu construit sa relation à lui à partir de ce qu'il entend de ce que l'autre ou les autres lui disent, ce en quoi il se fait Sujet. Dans le même mouvement où c'est le ressenti de l'enfant qui est décrit, c'est dans ce qu'il construit depuis l'autre et dans ce que l'autre ressent, construit, de l'enfant, que la relation est analysée. Pour tomber dans la formule, Winnicott a inventé la mère, F. Dolto la fait vivre à l'intérieur de l'enfant. L'enfant chez Winnicott réagit à l'environnement, à l'objectivité, à la réalité extérieure, aux comportements de la mère : suffisamment bonne, l'enfant réagit dans l'interaction et va pouvoir développer un vrai self, un self authentique. Dans le cas contraire, il se défend grâce à un faux self protecteur. Son fonctionnement est décrit en réaction au comportement de l'autre. F. Dolto franchit un pas : comme chez Lacan, seule une approche relationnelle (F. Chébaux, 1999, p. 172-186) pose l'individu, approche dialectique de la relation désirante entre deux partenaires présents dans la situation actuelle, relation liée aux autres du présent comme aux autres du passé. Lacan et Dolto observent la même démarche, quels que soient les écarts de leur conceptualisation, et là est l'essentiel. On remonte de l'acteur au système, pour parler comme Touraine, de celui qui agit mais dans la relation au système social qui le fait et qu'il fait. C'est à partir de l'interaction, mais dans le double travail de séparation par rapport à la domination et l'arrachement à la domination auquel chaque partenaire se livre depuis l'interdit de l'inceste que le sujet se décode. Si bien qu'un sujet c'est une relation dont, en tant que psychanalyste, F. Dolto entreprend le décodage. À propos du comportement d'une fillette, elle pose cet énoncé à portée générale quant à la démarche qui fait advenir le sujet : « Ce décodage doit se faire, non seulement par rapport au désir de la fillette dans sa relation au désir de la mère et *vice versa*, mais aussi par rapport au désir de chacune dans leur relation triangulaire œdipienne – actuelle pour l'enfant, passée pour la mère –, c'est-à-dire par rapport à l'objet de leur désir génital : pour la fille, son père, autrement dit le conjoint de sa mère » (1984, p. 25-26).

La démarche Dolto cherche chez le sujet ce qui est vrai pour lui, ce qu'il construit de ce qu'il entend de ce qui lui est dit, mal dit, et même, voire surtout non dit. En quelque sorte, le vrai c'est ce qu'il croit, ce n'est pas forcément de la réalité véritable. Mais c'est le réel, pour le sujet.

Ce point est nodal pour saisir sa démarche, la perspective du sujet (la pensée du sujet), comme pour la démarche éducative. C'est parce que ce point nodal est en jeu que la pédagogie institutionnelle est la pédagogie institutionnelle ! C'est à placer cette démarche centrale comme pilier de la construction du sujet que Jean Oury peut produire tous ses développements sur l'imaginaire et le symbolique dans les classes de la PI (1986, p. 163-192), qu'il peut aider les éducatifs de la PI à repérer ce qui cherche à s'y dire du sujet. Jacques Pain a bien raison de se demander comment faire pour que l'institution (scolaire) n'aliène pas le sujet – école institutionnaire –, posant la PI du côté de « l'instinct du sujet »[1]. Les éducatifs, dans cette perspective, n'ont pas à chercher à décoder le contenu de la construction, mais à faire-avec, à savoir que toujours le sujet construit sa réalité dans ce qu'il interprète de ce qu'il attend de l'autre. Cette construction est à respecter, mais pas forcément à satisfaire. Vincent, en première année de cours préparatoire, n'a presque rien appris. Échec de la PI ? Il a brusquement cessé de progresser. À réfléchir, à échanger avec sa mère, il apparaît qu'il s'est arrêté à cinq ans, l'année de la naissance de sa petite sœur. « Moi aussi j'ai eu des petites sœurs. Les petites sœurs sont très encombrantes... Parfois on a envie de les tuer. Ça, on peut le penser mais on ne peut pas le faire. Mais les petites sœurs grandissent. Après, on est bien content d'avoir des petites sœurs » lui dit C. Pochet, institutrice (1986, p. 89). Vincent a appris à lire en quelques semaines et a rattrapé son retard... S'il y a un miracle là-dedans, c'est que des éducatifs reconnaissent le sujet dans sa construction.

1. Cf. Jacques Pain, *De l'école caserne à la pédagogie institutionnelle,* Journées d'études, Dolto, *op. cit.*

Désir

« Connaissez-vous le jeu du “pousse-pousse” ? Le pousse-pousse est un rectangle dans lequel figurent les lettres de l’alphabet inscrites sur de petits carrés mobiles. L’ensemble revêt l’aspect des mots croisés. Mais il y a un vide, il y a un carré vide, sans lettre, un trou, une absence, un manque de lettre, un manque de carré. Grâce à ce vide, à ce manque, on peut bouger les autres lettres, une à une et ainsi former des mots. Grâce à ce vide, ça fonctionne. Tout le jeu du pousse-pousse fonctionne autour de ce manque ». On ne peut mieux dire (G. Séverin, 1977-2, p. 7-8), sauf à rajouter que « Rien ni personne ne peut contenter le désir » (*ibid.*, p. 10). Au jeu du désir, le manque, jamais comblé ni comblable, pousse à aller et devenir. Grâce à lui, l’humain se focalise vers un but ou vers autrui. Du manque naît la lutte pour ou contre, vers quelque chose ou quelqu’un. « On ne retirera jamais à l’humain cette focalisation vers un désir qui, lorsqu’il devient prédominant, le motive à [...] » (travailler, ici, dit F. Dolto, 1985-1, p. 321), le motive à... aller et devenir, point. C’est si vrai. L’humain est désir, « obligé » par cette force vive, « assujetti » quand elle surgit, dit-elle (1977-2, p. 80). Car le fœtus communique avec sa mère, ressent et partage ses angoisses ou/et son plaisir d’être mère on est (naît) désirant. En éducation, à méconnaître la dynamique désirante, on n’aide pas les plus faibles à renforcer leur capital désirant, voire parfois on détourne les pourtant forts de leur cheminement. Il se peut qu’on assèche la mare aux désirs. C’est ce que dit F. Oury quand il parle de l’ « école caserne » et ses méfaits, celle « [...] qui fabrique à présent plus d’estropiés scolaires que de producteurs-consommateurs, citoyens alignés et respectueux » (*in* F. d’Ortoli et M. Amram, 1990, p. 20), de ces institutions éducatives casernes qui méconnaissent que la dynamique désirante se mutile d’elle-même : le sujet y pourvoit. À rien ne sert d’en rajouter... « Le désir est une rencontre interpsychique avec un autre. C’est une dynamique, un élan, une source qui nous poussent dans la vie, à la recherche des autres qui nous appellent aussi. Ce n’est jamais fini. Hélas, parfois aussi cet élan vers le manque à combler, manque toujours autre ou toujours ailleurs, peut retomber dans une espèce de bégaiement ou de répétition... Nous reproduisons toujours les mêmes gestes pour éviter d'inventer autre chose et d'approfondir le sens de notre vie. Machine à répétition, à play-back, nous "comblons" ainsi notre vide » (G. Séverin, 1977-2, p. 9). Se risquer à son désir, vers l'inconnu, ou rester dans la pseudo-certitude acquise et déjà satisfaite, toujours à reproduire, « entre l'aventure du désir et la tranquillité des besoins, entre le risque du désir et l'assurance de l'avoir [...] » (F. Dolto, *ibid.*, p. 136), entre course à l'effectivité ou découverte de l'affectivité (Marie de Hennezel, Johanne de Montigny, 1991, p. 65), entre consommation ou communion (D. Vasse, 1969), l'homme n'a pas toujours pu choisir. On ne l'a pas souvent guidé, peut-être... Le désir, ça fait peur.

Désir et éducation

« L'éducation humanisante, c'est l'expérience fondée sur le vécu » (1985-1, p. 87).

Cette question n'a rien de théorique. En éducation, on oublie souvent que le désir de l'enfant ou du jeune a été, est et sera là. J'ai rencontré bien des « prêts-à-consommer », activités ou projets issus des professionnels uniquement, ordonnancement du désir des enfants ou des jeunes accueillis à la volonté des éducatifs. Mode de fonctionnement qui est issu du « modèle de soi » (Georges Devereux, 1980), posture d'ordre qui maintient dans la répétition en refusant la distance critique, la séparation ou le conflit. Les éducatifs, dans cette posture évoquent « la normalité », celle qu'ils briguent de rejoindre et à laquelle ils veulent voir les jeunes se conformer : être normal comme les autres... comme ils croient l'être eux-mêmes, adultes équilibrés, modèles d'identification seulement, comme ils le disent d'eux-mêmes. Ils savent sur l'autre, le prétendent : leurs discours sur les jeunes tiennent du diagnostic ou de l'invalidation, prédicateurs d'un avenir sans issue : les jeunes, disent-ils, n'ont ni désir, ni projet... (F. Chébaux, 1999, p. 69-83).

Alors, pas de malentendus : ce qui est génant, ce ne sont pas tant ces attitudes, que j'ai analysées comme version narcissique d'une dynamique de réduction de l'autre à soi, à la mode du Un, selon le premier mode de construction de l'humain, mode d'analyse inspiré du travail de D. Vasse. Il est sans doute inévitable dans la spontanéité de l'acte éducatif. Ce qui est gênant c'est que dans le champ éducatif il y ait si peu de lieu où l'on puisse se mettre à distance de soi, quand on est payés pour aider l'autre à se mettre à distance de lui et des autres dans lesquels il s'est souvent piégé. « [...] on ne peut remettre l'autre en cause que si soi-même, on se remet en cause. L'autre ne peut s'approfondir que si nous-mêmes, nous rentrons à l'intérieur de nous. [...] dans la mesure où je me pose des questions sur moi, je permets à l'autre de faire le même chemin. Sinon je l'attaque et il se défend ! Je sais que, si l'autre résiste à une vérité, c'est parce que moi-même, je résiste à ma vérité. Les parents, les éducateurs, le savent : s'ils essaient de découvrir leur vérité, ils "débloquent" l'enfant... » (F. Dolto, 1977-2, p. 82). L'éducation humanisante, de celle qui conduit à la réconciliation avec une dynamique désirante propre, pas de celle qu'on souhaite pour l'autre, s'appuie sur ce vécu-là. Faute de quoi, on sait à la place de l'autre, on sait ce qu'il ressent, économie d'un questionnement sur soi, évitement plein de suffisance du manque qui nous divise, des doutes qui soutiennent plus sûrement que toutes les réponses que nous trouvons, qui ne sont que les nôtres, en rien modèles pour quiconque. « Le "drame" arrive quand nous avons une certaine image de nous, quand nous faisons de la représentation vis-à-vis de nous et vis-à-vis des autres. Il est alors en nous des tâches refoulées, des tares enfouies que nous ne pouvons reconnaître nôtres et que nous attribuons aux autres, sans vouloir reconnaître, bien sûr, que ce que nous attribuons à l'autre est ce que nous ne voulons pas reconnaître de nous ! (F. Dolto, 1977-2, p. 122). Travail de la subjectivité, de la subjectivité des éducatifs, enseignants y compris, enseignants à la fac y compris, auquel je conditionne toute mise en route d'une réflexion sur l'éducation comme d'un acte éducatif. Si l'éducation vise à l'instinct du sujet, à remettre le sujet en accord avec son désir, appliquons-nous d'abord à reconnaître notre désir, à l'accepter comme tel, condition *sine qua non* de la place possiblement laissée au désir de l'autre...

Au jeu du désir

La dynamique du jeu désirant

Au jeu du désir les dés sont pipés et les cartes truquées, F. Dolto en rend compte dans cette conférence, donnée en 1972, à partir de la situation analysant/analyste, où « [...] nous voyons dans cette formation à deux, de séance en séance, à quelle sorte de jeu de cartes un être humain peut jouer et perdre tout au long de son existence, et à quelle cuisine nous sommes traités, si je peux dire, dans l'imagination du sujet » (1981-2, p. 269).

Celui-là livre une demande de « consommation » vis-à-vis de son analyste décodée comme « [...] phénomène de rémanence, de régression dans la vie passée du sujet, de résonance de périodes douloureuses et ratées comme l'est celle-ci, où il rate de nous plaire » *(ibid.)*. Elle traduit alors la situation analysant/analyste comme le parangon de l'observation du jeu humain avec le désir, où on voit « [...] tous les avatars du désir que le sujet a élus dans sa vie imaginaire et solitaire, en remontant dans le temps jusqu'aux premiers désirs, qui, insatisfaits, ont laissé trace en sa mémoire » (*ibid.*, p. 270).

Ce jeu du désir tient, pour tout un chacun, dans un chassé-croisé entre sujet et désir. En effet, si les besoins doivent être satisfaits par la consommation, les désirs supportent le différemment de l'accomplissement et s'en trouvent même renforcés. « Chacun de nous devient ainsi capable d'inventer et de créer inconsciemment des moyens de jouer avec son désir et d'y apporter apaisement, lorsqu'il n'y a pas de réponse dans l'entourage » *(ibid.)*.

Le sujet joue ainsi entre imaginaire et réalité, grâce à son désir. On peut dire, alors que le sujet joue des tours au désir. S'il y a piège, puisque tel est le thème de la conférence, c'est dans la « caractéristique du désir » (*ibid.*, p. 269), qui, à supporter le non-accomplissement immédiat, peut subir des avatars jusqu'à obtention de la satisfaction. Du même coup, coincé entre réalité et imaginaire, le désir joue des tours au sujet. À voir. C'est de là que je pars, de cette écriture de l'humain propre à F. Dolto : en double symétrique.

Le désir de plaisir

Suivons ce piège de structure, dont nous parle, en fait, F. Dolto. Les pulsions du désir de l'enfant visent la consommation du plaisir de la communication interhumaine avec la mère, quelle que soit l'étape de sa trajectoire – les stades dont parle, à sa manière, F. Dolto.

« Le désir, c'est l'appel à la communication interhumaine » (1981-2, p. 272). Poussé par ce désir, ou son manque de satisfaction plutôt, on voit l'enfant s'ingénier à retrouver la présence attendue : « [...] l'enfant qui désire la continuation de ce lien interhumain et de la communication avec sa mère est poussé par ce désir lui-même à imaginer l'appel et la réponse passive ou active de l'autre qu'il désire [...] » (*ibid.*, p. 274). Il « hallucine », dans sa vie imaginaire, sa mère présente, en train de satisfaire son besoin de téter ; il suce son poing ou son pouce, par exemple, il invente des leurres, substituts de sa présence : « [...] il supporte mieux ainsi l'isolement pendant l'absence de communication » *(ibid.)*. Il en produit ses premières lallations : « Le bébé qui a grandi, si sa mère a su meubler de langage les moments séparant les soins corporels, s'ingénie dans son berceau, lorsqu'il est réveillé sans être affamé, à retrouver son lien vocal avec elle. Il tente de donner à ses propres oreilles l'illusion des paroles entendues ou modulées : exercices de langue, de bouche, de cavum, de maîtrise du langage » (*ibid.*, p. 283). Bref, le désir de communiquer attendu, non satisfait dans l'absence, est dès lors « affabulé ».

C'est dans le manque de communication que son désir s'ingénie jusqu'à l'invention de substituts. Puissance de l'imaginaire. Prééminence de la fonction symbolique.

C'est depuis la réalité que F. Dolto articule l'humain : à l'être humain, « la réalité a donné un destin marqué par l'impuissance à survivre isolé » (1987-1, p. 59). Aussi, a-t-il besoin « [...] d'un coêtre pré- et postnatal, d'un coagir [...] » (*ibid.*, p. 55) qu'il subit passivement très longtemps. C'est ce coêtre et ce coagir qui lui donnent sécurité. En eux, il se sent en sécurité, en leur absence, il va s'ingénier à les retrouver. C'est dans le substitut trouvé, qui « [...] lui apporte plaisir d'un connu retrouvé et nouvelle sécurité à vivre » *(ibid.)*, que le désir est affabulé, mais aussi que le sujet est piégé par le plaisir : celui d'être, de coêtre ou de coagir, que son désir poursuit : « Ce plaisir le rend dépendant de qui ou de quoi le lui satisfait à l'occasion des variantes dans ses besoins. Le plaisir et sa focalisation se situent aux régions de son corps où les sensations de séparation et de retrouvailles s'effectuent : la réunion de deux parties séparées dont la congruence retrouvée crée plaisir d'être » *(ibid.)*. Si elle pose, là, sa définition de la zone érogène, c'est au plaisir et au déplaisir qu'elle soumet la dynamique du désir.

Piège de structure, qui se dégage de la dépendance physique – impuissance à survivre isolé –, et de la dépendance physiologique, là où au « [...] début de la vie [...] nous voyons comment *obligatoirement les dés sont pipés* [...] » (1981-2, p. 279).

Aussi, pour conserver une santé et un tonus psychosomatique, pour continuer à vivre physiologiquement, l'être humain « [...] parce que doué de fonction symbolique, intériorise le code de sa relation à l'autre, s'aime lui-même comme il est aimé d'un autre ; il y a chez lui un désir fondamental de retrouver dans ses perceptions quelque chose qui lui rappelle la *dernière relation de plaisir ou lui - l'autre, lui - sa mère n'ont fait qu'un, par désirs accordés* » *(ibid.)*. De là qu'au bout du compte on retourne toujours à ses premières amours, rançon de la fonction symbolique, supportée de l'imaginaire.

Mais alors ce piège va se faire non plus seulement structurel, mais fonctionnel : « Cette longue impuissance infantile, lorsqu'elle est assistée d'affections, de caresses, de présence attentive parlée par les parents humains, suscite sa puissance idéatoire et imaginative à l'envi de ses images achevées de son être au monde en cours d'achèvement » (1987-1, p. 58). Grâce à son adaptabilité et son inventivité créatrice, il va, ainsi, se modeler aux comportements de ceux dont il dépend objectivement : « À l'imitation immédiate ou mémorisée des covivants, qu'il observe, il développe ses potentialités symboliques. À l'imitation, coêtre et coagir, qui est déjà peut-être désir de communication, fait très tôt suite l'identification qui structure son psychisme à l'envi des êtres humains tutélaires » *(ibid.)*. Il imite, puis s'identifie à ses adultes tutélaires. Il introjecte leur image, selon le climat émotionnel de plaisir et de déplaisir, auquel il est si sensible. Du point de vue de son désir, l'enfant poursuit sa quête dans la recherche de l'harmonie. Il « [...] accorde son désir à la présence connue [...] » (1981-2, p. 299).

À vrai dire, c'est la « signifiance de désirs accordés » (*ibid.*, p. 272) qui fait la relation : l'un demande, l'autre répond, dans la même recherche. F. Dolto décrit l'organisation du langage (verbal, mimique, gestuel) dans la soumission à ce désir d'une commune jouissance d'être ensemble accordés. Elle parle de « la joie reconnue d'être ensemble accordés » (*ibid.*, p. 288), à propos du schème organisateur du langage mimique, juste après avoir décrit le même schème dans l'organisation du langage verbal. Bref, elle décrit la relation entre les deux partenaires, leur communication dans les termes « [...] d'un jeu désirant qui appelle réponse d'un autre désirant complémentaire [...] » (*ibid.*, p. 278).

C'est le piège de la fusion, dont l'avatar pour le désir est le maintien de la loi du plaire (attitude perverse), point de départ de la conférence et de l'humain, originellement obligatoire donc, posture désirante dont il arrive qu'elle perdure, dans les ratés des castrations successives, des épreuves du miroir et/ou de l'Œdipe notamment. Là où dans le fonctionnement défaillant du miroir, le désir peut s'aliéner à la primauté des valeurs apparentes, mutilatrices de l'authenticité et/ou de la relation du sujet. Là où les dés ne sont pas moins pipés et pipables quand, à mal franchir la castration œdipienne, l'enfant va conserver les fausses valeurs des atouts imaginaires du jeu de cartes de son enfance, cherche à plaire à l'autre, avec les dommages narcissiques et relationnels que l'on présume.

La dialectique du symbolique et de l'imaginaire

« Attisé par la solitude, le désir invente des médiations de communication. C'est bien la solitude éprouvée par le petit d'homme qui stimule sa mémoire et sa fonction symbolique à s'exercer et à créer des substituts de présence tutélaire, à s'imaginer l'autre présent, à lui parler, comme s'il était là, à imiter les gestes de l'autre en son absence, à travailler de ses mains en attente de son retour, à découvrir son pouvoir sur le milieu environnant, qu'il s'ingénie à modifier pour le plaisir de tous ses sens qu'il se donne et qu'il donne aux autres » (1987-1, p. 464-465). Si on le voit inventer les moyens de jouer, entre champ de la réalité et champ de l'imaginaire, c'est depuis son désir si intense de communication – « exigence de symbolisation » dont va parler G. Guillerault (1989, p. 203), faute de laquelle il sombre dans la détresse –, quand la réalité le laisse insatisfait, qu'il travaille. C'est le désir de l'autre qui motive le travail d'invention du leurre, substitut de son désir de communiquer – le suçotement des lèvres, de la langue, du poing, du pouce... La fonction du leurre s'impose au regard du désir de plaisir d'échanger.

Dans le leurre qu'il invente, l'enfant y prend la preuve d'une relation interhumaine qui satisfait son désir de communication. Ce leurre est nécessaire : « *Leurre du désir*, nécessaire à l'entretien des échanges structurants interhumains et de la fonction symbolique [...] » (1981-2, p. 277). C'est le « [...] leurre jouissif solitaire qui entretient le désir, en l'absence de la mère nourrice, partenaire nécessaire pour la satisfaction corps à corps, bouche à sein, psychisme à psychisme » (*ibid.*, p. 274-275). C'est là que s'origine la source de symbolisation[1], et par là même, l'articulation de la fonction imaginaire à la fonction symbolique : « Il ne s'agit pas de besoin, il s'agit du désir de communiquer avec l'autre : c'est ce désir-là qui cherche à s'apaiser, devant l'impossible réalité, de la seule manière connue. Et c'est là l'origine, la source de la symbolisation. L'imagination étoffe une perception partielle grâce à la mémoire, qui recrée la présence sécurisante d'une totalité existentielle par-delà le manque » (*ibid.*, p. 275).

L'humain, doué d'un appétit communicationnel, communiquant si précoce, à la recherche d'éléments pour mettre en sens ses sensations qui fassent sens pour un autre dont il dégagera dans le même mouvement, grâce au support de l'imaginaire, son sens à lui, échappant à une solitude décréative où les fantasmes de dissociation le guettent, l'humain se fait bricoleur de symboles. Privé d'échanges, il verse dans un imaginaire qui le fait se rabattre sur les souvenirs d'une rencontre, imaginaire qui le sauve d'un anéantissement. Ce qui conduit F. Dolto à faire l'éloge de l'imaginaire. « Que ferions-nous sans le champ de l'imaginaire ? » se demande-

1. Cf. Le jeu du Fort-Da, « Au-delà du principe de plaisir », in *Essais de psychanalyse*, Paris, Payot, 1975, p. 7-81.

t-elle (1987-1, p. 303). L'imaginaire transgresse, repousse les limites de la réalité : il accule à la prise de risque, à la découverte de toujours plus de nouveau.

C'est ainsi dire qu'entre Imaginaire et Symbolique, il y va d'un « rapport dialectique » comme le proposent A. et J.-J. Rassial (1988, p. 175), quand ils analysent leur rapport à propos de la place des castrations dans l'image inconsciente du corps. Chez Dolto se dégage « [...] la conception d'un imaginaire actif [...] » (*ibid.*, p. 189), qu'elle pose dans sa fonction « [...] de moteur et de cause » (*ibid.*, p. 172), mais cet imaginaire n'en est pas moins, comme ils le dégagent, agi, même s'il est actif (*ibid.*, p. 176), en ce qu'il accomplit le symbolique, loin d'y contrevenir ou de s'y opposer, comme le propose G. Guillerault (1989, p. 117), qui parle d'une association immanente de l'imaginaire et du symbolique.

La fonction imaginaire va affabuler ce qui se ressent dans le corps, elle soutient l'élaboration de ce qui s'y ressent. Si bien que « [...] le Symbolique [...] est défini par F. Dolto comme production [...] » (A. et J.-J. Rassial, *ibid.*, p. 176), mais plus encore, le symbolique n'est pas là « [...] qu'une algèbre du signifiant quand le corps y dit, avec l'affect, le nouage à l'imaginaire (dans le réel du corps éprouvé) » (G. Guillerault, *ibid.*, p. 189).

Le sujet de Dolto est posé dans « la fonction symbolique (comme) fondatrice de l'être humain [...] » (1981-2, p. 270), qui s'articule sur un imaginaire s'accomplissant depuis le corps – elle s'établit sur ce « [...] réseau imaginaire cocharnel [...] » (1987-1, p. 301). Sujet qu'est l'enfant, même si, chez lui, c'est l'imaginaire qui conduit au symbolique. Sujet auquel travaille l'enfant, même s'il se peut que cela nous échappe...

« Sa lente maturation neurologique nécessaire à sa motricité de préhension et de déplacement autonome, à sa vocalisation et à sa phonématisation, le rend pour l'expression de ses désirs infans et impuissant à s'exprimer [...] » (1987-1, p. 58). Infans et impuissant à s'exprimer... et les malentendus de s'infiltrer. Un nourrisson, dit-elle, « [...] garçon ou fille, c'est déjà un sujet, certains plus précoces que d'autres pour le manifester [...] Encore faut-il pour cela être à même d'avoir une écoute suffisamment fine des enfants et des bébés [...] » (1984, p. 246). Infans et impuissant à s'exprimer, alors qu'il a « [...] perception mémorisée et compréhension du langage verbal, mimique, gestuel [...] » (1987-1,

p. 58), qu'il travaille au développement « [...] d'un agir d'abord imitatif puis symbolisé en travail productif [...] » (*ibid.*, p. 59). Nous reste à pouvoir l'entendre dans ce travail de production si précoce...

Le sujet joue des tours au désir

Le sujet est défini entre le travail sur lui et le dégagement par rapport à la dyade et la situation qu'elle implique, double travail, conflit entre soumission à l'autre, aux autres, dans la prégnance de l'échange avec autrui, et, pour autant, production autonome selon la singularité propre à sa sensibilité.

La dynamique est complexe, mais le travail d'auto-engendrement est d'emblée là. Cela est universel, même si de façon particulière. C'est ainsi, dit-elle, « [...] que pour chaque être humain tout se passe d'une façon qui lui est particulière, particulière aussi au triangle père- mère-enfant qui a été le sien » (1981-2, p. 278).

L'individu se construit dans un continuum où il cherche la sécurité existentielle de son corps, par la satisfaction répétitive des besoins. En même temps, le sujet grandit dans sa « [...] signifiance pour autrui [...] » (*ibid.*, p. 302).

Pris dans le désir de l'autre, piège de structure obligatoire, il n'en produit pas moins sa trajectoire de sujet en fonction de sa sensibilité propre. Jamais totalement conditionnable. Mais, même si « tributaire » de l'autre (1981-2, p. 281), bien qu' « entièrement soumis » (*ibid.*, p. 300) aux relations avec les autres – la mère, le conjoint, les substituts tutélaires –, mais... il se définit dans son ressenti à lui de ce qui fait sens, dans la recherche de la retrouvaille de ce qui satisfait son désir de communication : « Simultanément, le sujet du désir déjà inclus au langage par sa signifiance pour autrui qu'il connaît et reconnaît en quelque chose par la similitude de sa perception subtile qu'il a gardée en souvenir de ses rencontres aux instants de leur rupture, est au guet d'une retrouvaille dans la réalité, conforme aux fantasmes, qui meublent sa solitude d'individu séparé » (1987-1, p. 302).

Les fantasmes qui assurent la continuité du désir, ce monde de l'imaginaire est aussi très particulier, puisque dans le champ de l'imaginaire, « [...] chacun diffère selon son capital génétique solitaire » (*ibid.*, p. 301).

S'il y a du sujet, c'est à partir de cette situation de l'intersubjectivité, et, selon les modalités de ce capital solitaire qui soutient le désir, grâce à la mémoire, on ne peut l'oublier chez F. Dolto. S'il y a du sujet, c'est dans cette interprétation singulière de la réalité. Un sujet dont le désir de communication est tel qu'il prend les outils à sa disposition – l'imaginaire et la mémoire – pour jouer avec la réalité. Le sujet joue des tours au désir.

(Je fonde ma perspective et mon ambition d'ouvrir des pistes heuristiques en Sciences de l'éducation sur cette éthique de la foi dans un sujet de production, qui se construit dans l'autre, mais en fonction de son différentiel capital génétique solitaire, telle que la théorisation de la clinique de F. Dolto en témoigne).

Là où elle décrit les enfants « dont le désir d'échanges est plus prégnant », ceux qui « ne supportent pas l'angoisse ou le dérythmage » (1981-2, p. 297), ceux qui s'y adaptent apparemment, et les réactions des adultes qui savent décoder ou pas leurs manifestations, mais toujours à partir de leur sensibilité, voire de l'« hypersensibilité » (*ibid.*, p. 299) de chacun à l'absence de ses objets d'amour. Sujet de désir, de désir de communiquer, là chez tout un chacun, différent pour chacun. Autrement dit, à chacun son quotient de vitalité symbolique.

Le désir joue des tours au sujet : les pièges de la jouissance

Tout est la rançon de la fonction symbolique ! C'est, dans le fond, où nous aboutissons. Pour autant, que ferions-nous sans la fonction symbolique...

Dans cette conférence sur le jeu humain, F. Dolto conclut sur les pièges de la jouissance dont les humains sont dépendants. Elle va, bien sûr, référer cette jouissance au corps – piège de structure obligatoire, en son point de départ. Si le désir y est soumis, d'emblée, les humains qui y mesurent leurs repères de fiabilité, en restent, ainsi, dépendants tout au long de leur parcours.

Le corps se donne, alors, comme le seul support possible du jeu de construction, tout autant que l'obstacle à la construction.

Si, dans ce jeu conflictuel, l'humain est sauvé par la prééminence de la fonction symbolique, c'est aussi elle qui le rend vulnérable à jamais. Grâce aux processus qui y agissent – *Solitude* (1987-1) nous le montre –, l'humain est entraîné à faire confiance à son désir, à espérer toujours une jouissance de ses expériences. À en mesurer les critères de sécurité dans son corps, la fonction symbolique le condamne à chercher son être dans les illusions du corps. Piégé et vulnérable à jamais.

Un humain, comme tous les humains, paumé quant à son désir... C'est F. Dolto qui le dit dans cette conclusion de son interrogation du jeu désirant auquel il est livré.

Un humain poussé par le désir, lui-même aiguisé par l'angoisse, un humain qui ne peut pas s'empêcher de désirer, au fil de la construction de ses expériences, malgré les leçons de l'expérience, c'est-à-dire du décalage entre l'imaginaire espérance qui a soutenu le risque de l'entreprise, et la réalité de l'œuvre entreprise.

Le désir joue des tours au sujet.

Angoissé de ce décalage, angoissé par la mort inéluctable, par la crainte du risque à entreprendre, comme par celle de l'échec de l'œuvre entreprise – échec du désir –, angoissé par la liberté que son désir lui ouvre, angoissé par la responsabilité propre dans son désordre de souffrance – angoissé à désirer, tout simplement. Tout ne vient-il pas « [...] de son angoisse à désirer ? » (1981-2, p. 325). L'humain de Dolto cherche et attend toujours « [...] contre toute l'expérience acquise, une jouissance plus grande [...] » *(ibid.)* de la nouvelle expérience, mais il est paumé « [...] du seul fait du jeu inexorable du désir où, par rapport à son imaginaire espérance, l'homme est perdant dans la réalité » *(ibid.)*. Il y va, alors, d'un humain qui se débrouille pour leurrer l'angoisse : « L'angoisse dans ce qu'elle a d'humainement inévitable et d'inexorable, du fait de l'inadéquation de la réalité à l'imaginaire, est continuellement leurrée par les effets symboliques et les pouvoirs qu'ils créent [...] » *(ibid.)*.

C'est, là, la tricherie. Inéluctable. Advenue par structure au début de la vie. La fonction symbolique, la production du Sujet par lui-même, dans le rapport à l'autre, à laquelle il est livré, dans la foi inextinguible qu'il puise dans son désir d'expériences toujours plus satisfaisantes, malgré les angoisses inhérentes à son désir, lui a fourni les moyens de communiquer avec l'autre, de construire sa distance par rapport à lui et au monde, lui a donné le sentiment d'en être le maître, d'en jouir : « [...] la tricherie inéluctable, advenue par structure au début de la vie. Cette tricherie avec leur désir est inévitable, puisque c'est elle qui leur a fourni à tous le moyen à la fois de communiquer et de se rendre maîtres du monde, et par là, la variété, la richesse, la multifiguration métaphorique qu'ont pour eux les modalités de plaisir, de jouissance et de souffrance. *C'est la rançon de sa fonction symbolique que l'équilibre psychosomatique de l'être humain soit vulnérable* » (*ibid.*, p. 324).

Il est question, là, d'une tricherie inhérente à la dynamique du désir, à partir de laquelle l'humain navigue entre réalité et imaginaire, retour douloureux à la conscience et puissance désirante. La fonction symbolique, toujours au guet des sensations, cherche, dans le corps, les variantes de perception et informe, du plaisir ou déplaisir éprouvé, la dynamique du désir du sujet, qui en dépend. L'imaginaire occupe la fonction de soutenir la « dynamique cohésive des vivants de besoins », et celle du sujet, aussi dans sa relation de langage au monde et à lui-même, articulant le présent à son passé et à son futur (au déjà-éprouvé et à l'éprouvé à venir), « dans le connu, comme dans l'inconnu de ses plaisirs » (1987-1, p. 303). Il affabule des émois, dans la solitude, qui entretiennent l'objet présent, à partir du seul objet, toujours, présent : son corps, lieu de recherche des repères de fiabilité : « L'imaginaire, obéissant à la dynamique du désir et pas seulement du besoin, entraîne chez le sujet des émois qui produisent des effets modificateurs dans son corps, lesquels entretiennent l'illusion d'une réalité objectivale absente, mais qui apportent plaisir-déplaisir, peines et joies référées à la relation symbolique que le sujet entretient avec son propre corps, seul objet présent de sa réalité dans la solitude » *(ibid.)*.

Le Sujet se construit à partir des éprouvés du corps, dans les émois affabulés par l'imaginaire qui n'a que le corps comme témoin de la jouissance, lieu repère, illusoire, de la fiabilité du désir de plaisir.

En situation de dépendance physiologique par rapport à un autre, le sujet est pris dans le désir de l'autre. Les dés sont obligatoirement pipés, dès le point de départ de la vie. L'enfant s'aime comme il est aimé – il se voit dans le regard de l'autre – il se construit selon les modulations langagières, au sens large, de la relation. Agi. Faire comme, être comme... La mêmeté est le premier mouvement de l'humain. Passage obligé. À en franchir maladroitement les étapes entre réalité et imaginaire, le sujet peut y rester piégé sa vie durant.

Agi, mais actif. C'est la fonction symbolique qui donne la singularité de sa trajectoire. Le sujet joue, alors, des tours au désir. Dans la dépendance physiologique par rapport à lui-même, c'est depuis son corps que le désir prend appui pour fiabiliser ses découvertes. Entre la réalité de la rencontre et l'imaginaire de la solitude : la construction d'un éprouvé. Relativité de l'éprouvé dans le corps : puissance de l'imaginaire. Lieu d'émission et de réception des émois, le corps permet au sujet de construire sa relation à lui-même et sa relation au monde. C'est là que le désir joue des tours au sujet.

Dire et demande

Dire vrai

« "Il faut dire la vérité, vous n'avez qu'à la dire, pourquoi ne pas dire ?", entendons-nous partout actuellement... et nous en sommes bien d'accord ! Mais cela n'entraîne-t-il pas une sorte d'impérialisme du dire, dire à tout prix [...] », questionne Danielle Rapoport (1985-3, p. 127), non pas du lieu du contenu du dire, mais des modalités du dire.

F. Dolto va répondre au niveau de la demande. Elle rapporte d'abord une anecdote qui articule l'éthique de la posture pour laquelle elle milite : « Une femme me dit qu'elle avait lu dans mes livres qu'il fallait parler aux enfants. Je ne suis pas sûre que ce soit dans mes livres, car je ne dis pas qu'il faut tellement parler aux enfants, mais leur dire vrai quand un problème se pose [...] » (*ibid.*, p. 128-129). Il ne s'agit pas de parler pour dire, mais de dire *vrai*. S'il y a de l'impérialisme, dans cette affaire, c'est à propos de la vérité, du dire vrai. C'est pour ce vrai qu'elle se bat. Ainsi, quand elle relate la situation de cette mère, enceinte de son chef de service, qui, à l'insu de tous – de sa famille dont elle craignait de générer la honte, du père, resté dans l'ignorance de sa paternité –, avait accouché clandestinement, plaçant l'enfant à l'Assistance publique, sans l'abandonner, s'engageant à payer l'entretien de l'enfant dans une famille d'accueil. Quatorze années plus tard, une fois ses parents décédés, alors qu'elle s'était mariée avec un homme dont elle eut deux enfants, le couple entreprit la recherche de l'enfant, en vue d'une adoption. F. Dolto raconte le traitement de cette petite fille qu'elle a été amenée à entreprendre en ce qu'elle entrait dans une démence précoce[1]. Je m'intéresse, ici, à l'éthique de l'intervention : elle tient dans la recherche de « [...] cette logique et cette non-logique de l'affectivité et de la symbolique humaines, à ce que sont ces relations structurantes, dynamisantes ou dédynamisantes entre géniteurs et enfants, entre éducateurs et enfants » (*ibid.*, p. 134).

F. Dolto n'a pas pu obtenir de cette mère, accrochée à sa culpabilité, qu'elle dise à son enfant qu'elle était sa fille. Pour autant il n'y eut pas de « non-dit » dans ce traitement : l'enfant n'a jamais posé la question de la filiation génétique avec sa mère. Elle a « adopté » ces parents – restant dans l'ignorance du lien génétique à sa mère –, se bricolant une assise symbolique – « J'ai beaucoup de chances, je ressemble à ma maman, tout le monde croit que je suis sa vraie fille, c'est bien comme cela » (*ibid.*, p. 133) –, redynamisée dans son cheminement à elle, dans son groupe d'âge – rattrapant sa scolarité, heureuse de vivre, s'inscrivant dans des activités de jeune fille, constate F. Dolto. « Chacun est unique » (*ibid.*, p. 134), la singularité de la dynamique désirante impose du sur mesure vrai. Elle défend une éthique clinique – l'adaptation de l'intervention à la singularité de la dynamique unique d'une triangulation –, qui recherche le vrai d'une dynamique – le vrai, c'est le sujet qui le trouve dans ce qui lui convient à lui, dès lors, dans un travail d'imaginarisation de son identité de retrouvaille de sa dynamique de sujet.

Retrouver son assise identitaire symbolique, tel est bien l'enjeu, dans les termes où R. Clément l'avance. Il parle du travail « [...] d' "imaginarisation" qui, de la scène primitive au roman familial, le conduira à avoir son identité en réinventant fantasma-

1. Pour la relation des dimensions de cette histoire, cf. *Origines*, 1985-3, p. 131-134, *op. cit.*

tiquement les modalités de sa venue au monde et en interrogeant sa place dans la famille par la mise en question de l'identité de ses parents. C'est à travers ces re-créations fantasmées qu'il réassurera les assises symboliques de son existence, qu'il pourra, à sa façon s'éprouver comme sujet et trouver à fonder son identité singulière » (*ibid.*, p. 145). Le travail d'imaginarisation, dans le cas évoqué ci-dessus, était bien là, à la manière des sujets.

Alors une éthique de la singularité désirante – le vrai – implique de dire l'identité des parents, ici, en fonction d'une demande, qui reste à décrypter.

« Dire » se voit soumis, ainsi, à l'éthique de la dynamique singulière du sujet, le contenu du dire à l'assise symbolique du sujet, la manière du dire aux modalités de la demande du sujet.

Dire : Ni tout dire, ni tout comprendre, mais accueillir la souffrance

Dire, ça me fait pire souffrir, disait Clémence, dans une recherche sur les adultes ex-enfants placés[1], quand elle rappelait qu'on la soumettait à l'impérialisme du dire ou du tout dire.

« "Vous n'avez pas besoin de tout dire ! Ne dites presque rien à chaque fois, c'est bien suffisant ; que vous ayez le désir de tout dire, cela suffit, même si vous ne le dites pas" [...] C'est aussi une chose terrible, que les gens croient qu'il *faut* qu'ils disent *tout*. Pas du tout ! Il faut qu'ils *puissent* dire tout ! Évidemment, ils ne peuvent pas dire *tout*, c'est impossible ! Et nous, psychanalystes, nous n'avons pas besoin de tout savoir de ce qu'ils ont à dire ; le jour où ils sont en mesure de le dire, ils n'ont plus besoin de nous voir : ce jour-là, ils sont sur le chemin de la santé », dit F. Dolto (1987-2, p. 97). Ceci dit pour atténuer les principes d'une psychanalyse mal appliquée. Appliquée tout court, peut-être d'ailleurs.

Dominique Wolton permet dans ses propres travaux sur la sexualité (1974, 1976), autour de ses interrogations sur la démarche de Michel Foucault (1977), de mettre en mots une arti-

1. Cf. F. Chébaux, *Archéologie de l'acte éducatif. Habilitation à diriger des recherches*, t. 2, *op. cit.*

culation entre la volonté de savoir qui sert les satisfactions d'inquisition des professionnels du champ social, et l'habile économie du recouvrement du manque, habitant qui règne en maître au fond de soi. M. Cifali lève ce voile-là, de la même manière, dans son analyse du lien éducatif entre enseignants et enseignés (1994).

Mais la volonté d'ignorer, au-delà, à côté (?) de la volonté de savoir, la volonté d'ignorer dans la mise au secret, apparaît comme une protection contre la souffrance. Ainsi avec ces travailleurs sociaux à qui j'avais demandé de m'organiser des rendez-vous, tels jeudi et vendredi, avec les adultes ex-enfants placés de leur choix – ceux qui maintenaient des liens institutionnels, selon leurs critères – et qui m'ont organisé des rendez-vous manqués. Je suis arrivée dans cette province à vieille tradition d'accueil de placements pour entendre les travailleurs sociaux dire, autour du café qu'ils m'offraient : « C'est dur ce que vous nous avez demandé (de prendre des rendez-vous), vous allez remuer des souffrances. » Étonnée de cet accueil, j'en ai mesuré l'effet : les travailleurs sociaux avaient déplacé ma disponibilité annoncée et négociée des jeudi et vendredi au samedi et dimanche. Il m'a fallu une journée d'attente de rendez-vous manqués pour me risquer à lever le malentendu. Coups de téléphone passés, tous les jeunes hommes et femmes prévus m'attendaient, avec impatience pour certains, le samedi et le dimanche, comme la consigne leur avait été donnée : ils avaient envie (d'enfin) parler.

« La prévention, ce n'est pas d'éviter à un enfant de souffrir mais de mettre des mots sur ce dont il souffre et reconnaître avec compassion qu'il en souffre », avance F. Dolto (1987-2, p. 104). Il s'agit de lui donner le droit de souffrir et de l'humaniser dans la communication, « [...] car la souffrance est humanisée quand elle est communiquée, quand l'autre ne s'effondre pas de ce que nous lui communiquions la nôtre » (*ibid.*, p. 105).

F. Dolto montre, à partir de toutes les situations de placement ou de séparation enfants/parents, dont les professionnels qui l'écoutent rapportent les souffrances ressenties, que « l'enfant se construit sur sa souffrance, qu'on lui permet de dire et de comprendre » (*ibid.*, p. 107). Encore faut-il pouvoir l'accueillir sans s'effondrer... sinon la souffrance est contournée. Encore faut-il que les institutions éducatives soutiennent leur personnel dans cet accueil : qu'elles ouvrent des espaces de parole.

Éducation

Éduquer c'est peut-être guider vers, selon l'étymologie, mais plus sûrement, chez Dolto, prendre l'enfant comme guide... Ce sont les enfants qui nous enseignent, c'est ce qu'on dit à l'école de la Neuville (1990, p. 94), un peu comme Winnicott disait que l'enseignant, c'est le patient (1970, p. 155).

Éducation et séparation

« "Fais comme l'autre, faites comme les autres." Chacun devrait au contraire faire ce qu'il a à faire en s'harmonisant avec les autres, sans jamais les imiter ni s'imiter lui-même. Créer en coopération afin que ce soit agréable pour tous, c'est cela l'éducation. Mais nous nous appuyons sans cesse sur des motivations perverses que les enfants aiment beaucoup. Ils aiment beaucoup faire plaisir à papa et à maman, ils aiment beaucoup faire comme le voisin à l'école, et il est tragique de les persuader que c'est bien, alors que c'est "rien" et que c'est en fait dédynamisant pour eux. Voilà comment je peux vous inciter à réfléchir à ce travail qui est le nôtre, quel que soit le métier que nous exerçons auprès des enfants » (1995, p. 20).

À propos de Miloud, C. Pochet et Genèse de la coopérative, montrent qu'il a, *d'abord,* été question pour lui de faire comme les autres de la classe, *puis,* de se singulariser. Faire comme les autres, sans pour autant devenir l'autre, dit-on, là (1986, p. 70). Faire comme les autres, c'est peut-être, la résurgence de ce que D. Vasse appelle le premier moment de l'humain, celui où il s'est, *d'abord,* construit co-l'autre, se vivant comme son objet partiel, on dirait sa moitié, au prix de réduire l'autre à soi et/ou de se réduire à l'autre. Premier moment qui laisse des traces ; peut-être est-ce cela la spontanéité dont va nous parler F. Oury, la résurgence du co-l'autre dans sa pulsion vive, spontanéité qui n'a rien de la marque du travail de la distance en soi et par rapport à l'autre. Cette distance reste à atteindre ; c'est ce que D. Vasse appelle le second mouvement de l'humain, qui n'a rien de chronologique, nous dit-il, c'est l'acte par lequel l'humain reconnaissant la différence en lui et en l'autre, parvient au respect de l'autre en tant qu'autre. La PI ne nous parle que de cela : l'éducation, version PI, c'est la différence, fait d'homme qu'on va chercher à promouvoir ; le trait distinctif qui fait le caractère unique de chacun, son humanité à lui. Quand on est collés, on ne peut pas la trouver ; le premier moment, c'est de faire comme, ça rassure (parce qu'on a déjà connu cette première phase) ; ça tient de l'imitation et de l'identification. C'est nécessaire, mais c'est à critiquer les adultes, à s'en séparer, que les enfants grandissent. Le sens critique est d'ailleurs l'une des dimensions qui font apprécier l'école de la Neuville à F. Dolto. Restée seule avec eux, elle n'a pas constater de « fanatisme » : « [...] ils vous aiment bien mais ils en prennent et ils en laissent » (1990, p. 159-160), dit-elle aux enseignants-éducateurs.

Reste aux adultes à l'accepter, cette critique, formule éducative de l'art de la séparation-castration. De façon plus théorique, leur reste à accepter le dépassement des situations duelles, à rechercher la triangulation. Dans la PI, toutes les médiations (distance entre rôle et sujet, fonctions assurées dans le collectif de la classe), toutes les activités, visent la modification des situations duelles, enseignant/élève. Dans l'asymétrie inhérente à la relation duelle, d'une part, le maître reste « caporal d'école-caserne » (1986, p. 124), chef incontesté du savoir – là où dans la PI il devient supposé-savoir, la nuance est de taille – comme du pouvoir, et les enfants piégés dans l'apprentissage de la répétition. Le but du jeu pour l'adulte, c'est d'être promu déchet, comme le psychanalyste, à jeter après usage : mieux vaut ne pas rester coller à l'autre (*ibid.*, p. 36). A. et J.-J. Rassial, dans leur commentaire de l'image inconsciente du corps, soulignent qu'être parents comme éducateurs de remplacement, consiste à la fois à concrétiser l'image achevée de la personne future que sera l'enfant *et* à accepter d'être, dans un avenir, *quelconques*, relativement quelconques, pour l'adulte que sera l'enfant (1988, p. 175). L'éducation, c'est déjà, dépasser les situations duelles, c'est faire en sorte que ce soit entre eux que ça se passe, comme on dit dans la PI (*ibid.*, p. 126).

Éducation et singularité

« On leur impose d'être homogène en tout : c'est monstrueux. C'est cette homogénéité qu'on exige dans le menu qu'il faut arriver à avoir avalé alors qu'on n'était pas motivé. Et ça dégoûte de la curiosité intellectuelle, et de la curiosité manuelle et corporelle, de se former soi-même à ces connaissances » (1985-1, p. 318). Critique de l'école ordinaire et au-delà, d'un acte éducatif où c'est la logique du Un qui domine : conformation des uns aux autres, des uns à l'autre. Aire de l'éducatif occupationnel là où dans ces institutions éducatives, à prise en charge d'enfants en difficulté, on cherche à occuper les jeunes accueillis, on leur fait couper du bois, par exemple, sans que personne ne sache pourquoi, le bois ne servait à rien ni à personne ; aire de l'éducatif pédagogisant, où les activités proposées par les professionnels visent un observatoire des symptômes des jeunes, version corrective et rééducationnelle de l'acte éducatif ; aire de l'adaptation à l'existant, focalisation des équipes sur le scolaire ou la remise au travail face à des jeunes démotivés qui disent, pourtant, que de l'école ou du travail, ils n'ont plus rien à faire (F. Chébaux, 1999, p. 80-85). Privilège du besoin... du besoin des professionnels : 90 % des projets viennent d'eux, disent ceux-là : « On veut commencer à solliciter les gens par rapport à nos préoccupations. » Logique d'offre de prestations, monopole professionnel où c'est l'éducateur qui occupe toute la place (on fait à la place des jeunes), même si l'on se soutient de leur participation différée (l'an prochain, ils organiseront les choses eux-mêmes), « utopie de la restitution » (Philippe Lucas, 1978, p. 67) qui prétend consoler, réparer, combler un supposé non-savoir du jeune par le savoir du spécialiste. Posture utopique car la participation n'arrive jamais.

F. Dolto, à l'école, dénonce le grégarisme (« Pourquoi faire tous pareil ? C'est plus commode pour le maître, mais on n'est pas là pour lui ; l'enfant est là pour lui-même » (1985-1, p. 312)), habile positionnement du maître qui joue les capitaines indiscutés, recouvrement de la peur de ne pas être assez intéressant, ou de ne pas savoir captiver ses auditeurs (*ibid.*, p. 313). L'homogénéité convoque la mêmeté, l'ordre du Un qui vise à éliminer la différence, la faille, l'écart entre soi et soi, soi et l'autre.

Chacun est différent, c'est dans le « chacun à sa mesure » que l'on sert chez les éducatifs : la visée doltoïenne se résume à cette dimension. « Changer l'homme. En quoi cela consiste-t-il ? Cela consiste à demander à chacun : Quel est ton désir propre ? Ton désir, parlons-en » (1985-1, p. 138). Si l'hétérogénéité se veut principe d'action, c'est dans la recherche des conditions propres à favoriser l'être-là, des enfants, des jeunes, avec leur désir, pour parler comme C. Pochet et Genèse de la coopérative (*ibid.*, p. 74). Aux éducatifs à « [...] trouver la merveille, l'objet magique objet et cause du désir, objet et cause d'émotions de transports, d'enthousiasme : de transfert. Résurgence et mobilisation d'énergies oubliées... Or, l'expérience semble le montrer, cet objet merveilleux peut être... n'importe quoi : une pomme apportée à l'exposition, des criquets, un texte lu aux copains, un "métier" qui plaît. Ce peut être le maître, le groupe, un coéquipier ou le correspondant. Une simple porte parfois suffit[1] » (*ibid.*, p. 74).

R. Laffitte distingue deux types d'hétérogénéité : l'une, externe aux élèves : à âge égal, les enfants ne sont pas identiques ; l'autre interne : le même élève peut savoir écrire, mais ne pas savoir compter (1985, p. 67). Le désir n'est pas donné au départ, dit-il. C'est à fonder l'acte éducatif sur la notion de « différences » (reconnaissance des différents niveaux, singularités et manques de chacun), à travailler à partir de cette hétérogénéité, dont les élèves n'ont pas peur « dans la pratique, les enfants n'ont pas peur de la vérité. Ils préfèrent se savoir en retard dans tel domaine que d'être classé globalement "mauvais", voire "débiles". Ils ont une image de soi plurielle, nuancée, variable, qui ne les gêne pas pour vivre » (R. Laffitte, *ibid.*, p. 72), à donner ces repères, qu'émerge le désir. Il se construit contre, avec des repères. Alors dans ce type d'acte éducatif inspiré de la recherche du rôle du désir dans l'éducation (sous-titre de l'ouvrage de F. d'Ortoli et M. Amram : *L'école avec Françoise Dolto*, 1990), c'est à susciter l'hétérogénéité que l'on s'attache. L'hétérogénéité, à suivre J. Oury (1986, p. 171-172), c'est le verso des comparaisons permanentes, des reflets, des compétitions, dans la classe traditionnelle, règne des jeux de prestance, d'agressivité, des face-à-face, confrontation à ce qu'il y a d'uniquement semblable chez

1. Cf. le transfert de Miloud sur la porte (*ibid.*, p. 13).

l'autre à partir de soi, règne des rivalités spéculaires, illusion duelle (le miroir et ses dommages narcissiques, dont parle Dolto). Alors « [...] pouvoir dégager dans chaque sujet [...] la capacité de *discernabilité* de chacun » (*ibid.*, p. 173), pour que les lieux s'investissent différemment pour chacun (*ibid.*, p. 182) : la pédagogie, ici, l'acte éducatif de façon générale, se fait recherche du rythme de chacun. Le rythme, de rhutmos, en grec (mettre en forme), c'est la mise en forme à partir du chaos, ce mouvement qui va permettre qu'il y ait de la forme, ce point à partir duquel le monde va prendre forme, dans l'art selon les références auxquelles J. Oury nous conduit (*ibid.*, p. 177), comme dans la classe. Pour qu'il y ait de la vie dans la classe, du sujet qui émerge, il suffit de trouver le rythme de chacun et de le respecter, de favoriser l'espace, de chercher les lieux, où il y ait possibilité d'un jeu entre, entre soi et soi, entre soi et l'autre, d'un dégagement de l'enfermement narcissique.

Éducation et dialectique

« Si nous étudions nos comportements éducatifs, la moitié d'entre eux, certainement sont pervers, tant nous voulons avoir un pouvoir illimité sur nos enfants. » Je prête à F. Dolto (1995, p. 17) l'intention d'ouvrir là deux questions : le pouvoir et les limites, celles que les éducatifs ont à travailler, celles qu'ils ont à donner.

Le travail social, dit-elle est piégeant « [...] parce qu'il s'agit d'un travail sur l'humain, qui développe des mécanismes de pouvoir sur l'autre, qui sont précisément pervertissants » (*ibid.*, p. 135). Le pouvoir, c'est n'obéir qu'à soi-même et à sa libido. Elle développe à ce moment là de *Destins d'enfants* les rivalités entre professionnels où chacun, jaloux du pouvoir de l'autre, tend à annuler l'autre. Les rivalités me semblent plus être la question de Lacan. Toutes ces luttes de prestige qui caractérisent le jeu humain, restes d'un miroir mal franchi, d'où Lacan décrit « cette furieuse passion » qui anime l'homme d'imprimer au monde son image (1966, p. 116), captif qu'il est de l'illusion narcissique (*ibid.*, p. 149). Pris au piège de la fascination à l'égard de l'image, l'humain de Lacan « [...] ne peut pas voir un de ses semblables sans penser que ce semblable prend sa place, donc naturellement [...] il le vomit »[1]. Le piège est là, dans les relations professionnelles comme dans les autres ! –, résultat d'une situation duelle (toujours) avec l'autre, parce qu'en soi l'humain reste dans une relation spéculaire.

Mais n'obéir qu'à soi-même et à sa libido annule l'autre, non plus le professionnel, mais l'enfant, et pour les mêmes raisons. On peut dire cette relation spéculaire en termes de place, mais aussi, selon un mode d'expression plus doltoïen ou vassien, en termes de substitut de soi, relation à l'autre dans la mêmeté, mouvement de l'humain par rapport au semblable seulement, relation à l'autre, version du co-l'autre qui ignore l'Autre, la différence, le mouvement qui en soi comme en l'autre est porteur d'insaisissable. Relation de l'autre à l'autre où l'humain reste objet partiel de l'autre, dans le même mouvement où il prend l'autre comme objet partiel de lui. « Je pense que le défaut des travailleurs sociaux réside dans l'imaginaire. Ils s'identifient trop à l'enfant [...] » (F. Dolto, 1995, p. 136). Il importe, poursuit-elle qu'ils disent : « J'aime cet enfant, il n'est pas un substitut de moi. Si j'avais été à sa place, j'aurais aimé rencontrer quelqu'un qui me demande : "Qu'est-ce que tu veux ?" et qui m'aide à réaliser ce désir » (*ibid.*, p. 136-137) ; il importe qu'il y ait manifestation d'une identification à l'enfant, d'une volonté de se mettre à sa place, mais en sachant que ce qu'il fait, il ne le fait pas pour lui. « Cela implique tout un travail dialectique », dit-elle (*ibid.*, p. 137), faute duquel les éducatifs travaillent au service de leur narcissisme à eux (*ibid.*, p. 90).

Le piège est là, de la même manière, dans la classe, entre maître et élève. « "Celui à qui je suppose le Savoir, je l'aime" (Lacan). On pourrait ajouter "et je le hais" », propose F. Oury et Genèse de la coopérative (1986, p. 123), quand seule compte la relation avec le maître, la confrontation avec un adulte que l'enfant construit comme seul investit de Savoir et de Pouvoir, par le fait d'une situation duelle. Identification massive, pleine de pièges... qui jouent du côté de l'enfant, mais qui se renforcent quand le maître rentre dans cet imaginaire-là, quêtant quelques bénéfices narcissiques.

1. Cf. La troisième, Congrès de l'EFP, lettres de l'EFP, n° 16.

« On ne doit jamais oublier la notion de “service”. Nous sommes au service des particuliers, des êtres humains qui sont en difficulté, mais nous n’avons pas à exercer de pouvoir sur eux. Nous en avons un par le transfert qu’ils font sur nous, mais il faut leur dire : “Si vous êtes arrivé à quelque chose, ce n’est pas par moi. Je vous ai donné un petit coup de pouce mais c’est vous qui avez réussi” (1995, p. 137). Être au service de... C’est la démarche Dolto. N’oubliez jamais que vous êtes au service de... Être au service de ce qui désire en l’autre. L’acte éducatif (mais pas que...) réside là. Ce que vous projetez en moi, est en vous, aimait-elle dire. L’éducation, c’est cette situation dialectique de castration, où dans l’acceptation de ses limites propres, l’éducatif va provoquer chez l’autre le travail de détachement, afin qu’il s’autolimite (*ibid.*, p. 134-135). Être au service de : “Petit à petit, c’est la personne qui doit guider ce qui est fait pour elle. Ce n’est pas à nous de décider ou de faire à la place des autres” (*ibid.*, p. 136).

L’éducatif est au service de l’aide à la construction des autolimites, mouvement qui peut se donner, quand il a été assumé pour soi. En matière de limites à donner, en dehors des interdits fondamentaux (le cannibalisme, le meurtre, l’inceste), les limites d’un enfant sont celles de son corps, développe-t-elle, celles du désir qu’il ne peut assumer parce que son corps n’en est pas encore capable. Si l’interdit relève des angoisses ou projections de l’adulte il est pervertissant, plaquage des désirs de l’adulte sur lui, réduction de l’enfant au statut d’objet de l’adulte. Un interdit est toujours relatif à la faiblesse de l’enfant, dit-elle, car « [...] être un être humain, c’est de risquer toujours un peu plus son désir, mais avec prudence, en mesurant les risques et en sachant ensuite payer » (*ibid.*, p. 26).

Émoi

« [...] vivre c’est représenter. Et c’est notamment [...] se représenter » pour F. Dolto qui, selon l’essai de G. Guillerault (1989, p. 136), rend compte de cette visée du sujet.

« [...] attachée aux phases les plus précoces de l’existence humaine [...] » (G. Guillerault, *ibid.*, p. 105), sa clinique a reconstitué le climat émotionnel du vivre à partir duquel se construit cette mise en sens, en représentation du sujet. L'activité de représentation s'y voit déterminée, en son origine, par les éprouvés primordiaux du corps, issus de la rencontre entre le corps de l'enfant et le corps de ceux qui l'entourent, notamment de sa mère. Le corps réagit, comme tout corps vivant, aux sensations et émotions. En ce sens, il se fait matrice de la mise en pensée et en expression. La représentation prend corps, avant de prendre mots.

F. Dolto ouvre un dépassement de perspective, initiée par Freud, renouvelée par Lacan, qui charnalise le sujet dès son vécu préhistorique. Dépassement de perspective que G. Guillerault caractérise bien quand il estime l'apport de F. Dolto dans son analyse de cette mise en œuvre de symbolisation de lui-même et du monde – précossisime – à partir de la dyade mère/enfant, situation découverte par Freud dans le jeu du fort-da : « Ce qu'y ajoute F. Dolto – outre les précisions qu'elle apporte au ressenti du fonctionnement de cette dyade première –, c'est que le corps est l'aune qui se trouve à la disposition du petit humain engagé dans sa conquête du symbole. L'humain se fabrique, psychiquement, avec son corps comme support premier » (*ibid.*, p. 56).

L'expérience du ressenti

La clinique de F. Dolto dégage centralement la prééminence de la fonction symbolique chez l'humain. Dès l'époque fœtale, à la naissance, on la voit à l'œuvre de façon précossisime, dans le travail de recherche de sens que déploie ce petit humain dès lors et tout au long de son cheminement. Elle introduit l'empire de la fonction symbolique à partir du physiologique, forgeant son concept « d'image inconsciente du corps » qui permet de décoder l'enracinement corporel à partir duquel le petit humain construit le monde et lui-même dans ce qui est engrammé imaginairement et originairement au corps.

Si G. Guillerault déduit l'intérêt majeur de la théorie comme résidant dans « [...] cette approche vécue du petit humain » (*ibid.*, p. 71) je parle plus volontiers d'expérience construite dans le ressenti. À l'affût de toute découverte, le petit humain recherche, en effet, *le sens qu'il construit depuis son corps, dans ce qu'il éprouve :*

« Ce sont donc les activités passives et actives de l'enfant, croisées avec les perceptions émotionnelles émanant d'une mère que multiplient les mimiques et vocalises, qui originent le langage aux stades archaïques du désir dans l'oralité et l'analité ; époques d'assimilation du langage, je dirai même de charnalisation du langage des émotions, en rapport avec les perceptions de l'environnement comme avec les sensations de la vie et du fonctionnement corporel, dans le climat maternel et familial. » C'est là l'apport capital de F. Dolto (1981-2, p. 297), qui est loin d'être épuisé en matière de recherche sur l'humain.

À partir de ses découvertes, se conçoit une perspective de la vie selon ce que l'humain en *ressent,* dès l'origine du sujet, origine progressivement refoulée, lieu central du combat avec lui-même que l'humain va livrer au long de son parcours, à la recherche de ce qu'il ressent – son authenticité –, trouvaille qui fait unité, quand elle advient. C'est le ressenti du sujet qui va alors occuper la toile de fond de l'édifice humain, point de capiton – théorique et clinique, fonctionnel et dynamique – historique, à partir duquel et avec lequel l'humain va se nouer, puis poursuivre sa route. Sa vérité, son authenticité – concepts qui parcourent ses écrits – tiennent dans ce qui est, et a été, ressenti. « Fais attention à ce que tu ressens », renvoie F. Dolto pour aider les petits à retrouver leurs sensations (1984, p. 101), les entraînant à la retrouvaille de lieux et temps archaïques de leurs premiers ressentis, déjà masqués de toutes les *raisons* de vivre que l'humain va se donner.

« [...] l'enjeu sera pour l'infans, la détermination d'un quant à soi », dit G. Guillerault (*ibid.,* p. 85), quand il parle du temps de la dyade, montrant comment c'est dans une « alternance oscillatoire » entre présence et absence de la mère, activité et repos, communication et solitude, que l'enfant élabore sa construction.

Reste à préciser, d'ailleurs, que la construction opère aussi par la reconstruction : l'expérience est de construction appuyée sur la reconstruction générée par le manque. En effet, c'est dans les moments de solitude que l'enfant travaille à la symbolisation de l'objet manquant, après la rupture de la communication. Reconstruction qui témoigne de la dépendance, certes, de l'enfant, mais de la relativité de la dépendance, aussi. Là où G. Guillerault décrit cet esseulement de l'enfant comme constituant « [...] une véritable symbolique de l'objet manquant. Dans cette solitude faite alors d'appel désirant, ce qui s'opère là n'est rien moins que l'érection du symbole par l'infans » (*ibid.*, p. 89).

Chez l'enfant, cette élaboration passe par l'imaginaire : « [...] chez l'enfant, c'est l'imaginaire qui mène au symbolique », dit F. Dolto (1987-3, p. 106). Elle s'appuie aussi sur un travail mnésique de reconstruction, métabolisation des « [...] restes d'expériences d'objets antérieures [...] », comme le renvoie G. Guillerault (*ibid.*, p. 88). L'expérience du ressenti, expérience de construction et de reconstruction du rapport à soi et au monde, est supportée par l'imaginaire et la mémoire, mais « [...] l'important est de reconnaître non pas du vagissement insensé mais le balbutiement du symbole, les prémisses inventives du langage » (*ibid.*, p. 89).

Ces précisions, outre qu'elles permettent de dégager « l'expérience du ressenti » comme lieu de recherche, préfigurent, d'ores et déjà, la définition du sujet.

L'émoi, concept nodal

C'est depuis son corps, lieu de satisfaction ou d'insatisfaction des besoins, que les sensations s'y organisent, l'enfant les symbolisant selon, non seulement la présence et l'absence de la mère, mais selon, surtout, les modalités émotionnelles de cette présence ou de cette absence. Les émotions propres, singulières au climat émotionnel de la relation permettent à l'enfant de dégager un ressenti à un double niveau, un vécu de la dyade à la fois substantiel, lié à l'apaisement ou à l'insatisfaction des besoins, élaboré en présence d'un autre, de la mère ou de son substitut, et émotionnel, associé au désir, élaboré dans les moments d'éloignement ou d'absence de la présence souhaitée.

C'est ainsi à partir des émois *ressentis* que F. Dolto introduit le corps et l'expérience qui s'y construit : à partir d'eux que la « machinerie symbolique », comme le dit G. Guillerault (*ibid.*, p. 22) se met en œuvre. C'est à partir d'eux que la nécessité de « l'image », de la construction d'une image s'impose. Elle va traduire, tout à la fois l'appétence naturelle de l'humain, aussi petit soit-il, la recherche d'une image, tout au long de son parcours, et son caractère nécessaire, au risque que le ressenti reste à l'état « d'éprouvé insolite », comme le dit G. Guillerault (*ibid.*, p. 59), sans un témoin humain qui l'aide à donner sens à ses sensations, à les transformer en perceptions.

« Il n'en reste pas moins que *toute* perception donne lieu à une impression enregistrée quelque part dans le schéma corporel. Ce sont les perceptions de variation, en quantité et en qualité, en tension et en nature de signalisation sensorielle, qui deviennent décelables, plaisir ou douleur cénesthésique pour celui qui les perçoit, qui prennent pour lui valeur symbolique agréable ou désagréable, référée à la rencontre. Lorsque ces perceptions provoquent modification dans l'habitus, et que cette modification expressive est à son tour perçue par un autre vivant qui réagit en une réponse manifestée, variante et modulée, accordée à la première, un sens symbolique s'organise qui est la communication : c'est l'origine archaïque du langage », explique F. Dolto (1971, p. 189).

Toute sensation prend portée d'expression, elle devient perception, dès lors qu'un autre entre en résonance. Elle va acquérir ainsi statut de représentation, dans un travail de symbolisation à opérer dans la résonance.

« Car un émoi tout seul, c'est une sensation, et une sensation toute seule, un faux émoi. Pour qu'il y ait "émoi", il faut qu'un autre être soit en résonance avec nous. [...] Si le mot "émoi" veut dire quelque chose, c'est : il est sorti de son moi. Et pour le retrouver, il lui faut maman. Mais il ne faut pas toujours la maman du corps à corps : il lui faut "maman" ou la voix du substitut maternel et de tout l'entourage de la maman, c'est-à-dire la vie tout autour [...] » renvoie F. Dolto (1986, p. 172). Dans la place accordée à l'émoi, qui construit le ressenti corporel, le corps y a d'emblée une portée communicationnelle, dont la conséquence théorique se mesure à l'importance accordée à la relation dyadique, dont la conséquence clinique extrême se rapporte à l'enfermement dans l'autisme faute de l'écho d'un autre aux sensations d'un corps laissé fou de solitude.

C'est là que ce concept d'émoi, si présent tout au long de la pensée de F. Dolto, devient, tout à la fois, porteur de la situation et de la construction du petit humain, dans son mode d'expression que je qualifie de « double symétrique ».

C'est ainsi que F. Dolto priorise « [...] les sensations qui entourent le climat émotionnel du vivre » (1981-2, p. 296), l'organisation du monde à partir des sensations associées à une présence – elles deviennent perceptions – qui, de ce fait, vont prendre valeur, donc sens, dans le langage « [...] mots, images et gestes [...] » (*ibid.*, p. 191) qui traduit les émois de la relation.

Les conditions de la construction du ressenti en appellent à la situation où l'humain est pris : dans le rapport à l'Autre.

« [...] l'acceptation primordiale de soi [...] est évidemment tissée dans le rapport à l'Autre [...] », dit G. Guillerault (*ibid.*, p. 91), rapprochant cette situation avec les positions de Lacan. « [...] tout émoi, tout ressenti variationnel chez l'humain, vient inscrire en lui l'appel à de l'Autre. [...] Cette situation-là, c'est au fond la situation la plus élémentaire et la plus nodale dans la théorisation », poursuit-il (*ibid.*, p. 129).

Tout part de là, dit-il. Tout y revient, rajouterai-je.

Dans l'ordre éducatif, cette approche fondatrice, permet de prendre la mesure de la mutilation affective opérée par et sur les enfants placés à l'ASE et qui laissent des traces chez les hommes et femmes devenus adultes. Certains disent que jamais, on a écouté leurs émotions, ce qu'ils ont ressenti dans leur situation de placement, les sentiments qu'ils ont construits de leur passé. Dans la mesure où l'émoi n'est pas reconnu et nommé, il ne prend pas signification : vide de sens, il reste perdu pour la construction positive des sujets. Ils vivent dans l'insécurité liée à ce vide de parole : elle nous renvoie l'ignorance des émois qui structurent le sujet, représentation dont il arrive que l'ASE, comme bien d'autres institutions éducatives, fasse l'économie, au risque de passer à côté du Sujet.

Éthique

Éthique et sujet

Vivre dans l'être et non dans le paraître, quête d'authenticité au-delà de l'apparence, dans l'amour et non seulement dans l'amour-propre, recherche qui ne trouve jamais son objet, telle est l'éthique que poursuit le sujet Doltoïen. La théorie de Dolto topographise et dynamise l'être dans l'espace et le temps de l'inconscient : c'est l'image de lui et du monde que le sujet ressent, à partir de ce qu'il a construit dans son corps, depuis l'autre de la réalité, telle que son imaginaire l'a intériorisé. La théorie de Dolto refoule ce substrat vital et vitalisant, passé l'épreuve du Miroir, et laisse le sujet aux prises avec l'image de son corps, de son moi – G. Guillerault parle joliment des *Deux corps du Moi* chez Dolto (1996) – selon ce qui s'en voit, comme ce qui apparaît à la surface de la rencontre avec l'autre. La théorie de Dolto topographise et dynamise le paraître, l'amour-propre dans l'espace et le temps du conscient, là où l'homme désormais, passé l'épreuve du Miroir, va vivre dans la re-présentation, dans la présentation d'un Moi, conscience du Moi, travaillé par l'image qu'il croit avoir de lui et de l'autre comme par celle qu'il croit que les autres ont d'eux comme de lui, relation d'images à images ; dans l'ignorance de cet écart différentiel entre la représentation qu'il a de lui et ce qu'il est vraiment, pour parler comme D. Vasse, qui le travaille, en lui comme dans sa relation à l'autre. Re(présentation), Re c'est le même de la répétition, du déjà-connu, attractif parce que sécurisant, puisque connu ; Re, c'est aussi le lieu de ressource, le lieu de repos, avant l'écart, le grand écart, parfois douloureux pour dépasser le sécurisant, se risquer vers ce qui est Autre. Re, c'est le tremplin avant l'écart. Représentation et discours ou représentation et parole, là est le problème de l'homme finalement.

Tout ceci peut se dire en d'autres termes plus théoriques, théorisés du lieu de l'image inconsciente du corps. G. Guillerault (1999, p. 162) dégage le désir comme un déplacement par rapport au principe de plaisir : c'est un « au-delà du principe de plaisir ». Dans sa version moïque, le sujet fonctionne dans le besoin, la consommation, la possession de l'objet. C'est presque une antinomie, d'ailleurs : dans cette version, on peut se demander s'il y a du sujet... Dans le corpus de Dolto, dans les relations humaines dont elle témoigne, quiconque fonctionnerait dans la quête d'une satisfaction coûte que coûte de son seul désir de plaisir, élimine l'autre ; pour lui, l'autre n'existe pas. Car le désir, comme le dit G. Guillerault, c'est « la libido + la loi » (*ibid.*, p. 163). Il ne se spécifie que de l'intégration des castrations qui interdisent la consommation de l'autre ou la réduction à l'autre

– la fusion – et promeuvent la libération – la séparation – d'une dynamique créative propre qui n'a lieu que dans le faire-avec de l'écart, entre soi et soi, entre soi et l'autre, dans la reconnaissance du manque. Le désir n'a rien à voir avec la plénitude de la satisfaction d'un plaisir accompli pour soi seul, tout comme le sujet ne se fait tel qu'à partir de la prise d'écart de l'Autre en soi, comme en l'autre. F. Dolto dégage, ainsi, à chaque étape de mutation de désir dans les lieux du corps où il s'inscrit successivement, les styles différents – l'éthique – de relation à soi et de relation à l'autre. Elle parle de l'éthique fœtale, puis de l'éthique orale, puis de l'éthique anale, puis de l'éthique génitale. Le style de variation de relation à soi et à l'autre progresse en dialectique et en dynamique dans l'interdit de l'inceste qui en permet le développement, et en marque la structuration. Le sujet comme le désir qui le soutient sont marqués de la loi. L'éthique du sujet de Dolto est là : marqué d'emblée de la loi séparatrice, celle qui, dans un même mouvement, lui permet de convertir le besoin en désir, et l'aliénation à l'autre en désir de l'Autre. Si bien que l'éthique, le sens de la relation à soi comme à l'autre est le respect du désir de l'autre.

De là que « l'éthique est affaire de sujet, la morale est affaire de moi ; le sujet se fonde sur le symbolique, tandis que le moi est dans l'imaginaire, il est au service du "fonctionnement" » (1987-2, p. 129-130). C'est cela. L'éthique est « [...] le désir et le sens qui en découle », la morale « code de comportement » *(ibid.)*. Le sujet de Dolto est divisé entre l'intention du vrai, celle de se faire entendre au plus profond de ce qu'il cherche à être, comme d'entendre quelque chose de l'autre en son plus profond, là où il se produit une rencontre avec un autre, intention insaisissable, ineffable, qui se cherche, et ce qui peut s'en dire, s'en capter, voire s'y laisser capturer, distorsions des rencontres de l'imaginaire qui se laisse éblouir par les images vues, dans le fonctionnement apparent. De là, cette idée que le sujet de Dolto réside dans le « manque-à-communiquer », là où pour Lacan, c'est plus du « manque-à-être » qu'il s'agit[1].

1. Cf. F. Chébaux, La perspective sujet, *in* Le sujet en questions, *Les sciences de l'éducation pour l'ère nouvelle,* vol. 32, n° 1, 1999-2, p. 8, CERSE, Université de Caen.

Éthique et démarche clinique

Nous communiquons toujours à travers des à-peu-près ; quand je parle d'un bleu, comment puis-je savoir quel bleu l'autre voit ? On ne sait jamais ce que l'autre voit ou ressent. Communiquer, c'est un travail d'approche, jamais complet (1995, p. 30), une esquisse d'à-peu-près. « Tout cela pour vous dire que nous ne savons pas ce qui se passe à l'intérieur d'un être humain. C'est toujours à respecter : ce n'est ni bien, ni mal, c'est autrement » *(ibid.)*. Ni bien, ni mal, les citations dans l'œuvre de Dolto n'en finiraient pas... L'éthique de sa démarche est là : dans la « militance du respect de l'être humain depuis sa vie fœtale puis son petit âge [...] » (1982-2, p. 94). L'important c'est que le sujet aille en harmonie avec lui-même et avec les autres, selon son droit de vivre comme il est : « [...] notre travail est de rendre à des êtres humains leur pouvoir avec eux-mêmes et avec le monde qui les entoure, par un vocabulaire qui n'est pas que de paroles, mais aussi un code gestuel qui leur permet de se développer et de découvrir de plus en plus leur pouvoir, lequel s'arrête là où le pouvoir des autres commence » (1995, p. 30). L'important c'est qu'ils retrouvent leur capacité à être et à faire, dans le respect de ce qu'ils sont jusqu'où ils laissent l'autre être et faire ce qu'il a le droit d'être. On est là pour les aider.

Respecter, c'est laisser être ou advenir, *versus* éthique, celle du sujet en l'autre à partir du travail du sujet en soi, ne pas identifier une personne à ses comportements ou à ses actes, *versus* morale, réduction moïque, au moi ou au comportement apparent de l'autre, œuvre du Moi en moi. « [...] respecter, ne pas identifier un être humain à son faire ou à son non-faire. S'il a fait quelque chose de mal, on pense que c'est lui qui est “mal”. Non ! Il a fait un acte nuisible, mais lui n'est pas “mal” » (1995, p. 134). M. Mannoni le dit joliment aussi : « [...] à vouloir traiter le symptôme, c'est l'enfant que l'on rejette » (1985, p. 71). Le symptôme, ce qui apparaît, c'est de l'énergie qui est immobilisée, la manière pour le sujet de se défendre là, de continuer à vivre, de s'y énergiser. C'est cette énergie qui est « [...] d'abord à entendre, à respecter, à ne pas chercher à faire disparaître » (1982-2, p. 86-87). Le symptôme, c'est une lettre cachetée.

L'important, c'est de savoir qu'à l'intérieur est écrit un désir de (se) communiquer.

« [...] le psychanalyste ne sait rien, il écoute. Il a une petite grille qui lui permet de classer ce qu'il entend, mais quant à lui, il ne veut rien » (1995, p. 35). Ne perdons pas de vue que le patient se défend (par son symptôme), comme le psychanalyste, qui s'appuie sur un système de références qui l'aide à classer les choses (*ibid.*, p. 39). La théorie, le système de référence, la petite grille, c'est pas la vérité, ça sert à dire « tout se passe comme si »[1], c'est l'à-peu-près du psychanalyste qui lui permet de subir, de s'expliquer le transfert du patient. Ça l'aide à supporter le transfert. C'est ce que j'ai entendu F. Dolto dire dans une vidéo au colloque de janvier 1999[2]. D'où cette idée que la théorie soit un symptôme. « Un symptôme est un signe, un indice qui cache et révèle en même temps un état psychique ou une crise. Bien souvent, au lieu d'être un tremplin inconfortable et déséquilibrant pour aller plus loin ou ailleurs, la théorie ou le dogme ou le système de pensée sont des bouche-trous qui colmatent les brèches, gomment les interrogations, endiguent les errances » (1981-3, p. 10-11). À égalité d'impuissance qui fait écho, lieu de l'éthique, même si dans une certaine asymétrie, l'un a une grille pour dire, l'autre manque des mots pour se dire, on ne les lui a pas donnés, ou on ne lui a pas donné ceux qu'il attendait, il ne s'en est pas trouvé entendu dans sa différence, légitimé dans son droit d'être, réduit à l'impuissance et à ce qui la masque, le symptôme, par lequel il tient debout, droit comme un I, le I de l'identité apparente... Il ne faut pas y toucher ; c'est à ne rien vouloir pour l'autre, surtout pas vouloir le faire changer. Seulement croire que le sujet est toujours là, même quand il n'en a pas l'air (1982-2, p. 118). « Si nous n'avons pas fondamentalement enraciné en nous l'idée que cet être humain qui est là, est là parce qu'il désire vivre, nous ne pouvons rien pour lui » (1995, p. 140). C'est effroyablement vrai. L'éthique, c'est ça. L'éthique de la psychanalyste F. Dolto est celle-là. Mais l'articulation de sa psychanalyse à l'éducation tient là. Juste dans le faire-avec cette éthique.

1. Cf. G. Guillerault, *Théorie et/ou pratique ? « Tout se passe comme si »*, 1999, p. 21-37.

2. Journées d'études Dolto, Association Archives et documentation, Françoise Dolto, *op. cit.*

Foi

Foi et subjectivité(s)

Impossible d'isoler la spiritualité de Dolto de ses théorisations et de sa clinique, donc de la manière dont un acte éducatif peut se laisser inspirer de sa psychanalyse. Mais j'ai déjà expérimenté : « F. Dolto peut-être », ou « F. Dolto sûrement, indispensable, on ne peut pas réfléchir sans dans le champ éducatif », etc. Mais, il y a toujours un « mais »... elle est croyante. Diable !

Je crois qu'on la lit peu ou maladroitement. En fait, c'est juste (mais excusez du peu) une question de subjectivité, de subjectivité mal assumée. Un auteur c'est une rencontre. « Certains lecteurs sont frappés par quelques-uns de mes textes, leurs yeux tombent sur des passages qui font écho en eux : à leur insu, ils en avaient l'intuition. On ne trouve jamais rien de nouveau, en effet on retrouve ce qui était déjà en soi, oublié ou refoulé. [...] Dans ce qui est dit, on reconnaît ce qu'on avait déjà intuitivement commencé de pressentir sans l'avoir clairement formulé. Quand on le lit ou quand on l'entend exprimer, on y adhère comme si c'était la parole d'autrui, en fait c'est une révélation de soi-même » (1981-3, p. 50). Voilà, un auteur, c'est une rencontre révélatrice de ce que l'on est ou cherche, tout comme toute rencontre. C'est juste une question de subjectivité à assumer : dire à nos étudiants comment cette rencontre se fait, pour ce qu'on peut en dire, resituer les dires empruntés dans la construction de notre expérience, c'est cela l'enseignement, non ? La connaissance se construit dans l'écart assumé, comme dans la rencontre refusée. Et c'est bien ainsi. Chacun de nous résiste, éloigne, certains auteurs. Il m'apparaît difficile de suivre les théoriciens de la reproduction : y contenir le Sujet me paraît trop lourd de conséquences dans notre champ éducatif. Aussi, y compris nos résistances travaillées et assumées ouvrent-elles des pistes heuristiques, à partir desquelles chacun pourra construire sa pensée.

L'inculture résistante avec laquelle on marginalise ou, dans une moindre mesure, on mal-entend la pensée de F. Dolto est troublante... Bertrand Ogilvie, en commentaire du Sujet de Lacan, dégage la méconnaissance, la structure de la méconnaissance, œuvre moïque à laquelle s'emploie le sujet dans la manière dont Lacan l'analyse, comme différente de l'ignorance : elle n'est pas passive, c'est l'activité même du sujet qui n'en a pas d'autre (1987, p. 124). La méconnaissance peut se dire en termes d'évitement de la connaissance de la division du sujet, de la négation de l'œuvre de l'altérité, ce travail que l'homme a à accomplir autour du renversement du rapport à l'autre, dans le rapport à l'Autre, pour parler comme D. Vasse. La méconnaissance se dit alors dans les termes du refus de la limitation et de la différence. Le travail de la subjectivité est traversé de méconnaissance, de rejet dans le rapport à l'autre, de l'Autre. De quel Autre nous parle donc F. Dolto qu'elle en soit relativement écartée du champ de la connaissance universitaire ou des instituts de formation à l'éducatif ? Ma réponse est simple : l'Autre dont elle nous parle, c'est nous, c'est l'Autre en relation. C'est moi, c'est vous, dans l'expérience qu'il peut nous arriver de faire d'un au-delà de soi-même. L'Autre dont elle nous parle, c'est la dynamique, qu'il se peut que l'on poursuive, de décentrement de soi qui permet d'accueillir et de laisser aller l'autre dans sa liberté. C'est un travail complexe. Dans le fond, quand Freud parle du « fort-da », quand Lacan parle de « présence/absence », ils évoquent la même dynamique. Dolto auréole la construction du sujet dans la présence/absence d'une nimbe subtile qu'elle appelle l'amour, dont la figure historique est le Christ, maître du désir : peut-être est-ce encore sacrilège, dans le moment culturel où nous sommes. La spiritualité dont nous parle Dolto réside là. Que nos subjectivités s'y voient interpellées, c'est bien possible. Les pensées à contre-courant dérangent l'équilibre. Peut-être aussi l'origine des résistances aux questions spirituelles vient-elle de notre rapport aux textes religieux, mal traduits, peu ou pas étudiés[1], peu ou pas travaillés : du coup, on confond religieux et spirituel, dogme absolu et vérité relative. Nous y avons adhéré comme un discours, sans pouvoir saisir le rapport à la parole qui les disait...

1. Cf. Marie Balmary, *Le sacrifice interdit, Freud et la bible,* Paris, Grasset, 1986.

Foi et dynamique

D'abord, la foi, c'est une conviction sans pièces à conviction, comme le lui fait dire G. Séverin, c'est une conviction et une évidence. Non seulement ça ne se justifie, ni ne s'explique, mais ça aimante autrement. « Tout est aimanté d'une autre manière, dans une autre direction, toujours nouvelle » (1981-3, p. 50-51). C'est un appel irrésistible et qui renouvelle (*ibid.,* p. 52).

Un appel ? Pour appeler, il faut manquer. « Ce qui manque encore quand le besoin est comblé, c'est le désir. Ce qui manque encore quand le désir est comblé, c'est la joie. L'amour, parce qu'il est liberté, apporte à la joie ce qui ne doit jamais lui manquer » (1977-2, p. 50). Pauvres humains que nous sommes, nous nous mettons en route pour combler notre manque de l'autre, le vide que son absence nous fait ressentir. « Où-est-ce-par-quoi-j'aurai-l'être » (1981-2, p. 63), c'est la question qui nous mobilise, dont nous espérons d'un autre la réponse. Dans l'écriture de Dolto, on ne discerne même pas d'espace dans cette question, mode d'écriture de sa vie que l'homme poursuit au plus nucléaire, et tout au long de sa vie. Traits d'union, faire Un, arrêt sur image. Il n'y a plus d'espace, plus de mouvement, de place pour l'appel. Or, c'est « de séparations en séparations (que) l'expérience de soi s'affine, celle des autres se découvre » (1977-2, p. 66). Des conversions et renoncements du besoin en désir, dans les mises à distance entre soi et soi, soi et l'autre, « on se construit aimant » dit F. Dolto (*ibid.,* p. 67). Quand on n'a plus besoin de l'autre, alors on se découvre aimant. « La disparition de l'objet aimé manifeste, à celui qui aime et qui continue de vivre, la vanité du besoin qu'il en avait, contraint ce besoin à mourir et à se convertir en désir de l'Autre, devenu radicalement différent de l'autre qu'il connaissait. S'il n'est pas susceptible de cette conversion, l'amant est entraîné dans la mort avec l'objet aimé : il ne peut vivre sans lui », illustre D. Vasse (1969, p. 39). La conversion est le mouvement qui conduit à l'amour. Quand s'opère cette conversion, « [...] nous sommes au seuil de la vie spirituelle » : à ce point où dans la ligne du désir, monte l'espérance de rencontre dans l'amour (1977-2, p. 108). On est appelés, aimantés, vers cette espérance-là.

Foi et authenticité

« Quelle est cette structure de notre être ? C'est se perdre en se donnant ! Nous sommes nés de la rencontre de deux êtres, spermatozoïde paternel et ovule maternel qui se sont perdus en nous donnant la vie. Fondamentalement, voilà le sens qui a présidé à notre existence. Fondamentalement, voilà l'ordre de notre structure. Voilà notre vérité ! » (*ibid.,* p. 84-85). Dans la vérité ou l'authenticité, c'est là que pour F. Dolto s'agite l'esprit de la foi. Se risquer à son désir ou rester attaché à ses repères de sécurité, tel est le dilemme de l'homme Doltoïen qui peut, à son insu, stopper le courant, inhiber le mouvement du désir, choir, alors, dans son noyau névrotique (1981-3, p. 115), on dirait dans la répétition, inhibitions, symptômes et angoisses qui l'empêchent de se séparer du passé, des autres de son passé comme de son présent et de s'abandonner à l'Autre. Alors, il ne croit pas en lui – « Savoir si l'on croit ou si l'on ne croit pas : question absurde ! Si je parle, c'est que je "crois" assez en moi pour pouvoir parler, mais je n'y prête pas attention. On "croit" sans le savoir, comme M. Jourdain faisait de la prose à son insu. C'est la vie même... » (*ibid.,* p. 105) ; il reste centré sur lui, il n'abandonne pas quelque chose en lui, et il ne peut pas donner. C'est la foi qui sauve, c'est la confiance en ses capacités à aller de l'avant, à lâcher ses repères, à affronter l'inconnu en soi et en l'autre, qui délivre du piétinement. C'est la confiance en une « motivation ardente », « une intention ferme » qui fait sortir l'homme de lui-même, qui excentre le sujet hors de son moi. Happé, tendu vers ce but, décentré de lui, se crée un vide qui ouvre à l'autre, qui appelle une place pour le recevoir. C'est le désir de l'autre qui sauve, à condition – et là c'est le désir vrai, pas celui qui maintient dans l'aliénation, qui maintiendrait comme objet de l'autre ou ferait de l'autre son objet – qu'il se noue sur cette dynamique décentration/abandon, oubli de soi/don de soi. Au creux de la dynamique, se niche le plein du vide. « Rien ne peut nous rénover si nous ne creusons pas un vide en nous [...] » (*ibid.,* p. 65). Marie de Hennezel et Jean-Yves Leloup, dans leur réflexion sur *L'art de mourir,* issue de leur recherche et leur pratique sur l'accompagnement aux mourants, témoignent de ce qui ouvre en soi à la présence à l'autre. Ils parlent d'un espace de liberté, espace de pauvreté et de fécondité, qui permet, allant au plus loin de soi, de s'abandonner au risque d'aimer et d'être aimé (1997, p. 93). Cela se dit aussi en d'autres termes : le dépassement de la toute-puissance, la plongée dans sa propre impuissance. L'abandon qui fait le pont de l'un à l'autre, n'est pas tant la peur de la mort, disent-ils, que la peur du passage dans l'inconnu. Il s'agit alors de « [...] faire confiance à ce qui en nous sait se transformer et vivre des passages » (*ibid.*, p. 89). La toute-puissance, la volonté de maîtrise, ce sont les barrières dressées devant l'inconnu des passages à effectuer. Nous sommes constamment confrontés à notre impuissance, « Pourtant, c'est bien lorsqu'un soignant, ou un accompagnant, touche son propre sentiment d'impuissance qu'il est le plus proche de celui qui souffre. Tant que nous n'avons pas accepté nos limites, tant que nous n'assumons pas notre part d'impuissance, nous ne pouvons pas être réellement proches de ceux qui vont mourir » (*ibid.*, p. 92). C'est à plonger dans cette impuissance, à s'y livrer, que se crée un espace pour aimer. Pour D. Vasse, à l'endroit de la maîtrise, orgueil subtil, fantasme d'une possibilité de se façonner soi-même, voire de façonner l'univers, s'oppose l'envers de la face de la médaille : la capacité de se recevoir d'un autre et/ou de se livrer à un autre (1987, p. 57). Il parle, là, de l'anorexie, mais la dynamique du passage auquel les uns et les autres nous invitent à réfléchir est la même. Et les passerelles vers l'éducation s'ouvrent, alors, évidentes. Si éduquer, c'est aimer, c'est cela : se décentrer suffisamment de soi pour laisser le vide, porte d'entrée vers l'autre ; se décentrer de ses préoccupations narcissiques, pour laisser la place à l'autre. Le débat n'est pas que d'école (!), je veux dire qu'il n'est pas éloigné, en rien, des préoccupations éducatives. Dans le travail social, comme à l'école, justement, le modèle de soi fonctionne bien. Trop. Dès qu'il y a relation à l'autre, en fait. Ainsi de cette institutrice de CP, toute défaite à l'idée qu'elle ne comptait que pour moitié dans la vie des élèves : les parents, aussi, apprennent à lire à leurs enfants[1]. Aussi de cet instituteur qui voulait être le roi de la

1. Cf. F. Chébaux, Violence et éducation : de l'autre côté du miroir, *in* Violence et éducation, *Les sciences de l'éducation pour l'ère nouvelle,* vol. 30, n° 2, 1997, CERSE, Université de Caen, p. 108-109.

jungle, dans sa classe : c'est lui qui commande, et les élèves ont intérêt à le savoir[1]. À quelle peur, endroit de la médaille dont la toute-puissance est l'envers, s'accrochaient l'un comme l'autre ? Comment, encore une fois, se fait-il qu'il n'y ait jamais personne dans ces espaces éducatifs, pour aider ces professionnels à se démettre d'eux-mêmes, tout enfermés qu'on les laisse entre les barrières d'un narcissisme, sans place pour l'Autre ?

Foi et spiritualité

« On ne peut atteindre Dieu qu'en "touchant" le corps de l'autre, communiquant par les sens avec l'autre, par la vue, l'ouïe, etc. En écrivant, en téléphonant, je "touche" l'autre dans son corps et dans son cœur. En collant des affiches, en vendant un journal, en se démenant dans un combat politique ou syndical on "touche" l'autre. Il n'est point de désir humain vrai s'il n'engage l'être tout entier » (1977-2, p. 106-107). Toucher ou être touché par la souffrance des autres, avoir toujours faim de justice, être chassé à cause d'elle (1981-3, p. 39), se mettre en mouvement, être ému : « Là où il y a mouvement ou possibilité de mouvement, là il y a de l'amour. S'il y a mouvement du corps, du cœur, de l'intelligence qui cherchent, c'est qu'il y a liberté et place » (1981-3, p. 104). Alors nous avons foi en ce courant sur lequel s'écoule le mouvement vers l'autre, celui qui a besoin de nous, dont nous avons besoin ; nous y puisons les moyens de notre dynamique. Ce courant qui nous dépasse, c'est le désir de relation, l'essentiel de sa communication, c'est l'amour *(ibid.)*. « Mais de qui vient cette relation de désir ? L'origine du désir, c'est le Verbe, c'est l'acte de désir de rencontrer l'autre. Cela s'appelle aussi l'amour. Et enfin, d'où vient l'Amour ? Il vient d'ailleurs. J'appelle cet ailleurs le Verbe et pourquoi pas Dieu ? Pourquoi faudrait-il changer ce mot ? » (*ibid.*, p. 105). Le désir de vivre, d'échange interpsychique avec l'autre, c'est Dieu en chacun de nous, pour F. Dolto (1989, p. 158). Aussi sommes-nous tous des êtres spirituels, enveloppés chacun dans le champ du spirituel, quand nous cherchons à rejoindre un cheminement

1. *Ibid.*, p. 111.

désirant, là où nous nous interrogeons du lieu de l'autre, une fois démis de soi. Le spirituel, c'est cette expression d'une vraie relation à l'Autre qui nous habite. Il me semble, dit Dolto, que l'on peut savoir que le spirituel se manifeste « [...] quand un être ne peut pas faire autrement que de dire ce qu'il dit, quand il éprouve l'intime sentiment que, s'il ne parlait pas ou n'agissait pas comme il le fait, il se renierait... Il ne peut pas agir autrement, le monde entier serait-il contre lui. C'est probablement du spirituel qu'il exprime à son insu. [...] Quand il est traversé par ce qu'il a à dire, il ne peut pas faire autrement que de le dire. Oui, un sujet authentique qui exprime ce qu'il pense se donne, et plus encore qu'il ne le sait, à travers son acte et sa parole. Et nous, témoins, nous éprouvons le choc d'une vérité qui nous touche » (1981-3, p. 143). Voilà, le spirituel, c'est la contagion du rayonnement ; quand sans pouvoir rien en dire d'ailleurs, nous sommes mis ou remis en mouvement par le plus vivant de l'autre.

Comment peut-on alors mal-entendre la spiritualité de Dolto, la réduire à du religieux, là où elle conjugue seulement l'inconscient et la dynamique du désir, au passé, au présent et au futur de l'amour médecin ?

« Pour les bonnes sœurs, je sens le souffre », disait-elle. On le comprend. Il n'y a qu'à la lire... « Les religions, à mon sens, pervertissent le désir profond de l'être humain en codifiant une morale qui n'a rien à voir avec l'évangile. [...] Mais celui-ci enseigne bien autre chose qu'une morale. Il est rencontre de Jésus clé du désir complètement déculpabilisé » (1981-3, p. 103). Il y a contradiction, pour elle, entre spiritualité et religion. Nous prenons, dit-elle, les maîtres des religions pour des représentants fiables de Dieu. C'est une erreur qui vient de notre éducation, « [...] quand nos parents ne nous disaient pas : “Tu es Dieu autant que nous”, quand ils ne nous éveillaient pas à la critique, en nous révélant que, sur les questions essentielles de l'amour, de la vie, de la mort, de Dieu, etc., ils n'en savaient pas plus que nous ; [...] quand ils confondaient la sensation du danger avec le mal, la sensation de sécurité avec le bien ; quand nos imprudences, manifestations de nos désirs, étaient par eux condamnées comme des fautes ; quand nos critiques, nos jugements concernant leurs dires et leurs actes nous étaient rentrés dans la gorge » (*ibid.*, p. 39-40). Les religions enseignent le sentiment de culpabilité... C'est ainsi que J.-P. Winter a bien raison de dire que Dolto vise à délier du sentiment de culpabilité qui n'est pas le fait du sujet divin, mais du sujet psychologique. De ses erreurs, de ses sentiments de culpabilité, la psychanalyse, comme d'autres méthodes sans doute, aide à se délier : aime-toi en t'acceptant. C'est ce que J.-P. Winter renvoie de ce qu'il entend de la spiritualité de Dolto[1].

Alors au plus loin des religions, cette Dolto est croyante : en l'homme et en la force de son désir qu'elle s'est plu à approfondir. Pour elle, cette profondeur de l'homme, c'est Dieu. « Certains psychanalystes, c'est surprenant, me reprochent de croire, mais ils ne se reprochent pas de ne pas croire ! C'est aussi surprenant, n'est-ce pas ? » (1981-3, p. 99). C'est surprenant en effet ; sauf qu'il n'y a pas que des psychanalystes à le lui reprocher... « Pour eux, c'est un mécanisme de défense devant l'angoisse. Peut-être... Mais est-il plus valeureux de ployer sous l'angoisse ? Au nom de quoi instaurent-ils cette discrimination ? Au nom de leur savoir ? Au nom de leur inconscient libéré, idéalement analysé ? Ou simplement en suivant un maître à penser en qui ils ont foi ? » *(ibid.)*. Cette Dolto avait du bon sens, ou un solide sens de l'observation, comme on voudra... Pour un psychanalyste, dit-elle, l'important est que « [...] quand il ne sait pas ce qu'il y a, il ne dit pas qu'il n'y a pas » (1989, p. 225). Il en va, si je puis me permettre, des psychanalystes, comme de tout un chacun...

Grandir

Qu'est-ce qui fait grandir les enfants ? La sécurité et la coupure.

« Salauds ou valeureux, nous tenions donc nos parents pour des êtres puissants. Dans la mesure où nous nous sentions en sécurité auprès d'eux et aimés par eux, nous avons eu confiance en eux et confiance dans la vie et, donc, confiance en nous. Aimés par nos parents, nous nous sommes aimés nous-mêmes » (1977-2, p. 126). L'enfant veut ressembler à ceux qu'il aime

1. Cf. J.-P. Winter, *Dieu profane, sujet divin,* Journées d'études Dolto, *op. cit.*

(1987-2, p. 119), dans le bain de sécurité qu'il y a pris : là où tu es, je veux advenir, tel est son mode inconscient de relation à l'adulte. « Oui, répond la réalité, représentée par les parents éducateurs, mais à condition de lâcher prise au plaisir auquel tu te complais, pour découvrir le plaisir qui est dévolu à qui tu seras, et dont moi, ton père ou ta mère, je suis le garant ; et tu ne peux y accéder qu'en renonçant à ta sécurité actuelle, celle que tu dois au plaisir connu. Le désir, en tant qu'humanisant, comporte donc toujours le risque comme condition d'accès ; c'est un jeu où qui perd gagne semble affirmer l'éducateur » (1981-2, p. 301). L'enfant brigue d'égaler la puissance de ses parents ; ils en sont les premiers modèles. Elle va se gagner à risquer au-delà du connu, à se couper des repères, lieux et objets sécurisants, engrammés comme tels car contaminés de leur présence. Quand il lâche, qu'il se risque, il est envahi d'un sentiment de puissance. Il faut lire ce passage sur le « rayonnement », « cette expression inoubliable de joie », que F. Dolto a observé sur le visage de ses enfants et d'autres encore lors de leurs premiers pas. Ils rayonnaient d'un sentiment de puissance nouvelle, dit-elle : « Certainement l'enfant se sent beau ; il se sent beau parce qu'il est comme l'adulte, cet adulte dont il a l'intuition que cet état l'appelle à y devenir "comme" un grand » (1987-1, p. 62). Le génie de sa croissance, selon son expression, s'étoffe de ce sentiment de créer le mouvement. F. Dolto nous rend sensible à la charnalisation des émotions, dans leur construction, à la manière dont l'enfant s' « éthise » et s' « esthétise » (1981-2, p. 295) en son for intérieur, dans la poursuite de l'harmonie avec ses autres.

« Les choses sont d'abord humanisées, déifiées, si tu veux, mammaïsées, la mère étant le Dieu de l'enfant, puisqu'elle semble régner sur tout. C'est quand l'enfant s'aperçoit que la mère, elle aussi, a été faite par quelqu'un d'autre qu'alors elle n'est pas Dieu. Une autre personne (entité ?) a pouvoir sur elle. Le Père ? Il est alors le roi de la reine, la maison est son royaume. Et puis, le Père s'avère diminuable, variant » (1987-1, p. 65).

Par imitation, puis identification, l'enfant grandit avec ses premiers adultes comme modèles. Puis il en change, jusqu'à découvrir, que le seul modèle, c'est lui, – « [...] jusqu'au jour où, de modèle en modèle, tu sauras qu'il n'y a pas de modèle sur terre. C'est de toi que tu as à te soutenir [...] » (1987-2, p. 20).

La sécurité, le bain de confiance, la puissance qu'elle lui autorise, pour se séparer, c'est ce schéma-là que suit R. Laffitte, sans référence à Dolto pourtant, quand il réfléchit à ce qui fait grandir les enfants dans la classe. « Primordial », dit-il, « la sécurité » ; « primordial aussi : la coupure », rajoute-t-il (1985, p. 172-173). « L'escargot ne déploie ses cornes que lorsqu'il se sent en sécurité. Si je me sais en sécurité, mon système inhibiteur, à base d'adrénaline est en sommeil, et je suis tranquille, disponible », pose-t-il d'abord (*ibid.*, p. 172). S'escargoter dit F. Dolto, au sens de retourner à un sentiment de sécurité intérieure...

Au maître d'organiser des lieux où adultes et enfants se sentent en sécurité : c'est lui qui initie les institutions dans lesquelles chacun va se sentir protégé, dans un lieu, des limites, par une loi (R. Laffitte, *ibid.*, p. 172), à condition de n'être pas phobique de la subjectivité (F. Oury, 1986, p. 90), de chercher à favoriser communications et désirs. En matière de sécurité, on parle, là, de repères à donner – côté maître – et à construire – côté collectif/classe : « "Le désir naît d'un manque", nous dit-on. Mais il meurt de désespoir. Si on oublie de donner aux enfants des moyens de situer le manque et de repérer le chemin à parcourir, les meilleures volontés se lasseront. Rien n'est plus décourageant que le sentiment de l'infini dans le travail. » Aussi R. Laffitte (*ibid.*, p. 70) et ses collègues de la PI institutionnalisent-ils, co-institutionnalisent-ils avec les élèves de la classe, des moyens de différencier les niveaux de progression, en lecture, en écriture, en orthographe, en calcul... Les ceintures font classe de niveaux. Plutôt qu'à un sentiment désespérant d'infini, l'enfant vient faire butée, se cogner, ex-ister, sur des repères. On vise à lui redonner « espoireapeti » (F. Oury, *ibid.*, p. 89), à lui rendre sentiment de puissance, de pouvoir sur lui, pouvoir sur soi limité par le pouvoir de chacun. Là, chacun a du pouvoir, car la loi naît du conseil, de la décision commune, du collectif enfant/adulte (1986, p. 78). Mais le seul responsable possible de cette sécurité, dit R. Laffitte, c'est l'adulte (*ibid.*, p. 173). À lui d'organiser, à l'exemple de la mère suffisamment bonne chez Winnicott, un environnement suffisamment bon : « J'organise avec eux un milieu assez bon pour que le présent soit acceptable. Un environnement assez bon mais pas trop : pour qu'on ait envie de grandir. On est content de recevoir une lettre ; on le serait encore plus si on savait la lire », dit C. Pochet (1986, p. 92). La coupure tient là : leur offrir un présent plus intéressant que le passé, sinon comment pourraient-ils renoncer à leurs satisfactions infantiles ? (C. Pochet, *ibid.*). R. Laffitte souligne l'importance des institutions (conseil, monnaie intérieure, couleurs, sociogrammes...) qui venant matérialiser frustrations et gratifications *(ibid.,* p. 175), donnent « la possibilité de se séparer du passé, de tourner la page au lieu de répéter » *(ibid.,* p. 173). Qu'est-ce qui fait grandir ? Le sentiment d'incomplétude, répond R. Laffitte, manque-à-être qui pousse les enfants à aller de l'avant, à accéder à certains niveaux de désirs *(ibid.,* p. 176-177). Le maître est là, maître des désinhibitions (F. Oury, 1986, p. 91). Simplement, ici, les niveaux de désir sont « marqués » : « Nos brevets, nos couleurs, nos métiers, affichés, nos plannings même, sont autant de marques d'un désir, de signes de victoires, d'insignes qui marquent chaque sujet. "Pédagogie de la réussite", dit Freinet, "inscription de ces réussites", ajoute F. Oury » *(ibid.,* p. 177). On grandit, alors, par images successives perçues et reconnues par les autres. « On en parle. On leur donne sens. Le regard des autres fait exister » (R. Laffitte, *ibid.,* p. 179). On repère les manques singulièrement, mais les différences parlées, hiérarchisées selon les critères du groupe (les statuts), marquent aussi l'écart de sens entre soi et les autres. Espaces et temps du grandissement, balisés, font points d'ancrage et territoires, « [...] stations, panneaux indicateurs, feux rouges ou refuges » (R. Laffitte, *ibid.*). Les enfants sont en trajet, dans le for intérieur de leur subjectivité...

Le premier mouvement de l'humain se construit dans la sécurité, le second, qui n'a rien de chronologique, se gagne dans la séparation depuis le connu. Dans ces classes-là, simplement, on aide, présent à l'autre dans l'absence à soi, le sujet à franchir chaque étape. On l'accompagne, en fait.

Honorer ses parents

« [...] les êtres humains ont du mal à accepter qu'il ne faut pas tant aimer ses parents que les honorer, ce qui parfois même est le contraire de l'amour » (1987-2, p. 130).

Il s'agit, va expliquer F. Dolto, de vivre pour soi-même sans ressembler, sans vouloir être comme eux. « Être “comme” celui qu'on aime peut être stérilisant *(ibid.)*. Ne pas être comme sa mère pour une fille, comme son père pour un garçon, ne pas devenir semblable à eux dans leur apparence, confère à l'enfant son statut de sujet et lui assure qu'il deviendra l'homme ou la femme que sa naissance présageait » (1984, p. 204). Elle développe l'idée, apparemment paradoxale, que les honorer, c'est souvent leur désobéir, au sens où par exemple suivre les injonctions d'une mère angoissée, inhiber ses initiatives pour un enfant, en ne prenant pas de risques, c'est trahir la vie qui le pousse à devenir autonome et responsable de lui-même (1995, p. 16). Honorer ses parents, c'est au contraire pour lui, se dire que si ses parents le voyaient agir comme il agit, être comme il est, ils seraient fiers de lui *(ibid.*, p. 96) (et non pas jaloux, rajoute-t-elle dans cet exemple où l'enfant s'interdit de réussir intellectuellement de peur de transgresser la loi familiale : devenir intellectuel ne signifie pas les tuer, mais les honorer). Il ne s'agit pas tant d'aimer ses parents que de les honorer, car aimer, peut être une loi perverse : « La parole du Décalogue : “Tes père et mère honoreras”, est bien difficile à admettre, car elle est totalement en contradiction avec l'amour pour les parents, l'amour qui rend dépendant. Honorer ses parents, c'est advenir à sa pleine stature, et réussir dans la vie sous leur nom, mieux encore qu'ils ne l'ont fait. Ce précepte éthique est au cœur de chacun, qu'il en ait été ou non instruit, et il est souvent en contradiction avec ce que chacun de nous croit devoir à ses parents, à cause de notre amour infantile de dépendance que nous n'arrivons pas à dépasser » (1982-1, p. 38). Cette éthique libératoire inscrite en chacun, qui incite à créer et à procréer (1995, p. 139), se réfère aux interdits castrateurs, différenciateurs qui naissent et aboutissent à l'interdit œdipien. « L'enfant a en lui la notion que la castration devra lui être donnée. Tout être humain, en naissant, le sait : c'est inhérent à l'enfant » (*ibid.*, p. 140).

Marie Balmary qui a éprouvé le projet de confronter expériences de l'inconscient et expérience du divin dans un aller-retour entre sa pratique de psychanalyste et une relecture des textes bibliques dans leur langue d'origine, dans le respect des textes d'abord, puis dans la résonance, montre qu'honorer ses parents

« [...] ne comporte aucune idée de soumission » (1986, p. 105), dans les textes, comme dans les expériences de vie dont elle témoigne. Elle lit, dès lors, ce commandement, de la même façon, depuis la question de la filiation, travail de différenciation à opérer par rapport à la chaîne des générations qui, seul, donne au fils, à l'enfant, accès à une place. Pour devenir humain à son tour, il est nécessaire à tout être humain de parvenir à un rapport de filiation avec deux êtres humains (*ibid.*, p. 108) : le livre de la vie le prouve... Dans les commentaires qu'elle produit, M. Balmary lit ce commandement en référence à l'Œdipe : « Prendre sa place dans sa lignée et reconnaître celle du père et de la mère afin de ne pas leur être confondu ni asservi » *(ibid.)*.

Ceci est fort important sur le plan éducatif. L'éducation, c'est dans cette optique, « [...] s'attacher à favoriser le détachement incestueux » (F. Dolto, 1995, p. 138), qui a cours tout du long du parcours préœdipien sous la forme du maintien de l'enfant dans le « faire-plaisir », la loi du plaire ; qu'il s'y maintienne ou qu'on l'y maintienne, ceci impliquant souvent cela. Quand aimer n'a que le sens de faire plaisir, c'est que l'enfant vit toujours dans l'espoir illusoire de « devenir une copie conforme » de son modèle : il n'a pas intégré l'interdit de l'inceste. On ne lui a pas bien donné, peut-être.

Aimer au sens de faire plaisir est pervertissant : le travail clinique de F. Dolto abonde de ces situations où les adultes eux-mêmes s'avèrent mal castrés sur le plan œdipien (cf. 1984, p. 184-208). Globalement l'enfant sert d'objet aux parents qui n'exigent pas de lui ce qu'il a à advenir, mais ce dont ils ont besoin. L'enfant vient combler leur déficit : ils s'en trouvent conjoint à lui, c'est-à-dire incestueusement satisfait par lui. « Le "pour faire plaisir aux parents" ne doit pas dépasser l'âge de 9 ou 10 ans. Au-delà, c'est l'engluement réciproque : l'enfant n'ose pas, à l'âge où c'est nécessaire, à la prépuberté, laisser ses parents à leur sort et aller vers l'avenir » (1995, p. 15).

Mal castrés sur le plan œdipien, F. Dolto évoque aussi les travailleurs sociaux qui « [...] s'identifient aux enfants dans une relation soi-disant mère-enfant [...] ou dans une relation faussement père-enfant, alors qu'ils ne sont ni la mère ni le père. Ils jouent à la fois tous ces rôles. Ils s'identifient au petit. [...] Or, ils sont au service de la société qui les rémunère pour un rôle précis, qui n'est surtout pas celui-là » (*ibid.*, p. 140). Elle enjoint toujours de demander à l'enfant ce qu'il désire pour lui. « Il est capital que l'enfant, à partir de 7 ans se prenne en charge, et ce, quels que soient les parents qu'il a, avec ou sans eux, que cela leur fasse plaisir ou pas. Ce qui importe est que l'enfant s'en sorte » (*ibid.*, p. 138).

Honorer ses parents, c'est ne pas aimer au sens de faire plaisir ou avoir été appris à quitter cette aimance infantile. La psychanalyse de F. Dolto ouvre ainsi dans nombre de situations éducatives, la question de la génitude. « J'entends par là à la fois les puissances physiques de la procréation et la prise en responsabilité du désir » (1984, p. 178), mode d'expression Doltoïen pour dire tous les malentendus qu'une mauvaise connaissance de l'anatomie sexuée entraîne dans le sens même du projet d'avenir dont le sexe est porteur. Là où elle parle d'éducation à la sexualité, non pas d'informations sexuelles, comme d'une ouverture en amont sur la question de la filiation, comme en aval sur le sens de la responsabilité à donner soi-même la vie, un jour futur.

Initier les enfants au sens de la génitude (1995, p. 116), c'est une tâche éducative, à laquelle F. Dolto convoque aussi bien les enseignants que les travailleurs sociaux, dans leur rôle d'auxiliaire éducatif. Elle consiste à soutenir l'enfant dans les efforts qu'il a à faire pour garder confiance en lui, en tant que s'étant reconnu comme fils ou fille de... « C'est ce que j'appelle en psychanalyse "soutenir le narcissisme de cet enfant", son narcissisme primaire, le goût de vivre, et son narcissisme secondaire, son intérêt pour lui-même, comme allant-devenant adulte dans le sexe qui est le sien : soit en prenant modèle sur les personnes qu'il connaît, soit en sachant que, même avec des modèles qu'il ne voudrait pas imiter, il y a en lui un désir qui recherche un modèle pour devenir adulte du sexe qui est le sien » (1984, p. 187).

L'école a un rôle à jouer, dit-elle, dans les différenciations entre instinct, désir, amour et sens de la responsabilité à donner un jour la vie ; l'école a un rôle à jouer pour aider un enfant à se détacher de sa mère, à comprendre le manque d'éducation de ses parents, à dédramatiser les situations dont il est témoin ; l'école a un rôle à jouer pour aider l'enfant à se détacher des situations de séduction, la sienne ou celle qu'on lui impose. Le rôle des éducateurs et des maîtres est important comme auxiliaires des parents pour soutenir l'enfant dans le dépassement de son mode de raisonnement et d'affectivité préœdipien et œdipien (*ibid.*, p. 190-200). Je constate que l'école traditionnelle n'y est pas prête. J'entends les étudiants en sciences de l'éducation, enseignants de métier, me dire leurs difficultés à rendre compte, à l'équipe dont ils font partie, de l'aide apportée à un enfant : ils se font critiquer, on leur dit que tel n'est pas leur rôle. Alors, ils écoutent comme en cachette, dans la clandestinité ; ils reçoivent les confidences d'un enfant à propos de son histoire familiale ou personnelle qui ont souvent à voir avec les questions d'une génitude mal assumée en famille. Peut-être ne sont-ils pas prêts eux-mêmes à assumer ce rôle... Mais sans aucun doute, on ne les y aide pas.

Initier l'enfant au sens de sa génitude, soutenir son goût de vivre et son intérêt pour lui-même dans le génie créatif et procréatif qui est le sien, à l'école comme dans le travail social, c'est s'occuper de lui comme sujet de son histoire, lui rendre la responsabilité de son histoire et de son désir, en même temps que reconnaître son désir dans ses visées masculines et féminines lointaines (*ibid.*, p. 183). C'est l'éclairer sur son origine : « C'est le désir d'alliance charnelle entre un homme et une femme, ses géniteurs, qu'ils fussent ou non prêts à en assumer la suite, la vie d'un nouvel humain conçu de leur union sexuelle, c'est cela qui est à dire à l'enfant qui questionne mère ou père, ou tout adulte sur son origine. C'est la triangulaire alliance des désirs de père, mère et enfant – fille ou garçon – que les paroles de l'adulte doivent signifier, révélant ainsi à l'enfant sa part propre de désir : à être conçu, puis à naître, et depuis lors à survivre » (*ibid.*, p. 185). Toujours, elle dit cela. C'est lui qui a désiré naître, c'est lui qui a choisi son destin parce qu'il savait qu'il avait de quoi l'assumer, vivre au jour le jour, quel qu'il soit. « Je pense que c'est cette continuité depuis le germe qui fait le positif d'un être humain » (1985-1, p. 219). Dire à l'enfant qu'il a choisi la vie, c'est le réanoblir (1995, p. 115). N'en être pas persuadé, c'est ne pas pouvoir l'aider... Dès lors, initier l'enfant au sens de sa génitude, c'est aussi l'ouvrir au sens et à la responsabilité de son propre avenir procréatif.

À l'ASE, aussi, cette question y est majeure. Ne peut-on aider les professionnels à réanoblir l'individu pour lui permettre de se détacher des espoirs impossibles, des contentieux à régler avec son passé, en le soutenant dans la confiance qu'il a en lui, sans le savoir, puisqu'il est là : l'aider à se savoir sujet... F. Dolto spécifie, elle, cette question du sujet à l'ASE, au regard de ce qu'elle y a entendu : « Les enfants classés "enfants de la DASS" ne sont pas considérés comme sexués : ils sont neutres. Qu'ils soient garçons ou filles, issus de tel père, de telle histoire, de telle scène primitive, c'est comme s'ils étaient pareils » (1995, p. 116).

La maltraitance de la génitude – refoulée, non atteinte ? – se fait symptôme d'un moment de notre civilisation, quels que soient les lieux éducatifs. Elle est le point nodal, pourtant, levier de la libération à vivre pour soi-même sans ressembler à ses parents.

Image inconsciente du corps

Dans le concept d' « image inconsciente du corps », explicite G. Guillerault, il ne s'agit pas de comment l'on se représente soi-même, de la représentation que nous aurions de notre corps, acception cognitive qui laisserait supposer un accès conscient de cette représentation ; il vaudrait mieux, dit-il, « parler non de la représentation que *j'ai* soi-disant de mon corps, mais de la représentation que *je suis* comme sujet, fût-ce alors à mon insu » (1997, p. VIII). Pour Y. François, l' « image inconsciente du corps » n'est pas, non plus, une représentation, même s'il en existe des représentations dans les dessins, les figurations plastiques. « L'image du corps est pour Dolto une synthèse, un pur concept destiné à désigner ce qui échapperait à toute compréhension possible, à savoir le sujet s'incarnant dans l'espace et le temps » (1999, p. 74). Du côté de l'être, l' « image inconsciente du corps » est ce qui échappe au sujet du travail de symbolisation de lui et du monde, à partir de ses sensations corporelles. Tout comme l'objet transitionnel de Winnicott n'est pas le nounours ou la couverture, mais un concept qui désigne l'espace d'articulation/séparation qu'opère l'enfant entre lui et son environnement, l' « image inconsciente du corps » est le concept qui rend compte du rapport qu'il a à son être en lien avec l'autre ; tissage relationnel effectué à partir de son corps.

F. Dolto dit que l' « image inconsciente du corps » c'est l'image ressentie d'un soi-même en relations d'échange au monde, image dans laquelle le sujet se reconnaît existant de par sa permanence imaginaire (1997, p. 72). C'est la traduction « [...] de ce qui est ressenti tel qu'il découle pour chacun des conditions propres de son corps, tel que chacun en porte l'image dans son inconscient comme substrat symbolique de son existence, et indépendamment de son actualisation dans une expression dynamique » (1981-2, p. 73) ; c'est la traduction du sentiment de vivre dans son corps (*ibid.*, p. 82). De cette première approximation, je vais dégager l' « image inconsciente du corps » comme dynamique d'expression nécessaire : c'est de l'urgence de la fonction symbolique dont il va être question, là.

L' « image inconsciente du corps » permet de comprendre « l'enfant en situation de relation à travers son corps » (1981-2, p. 71). Je vais envisager l' « image inconsciente du corps » dans les conditions de sa formation. Pour se structurer, il faut à l'enfant un témoin humain qui parle. C'est ainsi la dimension dialectique de sa structuration, dont il va s'agir, là. Mais, quant à sa formation, c'est en rapport avec la phase du miroir que l' « image inconsciente du corps » prend sa portée d'inconsciente. Nous en verrons, depuis ce second moment d'éclairage, quelques aspects.

Elle découlerait « [...] d'élaborations symboliques des rapports émotionnels avec les deux parents, et non des rapports sensoriels, en tant que tels, avec eux » (*ibid.*, p. 74). Je vais ouvrir, là, la distinction et l'articulation entre corps et sujet, c'est-à-dire poser le modèle de construction du sujet à partir de son corps, dans ce croisement indispensable.

Je vais réfléchir, enfin, les conséquences de cette conceptualisation du point de vue de la démarche éducative.

La fonction symbolique comme urgence communicative

On peut partir, ici, du cas de cette petite fille de trois jours allaitée au sein jusqu'à l'hospitalisation subite de sa mère. L'enfant a cessé de manger, alors. Contactée, F. Dolto a suggéré l'alimentation du nourrisson au contact d'un linge qui portait l'odeur de sa mère absente : elle a permis à l'enfant de retrouver le goût de la succion et l'appétit de vivre. F. Dolto a puisé, là, matériau d'analyse des capacités symboliques et imaginaires à l'œuvre chez un nourrisson dès les premières heures de sa vie, à faire image, à élaborer une image de sa mère et de lui-même, même si elles sont encore indistinguées dans cette phase. Symbolisateur précoce, l'enfant mobilise la construction de soi à travers le registre du substantiel, de ses besoins qui réclament satisfaction, et du subtil (1981-2, p. 64) qui réclame non moins satisfaction, registre de la communication émotionnelle, construction de soi dont elle a décodé les images dans l'enracinement corporel qui est premier (G. Guillerault, 1989, p. 27). Besoins *et* désir de relation sont d'emblée présents et cojoints chez l'enfant. Tout autant que le lait, le registre de l'olfactif dans ce qu'il a d'émotionnel sustente le bébé, mais plus encore, puisqu'il ira jusqu'à mettre sa vie en péril, si le lait, seul, lui est offert. Ainsi, se ressentir vivant pour l'enfant, se reconnaître existant, s'enracine dans le corps grâce à l'odorat en ce cas, à partir du corps à corps heureux d'abord : en l'absence de la mère et de son odeur, l'enfant perdait l'image de-lui-en-relation-d'échange-avec-sa-mère. Le lieu d'appel à l'autre (zone érogène olfactive là) en manque d'une réponse maternelle, laissait l'enfant dans l'insécurité, privé du sens sécurisant puisé dans le co-l'autre. Ce sentiment de sécurité, cette image de soi ressentie en continue s'appuyait là sur l'olfactif, support de la qualité de la relation. Dans la perte de ce sentiment de sécurité, le bébé avait perdu l'accès à son corps actuel, accès retrouvé par l'odeur du linge, symbole de la mère : elle lui a redonné le sentiment de son intégrité (Y. François, *ibid.*, p. 68).

De ce récit, on peut retirer l'exigence de symbolicité à laquelle est soumis l'humain, aussi petit soit-il. Cette exigence de symbolicité se noue dans le ressenti corporel, dans les sensations qui appellent sens et qui deviendront perceptions, du fait d'une parole qui va les identifier. De ce point de vue, le concept d'« image inconsciente du corps », éclaire les mobiles du sujet humain : la communication. C'est par l'échange qu'il parvient à la symbolisation. C'est ainsi dans cette situation de rencontre ou de solitude, que ce concept s'éclaire, renvoyant le caractère insupportable de la solitude pour l'humain, dangereuse pour le petit humain. Quand elle est trop longue, ou quand la présence de l'autre est irrégulière, elle est déréalisante pour l'enfant, voire psychogène. Quand l'autre recherché a lâché prise ou a été ressenti comme tel, le sujet tombe dans la détresse qui va le mener aux frontières de l'enfermement... dans son corps, seul avec lui. L'enfant est au guet du sens ; le danger, c'est que le guet qui n'amène rien, pas de réponse de l'autre, finit par se retourner en un guet de sensations viscérales. La solitude aliène le sujet à son corps (1982-1, p. 157). L'exigence de symbolicité est telle que l'enfant se bricole du symbole représentatif – l' « image inconsciente du corps » – avec ce qu'il a à sa disposition, électivement son corps, comme le commente G. Guillerault (*ibid.*, p. 201). Tout est langage chez l'enfant et à défaut de communication avec son entourage, il se crée un langage intérieur (1982-1, p. 143) avec les objets de l'espace qui l'entourent, ou à partir de rencontres synchroniques entre son ressenti viscéral et n'importe quels objets extérieurs qui au même moment bougent, lesquels pour lui seul auront sens de parole (1987-3, p. 18). C'est le drame des enfants autistes, emmurés dans leur corps, en recherche d'un sens donné par l'autre, en l'absence duquel ils trouvent du sens en circuit fermé, dans leur corps seul. L'enfant psychotique, propose G. Guillerault « [...] ne fait que manifester sur un mode tragique la même activité de symbolisation représentative à quoi s'emploie [...] tout petit humain au cœur de la dyade » (*ibid.*, p. 202). Mais il ne trouve pas, lui, la présence qui l'y aiderait. « C'est tout ce qui lui reste d'un jour où le sens l'a quitté de n'avoir pas été parlé », dit F. Dolto (1987-1, p. 110), à propos d'un enfant psychotique, resté figé aux gestes connus jusqu'au moment où ils ont encore été accompagnés de sens par la rencontre. Leur bricolage malheureux démontre « l'exigence absolue de la fonction symbolique » (G. Guillerault, *ibid.*, p. 204), par laquelle, depuis son corps, l'enfant construit un ressenti de lui continu. Le concept d' « image inconsciente du corps » s'inscrit sur fond de cette urgence symbolique : elle se constitue dans l'alternance entre moments de solitude et moments de rencontre.

L'articulation du sujet grâce à un témoin humain

Entre fantasme et réalité, l'enfant élabore une image de lui et du monde, où tout changement est insolite : il a besoin d'être accompagné dans ces ajustements. C'est la parole qui va humaniser son parcours, accompagnant la croissance de son corps, permettant la mise en sens de ses expériences, discriminations progressives entre les choses et les personnes, son monde intérieur et les autres. « [...] dès qu'il y a un témoin humain, réel ou mémorisé, le schéma corporel, lieu du besoin, qui constitue le corps dans sa vitalité organique, se croise à l'image du corps, lieu du désir. C'est ce tissu de relations qui va permettre à l'enfant de se structurer comme humain » (1984, p. 39).

La parole du témoin humain permet l'articulation de ce qui se vit dans ce corps et de ce qui est ressenti d'une relation. Grâce à elle, les modifications de ses sensations et de ses perceptions vont progressivement s'organiser en sens et dynamiser sa communication. Il les cherche l'un et l'autre, le sens et la communication – prééminence de la fonction symbolique. « La condition de l'être humain, c'est la perpétuelle recherche de sens de notre vie qu'un autre, par sa rencontre, nous donne », renvoie F. Dolto (1987-1, p. 330). Il en est en attente.

Cette construction peut se dire en d'autres termes.

« Édifiée dans le rapport langagier à autrui [...] » (1984, p. 41), la représentation de soi, l' « image inconsciente du corps », se structure dans la relation intersubjective. Le sens « [...] est donné par le langage, qui recouvre le partage des émotions entre deux sujets dont l'un au moins parle ses émotions, est une personne » *(ibid.)*. Pour Y. François l' « image inconsciente du corps » n'est pas un processus solipsiste : elle se constitue « [...] seulement dans la symbolisation des effets de rencontre et de reconnaissance comme sujet » *(ibid.* p. 73). L' « image inconsciente du corps » ne se constitue qu'à la condition d'une rencontre ; de là qu'elle soit « pont de la communication interhumaine », moyen de communication (1984, p. 41). L'important est là : rien n'est plus fondamental dans la construction de l'humain. Sans témoin humain qui parle, l'enfant va rester muet sur lui-même, comme avec l'autre, aux prises avec des images incommunicables. Le sujet, dans une telle quête de sens et de communication – attente de symbolisme –, faute d'une présence qui accompagne ses découvertes sensorielles, va faire appel au souvenir d'une relation qui l'a déjà humanisé – ressource de l'imaginaire. Il régresse, alors, à du déjà-connu, s'y replie pour échapper à l'isolement, à une communication interrompue, quitte à vivre comme dans un arrêt sur image, emmuré dans un corps de solitude ou dans la détresse d'une incommunicabilité. C'est ainsi qu'à l'extrême, le vivre dans un schéma corporel sans image du corps laisse le sujet aux prises avec des pulsions sans possibilité de les mettre en sens et de les communiquer. Le vivre dans un schéma corporel, sans image du corps est « [...] un vivre muet, solitaire, silencieux, narcissiquement insensible, aux limites de la détresse humaine [...] » *(ibid.)*.

À l'extrême, au sens où il s'agit de ces sujets chez qui une représentation de soi s'est élaborée, mais qui, par l'interruption d'une communication, restent aux prises d'un corps sans moyen d'expression. Sujets qui se donnent dans un manque d'idéation et de relation ou dans une interruption de la communication, dégageant l' « image inconsciente du corps » comme s'inscrivant sur fond de cette détresse de la solitude. Sujets ? C'est justement parce qu'ils n'ont pas été reconnus comme sujets de désir de communication (parce que laissés trop tout seuls, par le fait de ce que G. Guillerault appelle une « présence factice » (*ibid.*, p. 200), une présence pas vraie, de celle qui ne s'attache qu'au besoin, méconnaissant le sujet du désir, quand il n'est pas parlé à la personne qui existe au-delà de son infirmité apparente ou de son symptôme), c'est justement « parce que la vitalité du désir lui vient d'être reconnu » (Y. François, *ibid.*, p. 75), vitalité du désir du sujet toujours là, qui, méconnue, mal entendue, n'a pu être parlée, et a laissé du même coup l' « image inconsciente du corps » en suspens.

L' « image inconsciente du corps » permet de comprendre l'enfant en situation de relation à travers son corps : elle est image de soi en situation de relation et de désir reconnu. L' « image inconsciente du corps » est ainsi du côté du sujet. G. Guillerault dégage ainsi une équivalence possible entre image inconsciente du corps et sujet (*ibid.*, p. 205) : cela se ressent aisément. Mais qui dit sujet, dit authenticité, qui dit sujet en appelle à l'opposition au Moi apparent, au corps dans ce qu'il donne à voir. Qui dit sujet, dit Miroir. L'image du corps, chez Dolto, prend son statut d'inconsciente au Miroir, moment de métabolisation, pour l'enfant, de l'écart entre son image d'apparence – image scopique, par la désormais prééminence des pulsions scopiques qui vont s'en trouver refouler toute la polyphonie sensorielle selon laquelle le petit humain s'est produit dans le rapport à l'autre, jusque-là – et son « [...] noyau de vérité irréductible du sujet à jamais présent (/absent ?) dans sa relation à lui-même et à autrui, comme trace de son sensorium d'enfant, depuis sa conception » (G. Guillerault, *ibid.*, p. 187). Autrement dit l' « image inconsciente du corps » est l'essence du sujet, le cœur de son authenticité. Nous vivons tellement sur les apparences... et chaque sujet a à s'y inscrire, dans ces apparences : c'est une prise de culture. L'apparence protège et mutile, Miroir oblige. Le sujet, désormais, passé la phase du miroir, va résider dans son « image inconsciente du corps » et dans une apparence, image d'apparence, image scopique. Le sujet va résider dans son corps et tout à la fois dans le reflet de lui qu'est son corps. G. Guillerault parle joliment de l'image du corps du côté d'un deuxième corps (*ibid.*, p. 192).

Un corps relationnel

F. Dolto consacre les soixante premières pages de *L'image inconsciente du corps* (1984), son concept nodal, à la différenciation – distinction et articulation – entre schéma corporel et « image inconsciente du corps ». De la distinction sur laquelle elle attire notre attention, se dégage, en fait, une articulation.

Le schéma corporel traduit l'expérience que fait l'humain de sa réalité en fonction de l'intégrité ou des lésions de l'organisme à partir de ses sensations – viscérales, circulatoires – coenesthésiques. Le schéma corporel « [...] *est en principe le même pour tous les individus* [...] » (1984, p. 22), alors que l'image du corps « [...] *est propre à chacun : elle est liée au sujet et à son histoire* » *(ibid.)*. Le corps du schéma corporel, c'est pour Y. François, « [...] le corps réel, matériel et objectivable. Celui de la biologie, de la physiologie et de l'expérience immédiate » (1999, p. 74). Là où G. Guillerault dégage que « [...] au corps de chair » est associé « [...] le représentant de ce corps, son équivalent, son répondant, à un niveau d'immatérialité (subtile) » (1989, p. 172), celui de l' « image inconsciente du corps ».

Du lieu de la clinique, on peut en observer la différenciation entre la perspective médicale dont il arrive qu'elle ne s'en tienne qu'au schéma corporel et à l'atteinte organique, et la perspective analytique qui pourra reconnaître derrière cette atteinte, la meurtrissure affective, trouble de l' « image inconsciente du corps ». Selon les mots d'un enfant, F. Dolto distingue à propos des affections cardiaques, par exemple, le *« cœur de cœur »* et le *« cœur de viande »*, le cœur des émotions, celui de l' « image inconsciente du corps », et le cœur viscéral, du schéma corporel.

C'est à travers quatre cas de figure qu'elle va insister sur la nécessité de ne pas confondre schéma corporel et image du corps, et qu'elle va les articuler tour à tour. Sa clinique lui a permis d'envisager ainsi :

— Un schéma corporel sain avec une image du corps perturbée, exemples d'enfants au corps sans lésions, corps dont l'utilisation fonctionnelle, seule, était empêchée : schéma corporel entravé – tics, inhibition motrice, non-contrôle... – par une « image inconsciente du corps » inappropriée. C'est le cas de cet enfant de 8 ans, mené à la consultation pour encoprésie, qui fait le modelage – représentation de ses conflits internes – d'un fauteuil, proposant de le reléguer au grenier, s'il devait être disposé quelque part, suggérant qu'il représente son grand-père, s'il devait être une personne. Un fauteuil encombrant, comme le grand-père de cette famille « [...] paralysé, qui était toujours assis dans un fauteuil, et qu'on aurait bien voulu mettre avec les objets cassés dans le grenier » (1984, p. 15), dans cette famille trop petitement logée. Conflit familial figuré par l'enfant dans un modelage, traducteur « [...] d'une fixation anale au siège, littéralement parlant, laquelle faisait de l'enfant un encoprétique » *(ibid.)*.

Dans ce premier cas de figure, il ressort d'une part, que le corps se fait outil, médiateur d'un fantasme (fauteuil = siège(s) du grand-père), d'autre part, que la construction intuitive de soi, la représentation de soi dans l'inconscient que le sujet se constitue (ici identification du siège de l'enfant à celui du grand-père comme siège incontinent, d'où l'encoprésie), transforme le corps, alors. Il y va ainsi d'une articulation circulaire schéma corporel, « image inconsciente du corps ».

— Un schéma corporel infirme et une image du corps saine, tel le cas de ces enfants atteints d'infirmité. L'évolution saine d'un tel enfant, « [...] symbolisée par une image du corps non infirme » (*ibid.*, p. 20), va dépendre « [...] de la relation émotionnelle de ses parents à sa personne [...]. En tant qu'infirme, est-il rejeté par ses parents, au lieu d'être reconnu complètement comme leur fils ou leur fille dans l'épreuve, considéré comme un humain de plein droit avec son infirmité ? S'il est reconnu comme sujet de ses désirs, symbole de la parole conjointement accordée de deux humains tutélaires qui sont responsables de sa naissance et qui l'aiment dans cette réalité sienne, qu'ils ne cherchent pas à lui faire oublier, ses parents (puis ses éducateurs) pourront donner à ses questions, par des médiations de langage et de façon pour eux inconsciente, la structure d'une image du corps [...] » (*ibid.*, p. 20-21). Y. François propose, ainsi, que l'image du corps est « [...] à la fois entre sujet et corps et du côté de l'un et de l'autre, elle est l'espace même de leur dialectisation » (1999, p. 70-71).

— Un schéma corporel infirme et une image du corps malsaine, dans le cas d'un enfant qui n'a qu'un bras, qui deviendra caractériel, si sa mère n'a jamais voulu « [...] lui parler de son infirmité, alors qu'il observe la différence entre son corps et cclui des autres enfants » (1984, p. 20).

— Il arrive, enfin, que malgré le développement du schéma corporel, l'image du corps n'ait pas été structurée. « [...] on peut faire l'hypothèse que la non-structuration de l'image du corps est en grande partie due au fait que l'instance tutélaire, désorientée de n'avoir jamais les réponses attendues habituellement d'un enfant de cet âge, ne cherche plus à communiquer avec lui autrement que dans un corps à corps, pour l'entretien de ses besoins, et abandonne son humanisation » (*ibid.*, p. 21).

Dans ces autres cas de figure, c'est la question de la constitution de l' « image inconsciente du corps » qui est posée. Elle est le résultat de la relation émotionnelle entre sujets, dans la valeur de soi donnée et prise, au cours de cette relation – valeur narcissique –, communiquée par la parole. Entre *valeur narcissique* et *valeur d'échange,* l' « image inconsciente du corps » se structure... à coups de *castrations.*

L'enfant se reconnaît lui-même par qui lui parle – *valeur d'échange* : il s'en construit un ressenti de lui, dans la présence maternelle, dans un continuum sécurisant, exigence de sécurité donnée par la parole ; parole sécurisante qui portera ses effets, quand retrouvée dans les moments d'absence, elle évitera la brutalité des séparations momentanées, en expliquera la nécessité et maintiendra le continuum de sécurité. L'enfant construit, ainsi, un sentiment de continuité, origine du narcissisme – *valeur narcissique.* Ceci donne lieu à une formule synthétique : *« L'image du corps s'est donc élaborée comme un réseau de sécurité langagière avec la mère »* (1984, p. 150).

Ce réseau personnalise les expériences de l'enfant, mais il ne l'individualise pas quant à son corps. Il se construit, d'abord dans le corps à corps. Ce sont les *castrations* qui vont opérer cette progressive individuation. F. Dolto nous en explique le mécanisme à partir des castrations orales et anales, par exemple : elles permettent « [...] au schéma corporel de l'enfant de se séparer de celui de sa mère et, par substitution, de lier son propre schéma corporel en élaboration à son image inconsciente du corps » (*ibid.,* p. 150). Si on parle le langage de l' « image inconsciente du corps », les castrations assurent la césure entre schémas corporels, dans la relation à l'autre, et favorisent l'articulation image du corps/schéma corporel, dans la relation à soi. Pour être opérationnelles, elles doivent être parlées. La parole fait effet de séparation, tiers, et renvoie au sujet un travail d'articulation interne, travail de différenciation à effectuer non plus par rapport au corps de l'autre, mais en lui, dans la différenciation que son désir a à opérer par rapport au désir de l'autre, tel qu'il s'exprime dans son corps, aux lieux du corps où son désir exprime son manque de l'autre, suivant les étapes de la maturation de son corps. Les castrations individualisent. Elles permettent au sujet la constitution d'une « image inconsciente du corps » dans une dialectisation sujet/corps. Liaison corps/sujet – élaboration d'une image du corps – qui doit se faire, tout du long du parcours libidinal, dans un continuum sécurisant, afin de garantir une cohésion narcissique, un sentiment de sécurité qui permet au sujet de rester intègre, de se retrouver intègre, après l'épreuve anxiogène des nécessaires castrations.

Cependant les ratés dans le processus de développement ne sont pas rares. Il se peut ainsi que l' « image inconsciente du corps » témoigne d'un narcissisme blessé. Tel le cas de cette petite fille qui seule, avec F. Dolto, lors de sa première séance de travail, dessine un très beau vase de fleurs épanouies. En présence de sa mère, c'est un minuscule pot de fleurs avec des fleurs fanées qui se figure. « On voit là la différence de l'image du corps de la fillette, telle que ressentie inconsciemment, selon qu'elle est en présence de sa mère ou sans elle. Relativement à sa mère, elle se sent minable et fanée, tandis que, lorsqu'elle est seule interlocutrice de l'analyste qui l'écoute, elle se sent le droit de s'épanouir et d'être dans sa beauté séductrice narcissique » (1984, p. 25). Si le schéma corporel n'est pas modifié par la présence de la mère, l'image du corps, l'est ; modification qui permet de comprendre les relations de cette fillette à son histoire « [...] ce qui est ressenti d'un narcissisme blessé dans sa relation à sa mère [...] » *(ibid.)*.

Par l' « image inconsciente du corps », l'enfant « [...] communique sa vie inconsciente » (*ibid.*, p. 29) comme elle le dit, à propos d'un autre exemple. Il symbolise ce qu'il a ressenti, ce qui lui a été dit, ou ce qu'il a entendu. Il traduit les émotions d'une relation dont il décode et construit la charge d'intentions de vie, d'amour, de haine.

Questions de démarches

En termes d' « image inconsciente du corps », apparaît ainsi le nécessaire croisement corps/sujet qui n'est rien d'autre que la tâche du sujet effectuée grâce à l'autre, dès son origine, et tout du long de sa vie. Dans ce langage, à chaque stade libidinal (fœtal, oral, anal, génital), pour F. Dolto correspond une image du corps, dont elle décline le fonctionnement à travers quatre composantes (image de base, image de fonctionnement, image érogène, image dynamique, 1984, p. 49-61). À chaque stade, le sujet a à se reconnaître existant, à travers différents niveaux de construction, selon la maturation de son corps. De ces quatre modalités de fonctionnement de l' « image inconsciente du corps », Y. François distingue l'avenue clinique empruntée singulièrement par F. Dolto. Son intervention, en acte ou en parole, dit-il, se situe « au niveau propre de l'être-au-monde de l'enfant », « au niveau singulier de l'unité somato-psychique » de chaque enfant (*ibid.*, p. 67). En d'autres termes, elle a réussi à rentrer dans le sujet et à suivre les différentes positions de sa relation à l'autre, ou aux autres de son histoire, telles qu'il les ressent (F. Chébaux,

1999-3, p. 12). J. D. Nasio[1] développe cette capacité d'entrer au niveau du fonctionnement du sujet, mais du point de vue de la relation analysant/analyste : parler le langage de l' « image inconsciente du corps », c'est résonner avec la vibration érogène de l'enfant, capter l'inconscient du patient du dedans de soi-même, de son « image inconsciente du corps ».

À partir de cette théorisation, c'est, du coup, un renouvellement de la conception du transfert qui s'ouvre à nous : il est communication de corps à corps, d' « image inconsciente du corps » à « image inconsciente du corps », plutôt. Il faut même envisager la communication, en tant que telle, de ce point de vue : c'est la résonance d' « image inconsciente du corps » à « image inconsciente du corps ». La communication entre deux êtres passe, aussi (d'abord ?), par le corps ; c'est d'abord dans le corps que les modalités de la communication s'impriment, à l'insu de tous. On reçoit l'autre, et réciproquement, même à distance, dans une subtile émanation intercurrente, communication ineffable, synthèse des émotions imprimées dans les corps.

Je reviens à mon point de départ (!) : Que vas-tu faire de Françoise Dolto dans le champ de l'éducation ? Cela va de soi, avais-je envie de répondre. Cela va peut-être mieux en le disant. Mais que puis-je dire pour moi, comme des autres, de mon corps-imprimeur d'émotions désormais oubliées ? C'est le plus vif de mon – notre – histoire : c'est notre inconscient. Cela se ressent en soi, comme dans la relation avec un autre. Bien sûr « le divan » permet de lever un peu du voile ; bien sûr, le quotidien, dans les lapsus, les actes manqués, l'activité onirique, les désordres organiques... force le barrage de ce corps-imprimeur.

Mais dans l'éducation, on n'a rien à forcer... À savoir, tout juste, que le corps est messager. Alors prudence et respect de ce sujet – l'enfant, le jeune, l'adulte, au service desquels les éducatifs travaillent – qui cherche à faire son unité entre ce qu'il en est de ce corps relationnel d'origine et ce qui s'en impose malgré lui. Dans l'éducation, c'est tout juste avec cette conviction que le symptôme « [...] ne concerne pas le sujet, mais seulement, si l'on

1. J. D. Nasio, *Comment un psychanalyste qui travaille avec le concept d'image inconsciente du corps écoute-t-il son patient ?*, Journées d'études Dolto, Association Archives et documentation, Françoise Dolto, *op. cit.*

peut dire, la qualité de son inscription dans le corps » (Y. François, *ibid.*, p. 68) que l'on a affaire. Ne pas identifier un enfant à ses actes ou à ses comportements : on n'a pas fini d'en découdre avec cette conséquence éducative de la théorisation de l' « image inconsciente du corps ». La réduction de l'enfant à ses symptômes révèle la posture de maîtrise, l'intention de guérir, de redresser ou de normaliser l'autre pour M. Mannoni, qui nous enjoint plutôt de « foutre la paix au sujet », de ne pas chercher à le guérir à tout prix (1979, p. 144). « Ce que le schizophrène nous demande, c'est non pas d'être compris, mais d'être accueilli dans la différence qu'il revendique », dit-elle (*ibid.*, p. 16), en référence à son champ. Dans le champ du thérapeutique, comme dans le champ éducatif, on est, ainsi, au service de la différence à protéger ou à faire advenir.

Dans l'éducation, on n'a rien à forcer... « Elle a sûrement senti que vous ne mettiez pas sa valeur en cause. Vous ne vous montriez ni inquiets ni pressés, vous la respectiez dans sa personne. C'est en cela que vous faites autant un travail d'éducateur que d'enseignant », répond F. Dolto aux enseignants-éducateurs de la Neuville (1990, p. 86). Ils lui parlent alors d'Anne-Sophie et de Didier, enfants aux difficultés différentes, qui ont appris à lire quand ils en ont eu le désir, très rapidement, dès lors qu'on leur avait laissé prendre tout le temps qu'il leur fallait. À respecter leur rythme – ni inquiets, ni pressés –, ils ont manifesté une conviction dans des potentialités à l'œuvre au profond de la personne qui prenaient leur temps pour se révéler.

À la Neuville, on travaille à partir de cette éthique – croire au sujet – et avec des « trucs » : des institutions, trouvailles à valeur symboligène. « On ne se moque pas » (comme dans la PI). On ne se moque pas : F. d'Ortoli et M. Amram racontent qu'en réunion collective un enfant qui bégayait, par exemple, « ça durait très longtemps » pour s'expliquer. « Tout le monde écoutait sans s'impatienter, en pensant que c'était important et qu'il avait autant droit à la parole que les autres » (*ibid.*, p. 158). On ne se moque pas, règle essentielle de l'école, car dans la tolérance aux difficultés d'autrui, dans l'écoute de ses difficultés, c'est un processus de symbolisation de ses propres différences que l'enfant élabore : « C'est une leçon de confiance pour accepter ses propres défauts. Si nous voulons constamment camoufler nos imperfections, si nous les méprisons au point de ne pouvoir les tolérer, nous ne pouvons pas nous servir de l'énergie qui y est employée. Il faut tolérer ses faiblesses, il faut tolérer ses défauts pour pouvoir utiliser autrement l'énergie qui y est incluse. C'est comme cela qu'on les dépasse. On ne guérit pas, c'est un symptôme qui disparaît quand l'énergie n'y va pas. Et pour cela, il faut que cette énergie qui va au symptôme n'ait pas été tout le temps tournée en dérision » *(ibid.)*. La reconnaissance des faiblesses, des défauts apparents – des symptômes – aspire leur énergie immobilisée vers une autre direction, un nouveau sens, celui que le sujet cherche. « [...] ne jamais identifier un enfant à son acte. Un enfant qui a volé, n'est pas un voleur. Il a volé. C'est un raté du projet mais cela ne signifie pas que le sujet, lui, est quelqu'un qui est à identifier à son acte. Bien qu'il soit responsable » *(ibid.)*. Le sujet ne réside pas entièrement dans son acte, il est dynamique d'existence, projet qui cherche à se communiquer.

Il y a ainsi « plusieurs niveaux dans un être humain » (F. Dolto, *ibid.*, p. 157), entre le moi et le sujet, le symptôme, le comportement et l'énergie du désir. Il faut que les enfants s'en rendent compte assez vite, qu'ils prennent du recul avec eux-mêmes, qui leur permette de se détacher d'un acte ou d'un dire : là F. Dolto *(ibid.)* commente un autre « truc » de la Neuville : le carnet de râlage, espace de symbolisation des différents niveaux à l'œuvre en chacun. Il est question, là, non plus seulement de ne pas identifier quiconque à son apparence, mais de ne pas s'y identifier soi-même. Le principe du râlage donne, en effet, à chacun la possibilité d'écrire, dans un carnet idoine, la plainte par rapport à un préjudice dont il s'estime la victime, épreuve du jour dont il aura le droit de parler en grande réunion hebdomadaire, le vendredi. Le carnet de râlage met à distance de « l'état passionnel » dans lequel l'acte a été reçu, par l'écriture de l'épreuve dans le cahier, comme par la possibilité donnée d'en reparler. Il permet dans l'immédiat et à court terme de symboliser les chagrins, les déceptions, les drames... l'intensité émotionnelle ressentie par la victime, de la relativiser, de ne pas rester identifié, prisonnier de l'état passionnel vécu. Le désir reconnu retrouve sa vitalité, côté victime, si l'on peut dire : le ressenti passionnel mis à distance en soi et parlé avec les autres, la personne blessée se voit réhabilitée, réunifiée avec elle-même.

Il y a « plusieurs niveaux dans un être humain »... c'est le même processus qui va fonctionner, côté « agresseur ». « C'est intéressant de constater que les enfants ne mentent jamais en réunion. Ils ne nient pas ce qui semble être la réalité, en tout cas la réalité vécue par les autres enfants » s'étonnent les enseignants-éducateurs de la Neuville (*ibid.*, p. 156). D'une part, répond F. Dolto, la réunion se tient en fin de semaine : « Un enfant ment dans l'immédiat, pas quand il a pris du recul. » D'autre part, dans cette réunion, on parle de l'événement, pas de la personne. L'enfant « agresseur » est entraîné à prendre du recul par rapport à un acte ou un dire qui n'est qu'une « image de lui », une partie de lui, pas l'image qu'il voulait donner (*ibid.*, p. 157). « L'agresseur » est réhabilité lui aussi, réunifié « [...] avec ses travers, ses symptômes [...] car cette personne existe et elle est tout à fait respectable derrière tous ses symptômes » (F. Dolto, *ibid.*). La réunion sert de miroir amical... dit en substance F. Dolto. Dans cette école, on sait qu'il existe plusieurs niveaux dans un être humain : les éducatifs servent de miroir, témoins humains qui permettent la symbolisation de l'écart entre le moi et le sujet. Le sujet est toujours sauf, là quelque part derrière son apparence, son acte ou son dire, auxquels il n'est pas réductible.

« Nous avons l'impression d'avoir fait un bon travail avec lui, mais un certain nombre de choses nous échappaient parfois... » commentent F. d'Ortoli et M. Amram (*ibid.*, p. 97), à propos d'un enfant dont les comportements mimaient le fou jusqu'à friser de le devenir (*ibid.*, p. 98). « Vous n'êtes pas psychanalystes... vous observez un comportement manifeste. Vous essayez ensuite d'en tenir compte dans votre travail... [...] vous n'avez jamais essayé d'empiéter sur le mien... Vous n'avez jamais essayé non plus d'interpréter les émois que vivait Paul. Si vous en aviez parfois comme une intuition, ce n'était pas autre chose que votre propre savoir préconscient... », répond F. Dolto. Ils n'ont pas eu l'ambition de guérir Paul : ils l'ont considéré comme « Différent mais aussi valable qu'un autre » (*ibid.*, p. 96), valable comme sujet, atteint dans son mode d'expression ; ils l'ont accueilli dans la tolérance à ce qu'il faisait, même si un certain nombre de « choses » leur échappaient.

Il y a « plusieurs niveaux dans un être humain », la théorisation de l'« image inconsciente du corps » permet d'intuitionner quelque chose entre ce qu'on voit et ce qui échappe d'un sujet.

Il y a « plusieurs niveaux dans un être humain », comme dans l'intervention de ceux qui se mettent à son service. Ces éducatifs-là ne jouent pas à l'apprenti sorcier psychanalyste. « Dans la tête de Miloud, il doit se passer des choses "de l'ordre de l'Œdipe", comme on dit. Cela ne m'intéresse guère. Miloud investit dans la classe, travaille et réussit : c'est pour moi l'essentiel » constate, à un moment, C. Pochet, de ce petit Miloud (1986, p. 31) qui ressemble comme un frère au petit Paul. Dans cet acte éducatif là, de Paul à Miloud, on ne fait pas cas... Un parmi d'autres, ou l'art et la manière de foutre la paix au sujet. « Le maître est là pour que puisse se manifester la personnalité de chaque sujet, mais d'une façon qui soit profitable aussi bien pour soi-même que pour les autres », propose J. Oury (*ibid.,* p. 174).

Inceste

La loi : interdictrice et dynamogène

Dans cette perspective, le désir est ordonné à la reconnaissance de la différence en soi et en l'autre. La différence sexuelle va y être modèle et référence de toutes les différences ; l'interdit œdipien source de ce travail de différenciation. Le processus devrait aboutir au délogement de la place convoitée. Dans le champ de l'éducation, on n'a pas fini d'en récolter les malfaçons.

« [...] la loi fondamentale, modèle de toutes les lois est la loi qui interdit l'inceste. [...] le sexe est le modèle fondamental de toutes les autres différences » (1977-2, p. 88). Le sujet, c'est un processus d'échappée : c'est au travail de l'écart entre la représentation qu'il a de lui et ce qu'il cherche, qu'il a à se livrer, là où il découvre qu'il est toujours autre que le même qu'il dit être. C'est l'œuvre de la distance par rapport à l'imaginaire où il se croit tout, Un, identique – unité, identité imaginaire où toute différence est bannie – c'est l'œuvre de la différence, de l'écart, qui est son origine, qui va faire l'homme à l'œuvre, dont l'homme doit faire son œuvre, pour tirer la force de sa parole, pour tisser son histoire. Cette différence en soi et en l'autre a pour modèle et référence la différence sexuelle, qui par la loi œdipienne voit le besoin du parent de l'autre sexe interdit, et le désir libéré vers autrui. La loi interdit et stimule dans le même mouvement (*ibid.*, p. 91). Elle interdit la mère comme objet total d'amour, dit D. Vasse : elle « oblige l'enfant à reconnaître en son père le sujet d'un désir qui n'est pas le sien et qu'il va, avant de le reconnaître, tenter d'ignorer ou de nier ». Elle ouvre l'enfant à une relation « triangulaire et dissymétrique » où l'enfant est « limité dans sa consommation du monde par le désir d'un autre », délogé de la place, de toute la place qu'il veut prendre. Du coup, « il n'a qu'une issue possible : devenir à son tour être de désir dans l'épreuve de sa limite. La connaissance de soi ouvre à la reconnaissance d'autrui. Il n'est qu'un être parmi d'autres, même et autre » (1969, p. 76).

L'œuvre de la Loi, l'interdit de l'inceste, interdit de fusion, obligation de séparation, ouvre l'enfant aux autres, à des activités sociales. La mère interdite, le petit d'homme doit se tourner vers le père et les autres : sublimation de la pulsion sexuelle en activité sociale. Mais en cela, il n'y a pas de sujet : je crois même qu'on est dans l'antisujet, dans une définition de l'individuation par le seul mouvement de soumission aux lois sociales. Si on veut bien croire que c'est la liberté créatrice et non la seule soumission à un autre qui fait le sujet, alors la théorisation de F. Dolto se fait défense du sujet. Celle-ci montre le côté libérateur de l'interdit, le travail que le sujet a à poursuivre, dans son corps, là où dans son sexe se noue la double relation de son corps, à l'autre et à l'Autre, pour parler comme D. Vasse (*ibid.*, p. 40), là où il devra aboutir à construire son désir, comme désir de l'autre, bien au-delà de la consommation. L'homme est social par la Loi dans laquelle il est d'emblée inscrit, mais il lui reste à le devenir. L'interdit œdipien n'est pas que donné, il est travail, œuvre du sujet. Ce que Freud a peut-être moins bien vu, dit D. Vasse, à propos du rôle du surmoi c'est que c'est une instance interdisante *et* libératrice : « En interdisant le champ de l'inceste, il ouvre aux investigations du sujet tous les autres champs. Il est à la fois survivance de l'autorité extérieure et naissance d'une autorité nouvelle, celle du sujet, qui, après s'être opposée à la première, va s'en détacher pour courir le risque de sa propre aventure dans le champ qu'elle aura à conquérir » (*ibid.*, p. 131-132). C'est parce qu'on pense dans la dialectique intérieur/extérieur, subjectivité/objectivité où l'autre, l'environnement, est à la fois extérieur et intérieur, d'emblée dans le sujet dans le même mouvement, que l'interdit œdipien devient libérateur : il vient de l'extérieur, mais il provoque un engagement en soi et un dégagement par rapport à l'autre. L'interdit œdipien n'est pas qu'un état auquel le petit d'homme n'a qu'à se soumettre ; c'est à partir de lui, dans le rapport à l'autre, qu'il limite et qu'il libère l'Autre, ouvrant à l'échange dans les différences. Point théorique à résonances multiples : le travail œdipien reste un travail jamais tout à fait accompli.

Loi et différence, règles et toute-puissance

« Si la loi n'a plus comme fonction de permettre aux hommes de se séparer, de se sentir différents et de vivre différents, alors cette loi devient la loi du plus fort, de celui qui s'impose, qui force, qui viole, qui est toujours tout-puissant. Les autres ne peuvent vivre différents de lui, car ils sont tout absorbés par ce tyran ou soumis à son plaisir. La loi, c'est lui » (1977-2, p. 90). Le tiers exclu, c'est un univers à deux pour faire Un, le Un que je veux que l'autre devienne avec moi ou que l'autre veut que je devienne avec lui, selon ce dont j'ai (ou il a) besoin ; 1 + 1 = 0. Cette mathématique relationnelle réduit l'autre à zéro. C'est le chaos sans séparation, ni différences. La confiscation de la loi au bon plaisir de l'un qui fait de l'autre l'objet arbitraire de son bon plaisir, cela arrive quand l'homme s'identifie immédiatement à elle. Il se croit imaginairement tout-puissant. « La vie humaine avec lui est alors bloquée, remplacée par une vie animalisée. Il institue une société bloquée. Personne n'a son mot à dire, ni sa vie à faire, hors de son désir à lui, tyran, hors de son plaisir à elle, classe sociale..., etc. » (*ibid.*, p. 91). Une société bloquée, une classe bloquée, une institution bloquée, où le désir des autres est bloqué par le bon plaisir de l'un qui engendre l'agressivité contre l'autre ou contre soi, le monde éducatif n'a pas fini d'en voir les manifestations. Les professionnels vivent dans la rivalité (œdipienne), où c'est la loi du plus fort qui cherche à s'imposer, plutôt que le travail respectueux des différences ; les jeunes explosent dans la violence, la haine ou la rage, d'autres s'inhibent ou se démotivent, retournant contre eux une problématique collective impossible.

La Loi œdipienne bien intégrée devrait permettre à chacun de se savoir limité dans sa vie par le désir d'autrui et fortifié dans sa désirance vers une humanisation de son désir, vers la recherche de « [...] rencontres fécondes de cœurs et d'esprits dans la culture, la créativité ; ces œuvres de cœurs et d'esprit (qui) tiennent lieu des "œuvres de chair" », pour parler comme F. Dolto (*ibid.*, p. 92). Faire à partir de la différence de l'autre, la sienne bien acceptée dans le rapport à ses premiers autres, guidé chacun par la poursuite d'une œuvre commune, d'un tiers terme qui dépasse l'interaction et fasse relation, tiers qui aspire chacun, que chacun construit et en retour qui permette à chacun de se construire, cela s'appelle en français social et éducatif un projet. Le monde éducatif, dans la classe ou les institutions, n'a pas fini d'en découdre avec les malfaçons d'un œdipe mal franchi qui s'observe dans l'absence de projet.

Dans ce monde éducatif, j'ai plus vu les règles qui font force de loi, l'auto-institution seul ou à quelques-uns d'un fonctionnement, au plus loin de la recherche de la liberté-à-être de l'autre dans la construction et l'échange collectif, que l'autre soit les enfants, les jeunes, accueillis, comme les professionnels. Quand la Loi n'indique plus le surgissement de l'Autre en moi : « Alors toute différence tend à s'estomper et à disparaître : il n'y a que moi et la loi qui me justifie. L'autre n'a plus qu'à se comporter comme moi s'il veut obéir à la loi. Ainsi la légalité se substitue à l'amour, alors qu'elle a pour fonction d'en être l'expression et la garantie », dit D. Vasse (1969, p. 77).

Une question de place

Et si cette Loi n'existe pas, ou n'a pas été clairement signifiée, l'enfant n'a pas de place !

« [...] La loi sert à séparer, à différencier, à mettre chacun à sa place pour qu'il puisse vivre son désir sans étouffer le désir de l'autre » (1977-2, p. 90). À considérer le développement premier de l'enfant jusqu'à la castration œdipienne, F. Dolto dégage « la fécondité au sens de fruit porté », comme motrice de son développement. Il faut savoir, et tout enfant le ressent, que ce n'est que le but incestueux qui l'a soutenu, tout le temps de sa promotion humanisante (1984, p. 201). Il faut savoir que le ressenti de la fécondité, au sens de fruit porté pour un plaisir complice entre deux partenaires jusqu'au moment d'une castration imposée au moment propice, soutient le développement de l'enfant. « La jouissance orale avec la mère, c'est le mot qui est le fruit de la relation incestueuse à la mère – incestueuse orale, pas incestueuse génitale. Quand on parle d'inceste, on parle du niveau génital, de l'enfant vivant, conçu, engendré. Mais l'inceste existe, justement, fœtal, dans le porter fruits oral, porter fruits de paroles. La castration orale excite, cette fécondité subtile du porter fruits de sons et de paroles » qu'elle libère (1987-1, p. 211). La castration anale, privation imposée aux jeux manuels excrémentiels, va ouvrir à un « [...] porter fruits d'objets découverts et conservés pour la complicité des jeux » *(ibid.)*, « fruits encore incestueux pour le plaisir de maman et papa » *(ibid.*, p. 212). Faire ensemble moi l'autre (mère, père, frère, sœur), incestes non génitaux stimulent à entendre, voir, sentir, toucher, goûter, dans la complicité de l'amour relationnel. C'est au moment où arrive la primauté génitale, qu'il faut renoncer à l'inceste.

L'intégration de l'interdit est soumise à quelques conditions : pour l'accepter, l'enfant doit comprendre que l'interdit est le même pour les parents. « [...] ce n'est qu'en comprenant en quoi son père ne s'est jamais comporté vis-à-vis de sa propre mère comme il se comporte vis-à-vis de sa femme que l'enfant intègre un devenir biologique et qu'il intègre la loi de la prohibition de l'inceste, qui est celle de tous les humains vis-à-vis de leur génitrice » (1985-1, p. 75). La Loi est la même pour tous. Mais l'enfant va intégrer l'interdit, l'accepter, que s'il voit aussi l'intérêt de se séparer, le caractère promotionnant du renoncement : porter fruit avec les autres, avec un autre, un jour... L'intérêt de la Loi, c'est la différenciation, promesse d'avenir. Sans différenciation, l'avenir est obéré. « Pour accepter l'interdit de l'inceste, il y a une part qui est : "Parce que tu es né de tes parents, ils sont toi, tu as commencé par être une partie d'eux, leurs lèvres, leurs jambes, un objet partiel. On ne se marie pas avec sa main – c'est la masturbation –, on ne se marie pas avec un objet partiel de soi – ça ne fait pas d'enfants" » (1995, p. 84).

L'accès à la triangulation va être rendue possible, si l'enfant en voit l'exemple, le bénéfice que les adultes en tirent : sa curiosité en est excitée. Pourquoi ne suis-je pas tout le temps l'objet de sa sollicitude, le seul objet de sa sollicitude ? se demande l'enfant à propos de sa mère. Pourquoi aime-t-elle parler avec d'autres ? Quels sont ses intérêts ? « Elle lit le journal. Qu'est-ce qu'il y a d'intéressant ? Alors, il faut apprendre à lire. Elle aime la musique. Qu'est-ce qu'il y a d'intéressant ? Apprendre la musique » (1987-1, p. 145). Le but positif de l'interdit réside là, dans l'ouverture culturelle dirait Dolto, sociale, dirais-je, ouverture aux autres.

Mais toutes ces conditions d'une symbolisation dépendent d'une autre : que l'adulte se soit séparé en lui de l'enfant : « C'est là où le milieu et, justement, l'être aimé, qui a autre chose dans la vie que l'intérêt pour l'enfant, le plaisir de faire plaisir à l'enfant ou d'en prendre son plaisir, est éducateur. Celui ou celle qui n'a pas autre chose que l'enfant en tant que tel à s'occuper ne peut pas être éducateur au sens formateur à la culture » *(ibid.)*. N'avoir pas l'enfant comme seul centre d'intérêt, que l'enfant ne soit pas plus important que le conjoint, c'est ce qui lui permet de se situer, de trouver sa place. Toutes ces conditions permettent de rompre avec un fonctionnement œdipien, de métaboliser l'intérêt de l'interdit.

Mais à revenir dans le monde éducatif, je me dis que la logique œdipienne perdure. On peut se demander, en effet, si les institutions éducatives ont atteint la castration œdipienne, ou pour le dire autrement, on peut se demander si, non plus seulement leur fonctionnement dans la confusion loi/règles, mais leur conception des professions éducatives permet à chacun de trouver sa place. À quoi forme-t-on les éducateurs ? « Parmi ceux que je nomme *éducateurs*, je réprouve ceux qui ont acquis ce diplôme mais qui n'ont pas par ailleurs un art, un sport, ou un artisanat comme vivante et effective activité, laquelle éventuellement pourrait les faire vivre. Avoir "l'objet humain" comme matériau du cœur et de l'intelligence pour un adulte salarié à n'être qu'éducateur est une aberration qui fatalement le conduit à confondre éducation et manipulation. Ces éducateurs compétents dans un art, un artisanat, un sport, continueraient de le travailler à côté de leur métier d'éducateur, et pourraient aussi initier, au moins par l'exemple de leur plaisir au travail personnel, les jeunes qui sont à leur charge pédagogique » (1985-1, p. 344). Sans art, sport ou artisanat qui fasse tiers entre l'enfant et l'adulte, on est dans l'interaction duelle, dans la confusion où l'un est objet de l'autre, et souvent réciproquement. C'est l'exemple d'un plaisir pris dans un intérêt ou une activité d'échange avec les autres, qui fait éducation, quand l'adulte de référence montre de l'intérêt pour l'ouvrage qu'il accomplit lui-même chaque jour. La façon de vivre de l'adulte a valeur d'exemple quand s'intéressant à ce qu'il fait, il laisse l'enfant ou le jeune s'intéresser à autre chose : l'enfant « [...] prend exemple sur des gens qui ont donné un sens à leur vie, et dont il constate qu'ils sont heureux, il cherche son propre bonheur et sa vie prend à son tour un sens » (*ibid.*, p. 267). Chacun à sa place, faute de quoi l'éducation se confond avec manipulation, recherche de l'accomplissement de l'enfant selon le bon plaisir de l'adulte, conformité à la direction selon laquelle l'adulte veut orienter l'objet partiel d'un imaginaire tout qu'il forme avec l'enfant. À quoi forme-t-on les éducateurs ? La question vaut d'être posée, dans ces instituts de formation où on n'apprend ni un art, ni un sport, ni un artisanat, qui seuls sont plate-forme vers un coagir, un agir en commun qui a un sens social d'échange avec les autres... Ne reste plus aux éducateurs que la relation duelle, sans support, entraînement vivant au cheminement désirant, celle où on ne fait que dire, donner des conseils ou distribuer la méthode. La vie entre parenthèses, on confond tout dans l'œuf.

Je suis - Jésu(i)s

Dans le fond, ce que la psychanalyse, doltoïenne et les autres, nous apprend c'est à conjuguer le verbe être à la première personne, dans un itinéraire qui prend sa valeur dans la séparation vis-à-vis des autres de notre passé – là où une éducation au Je peut s'en trouver inspirée –, mais qui cultive ses fruits dans l'échange avec les autres – là où pour être je et les autres, le Je doit pouvoir risquer, malgré le Moi qui prend garde. La conjugaison de cet itinéraire a été initiée pour F. Dolto : Jésus est le maître du désir ; il l'enseigne et y entraîne...

Imaginez un théâtre et sa scène : à droite, les évangiles, pas l'église, non : les évangiles. À gauche, longtemps après, l'aventure psychanalytique et ses découvertes. Entre les deux, une femme croyante, qui n'en est pas moins psychanalyste et inversement, qui découvre que rien du message du Christ n'est en contradiction avec les découvertes freudiennes (1977-1, p. 13). Derrière le masque des personnages dans le théâtre de la vie, de l'un à l'autre des corpus, se cherche une vérité sans masque, se révèle l'inconscient et sa dynamique, le désir à l'œuvre et ses avatars. « En lisant les évangiles, je découvre un psychodrame » (*ibid.*, p. 14). Elle n'est pas la seule à ressentir et à tenter ce rapprochement. M. Balmary discerne dans les écrits bibliques ces « événements de la parole pour la conscience » ; aussi enquête-t-elle dans nos mémoires, dit-elle (1986, p. 234). À en revisiter les figures fondamentales (Adam et Ève, Noé, Abraham...), à reconsidérer le début de l'humanité (l'Eden), elle nous dit que toute notre culture est adossée à ce récit biblique : « Qu'on le prenne pour un mythe archaïque, un récit structural ou quoi que ce soit d'autre, il est nécessaire à l'intelligence de notre passé, il a façonné notre anthropologie » (*ibid.*, p. 236). À vrai dire, à ce récit de nos origines ou aux autres, elle confère le même statut. Elle n'est pas la seule non plus... Elle suit le cheminement de Freud dont elle décode ses ouvrages sur la religion comme une mise à jour de l'imaginaire religieux de l'Homme, comme une révélation de la maladie dont souffre l'âme humaine, la maladie de nos relations homme-femme, parents-enfants... la maladie de la Parole ; toutefois, il n'a pas découvert dans les Écritures l'étape libératrice qu'elles contiennent (*ibid.*, p. 282). Elle rend hommage à Lacan, si sensible au mystère du symbolique (*ibid.*, p. 130), qui a vu que le biblique était la véritable source... de la Parole (p. 253 et p. 274). M. Balmary nous rend vivante et sensible la langue des hommes dont ces récits retracent l'expérience...

Alors en route pour cette comédie humaine : c'est le livre dont nous sommes le héros.

Éducation au Je

« Ici est décrit un mode de relation au phallus symbolique, c'est-à-dire au manque fondamental de chaque être. Ces évangiles décrivent que l'autre, dans un couple, ne comble jamais son conjoint, que toujours il y a une déchirure, un manque, une impossible rencontre, et non pas une relation de possession, de phallocratie, de dépendance » (F. Dolto, 1977-1, p. 24). L'autre dans un couple... comme l'autre dans toute relation, jamais ne vient combler, répondre à la question : « Où-est-ce-par-quoi-j'aurais-l'être. » Jamais. Une impossible rencontre, c'est heureux ! Ouf, nous sommes saufs, on peut continuer à être pour soi et dans la recherche de l'autre, quêtes l'une comme l'autre toujours à poursuivre, buts jamais atteints. « [...] la psychanalyse [...] nous permet de comprendre ce qu'on appelle des fixations affectives névrosantes à des êtres humains par nous traités comme des "objets partiels" d'une sexualité prégénitale. Leur possession nous est devenue tellement pathologiquement coexistentielle, que nous n'admettons plus chez ces êtres humains leur statut de sujets autonomes » (*ibid.*, p. 103-104). On l'a compris, dans cette perspective, c'est à méconnaître l'autre comme sujet, donc à le flatter comme objet (*ibid.*, p. 115) que l'homme s'aliène, se maintient dans l'aliénation : il reste l'autre de l'autre ou prend l'autre comme son complément. Cela peut se dire autrement, côté éducation, c'est très simple : on parle alors de nous (vous et moi dans cette dimension éducative), quand au lieu d'accepter les enfants selon leur droit d'être ce qu'ils ont à être, on les censure, on les « pieuvre », selon un vocabulaire doltoïen (*ibid.*, p. 29). (Allez voir comment Joseph est un exemple extraordinaire qui accepte de protéger, de guider, d'enseigner à son enfant adoptif son métier d'homme. « Il sait qu'on n'a jamais les enfants qu'on a rêvés et il l'adopte » (*ibid.* p. 28-29). D'ailleurs, on le sait bien, il n'y a jamais que des pères adoptifs[1] (*ibid.*, p. 25) ; lui en est le parangon).

Ne pas prendre l'autre comme objet, ne pas s'en vivre comme l'objet, ne pas rester enclos dans le désir de l'autre, dont les parents ne sont que le premier modèle, dépendants dans notre petite enfance, comme on a dû l'être tout un temps, immatures que nous étions, c'est chercher à se faire su-je, se risquer à son désir, vers l'Autre, vers l'ailleurs ; ni dans la soumission, ni dans l'identification. La condition du vivre dans cette perspective

1. Cf. *infra*, art. Abandon.

consiste tant à tuer l'image de père et mère qu'à mourir à une partie de nous : « La pratique psychanalytique se fonde d'une mise en évidence du *travail constant d'une force de mort : celle qui consiste à tuer l'enfant merveilleux (ou terrifiant) qui, de génération en génération, témoigne des rêves ou désirs des parents ; il n'est de vie qu'au prix du meurtre de l'image première, étrange, dans laquelle s'inscrit la naissance de chacun.* Meurtre irréalisable, mais nécessaire, car il n'est point de vie possible, vie de désir, de création, si on cesse de tuer "l'enfant merveilleux" toujours renaissant » (S. Leclaire, 1975, p. 11). Meurtre nécessaire autant qu'impossible, dit S. Leclaire. On peut parler ainsi de ce double mouvement qui consiste à castrer les parents de leur possessivité (1977-1, p. 30), développement exemplaire de l'enfant-Jésus qui entre au Temple, d'une part, et, d'autre part, à lâcher son père et sa mère, à quitter ces premiers modèles, premiers guides de notre manière de vivre, de voir, de sentir. « Nous devons retrouver la source de nous-même, c'est-à-dire devenir et notre propre père et notre propre mère et donc notre propre enfant. Ainsi, après avoir fatalement passé par le style de tel ou tel parent, aîné ou maître, nous avons à nous inventer. Que chacun devienne l'artiste de ce qu'il a reçu ! » (*ibid.*, p. 43). S'autopaterner, s'automaterner, on retrouve souvent ces expressions au long de ces écrits. « [...] la mère qui est en l'enfant naît en lui au jour le jour, de même que le père en lui » explique-t-elle. Il s'agit dans nos métiers éducatifs de « [...] lui permettre d'assumer ce rôle maternant de lui-même, qui le rend capable de savoir ses besoins et de les connaître. [...] Son corps est bien le même pour lequel la mère a fait ou fait ce qu'elle fait ». En le référant à sa mère et en se référant soi-même à elle, en tant qu'éducatifs payés pour cette tâche, dans cette triangulation, la responsabilité autonome de l'enfant peut se développer (1981-1, p. 191). S'automaterner, s'autopaterner, cela signifie advenir « [...] à sa filiation à l'Être, être humain, au jour le jour, à la minute, la minute » (1977-1, p. 45), selon l'intuition que chacun porte de cette éternelle création au présent, cette conjugaison du verbe de son être depuis le Moi-Je, une fois quitté le Moi-maman, Moi-mon-papa, Moi-mon-camarade. Exercice de style direct pour arracher la vérité de son itinéraire. Il s'agit de devenir nominatif, chacun, « Par-delà son prénom et son patronyme [...] : sujet et attribut de sa vérité en marche, en devenir, avec, à l'horizon, ce but jamais atteint du JE SUIS » (*ibid.*, p. 46). Le Je n'a pas de contenu, dit F. Dubet (1994, p. 178) ; F. Dolto en dynamise et positive l'absence. De l'avoir, au savoir, au pouvoir, elle montre comment cette « synthèse en marche », cette « cohésion ressentie », cette unité interne par-delà la division, ce sentiment d'un Je, se libère d'une césure par rapport à l'influence de l'autre, même s'il reste toujours en mouvement. Elle le dit encore autrement : elle parle de trouver son unité intérieure par-delà les morcellements, de s'accepter comme on est. Cela prend du temps. C'est « [...] lorsqu'ils peuvent lâcher la personne tutélaire garante de leur identité pour aller seul vers quelqu'un d'autre sans peur de perdre leur sécurité existentielle » que les enfants parviennent au moi signifiant Je, dit-elle (1987-3, p. 105), une fois dépassée l'articulation à l'autre dont le désir parle en eux. À lire tous ses écrits théoriques et cliniques, à laisser résonner mon expérience personnelle et professionnelle, je me dis à la fois que cette étape devrait avoir été franchie une bonne fois pour toutes à un moment donné de l'enfance, mais que rien n'est moins sûr. C'est justement toute l'interpellation que F. Dolto adresse aux institutions éducatives relais de la famille. Je pourrais dire que son message vise à permettre aux éducatifs d'aider l'enfant à se séparer toujours plus, tant à commencer à dire Je, qu'à cultiver l'art du Je dans son rapport aux autres. Autrement dit, l'étape du Je n'est pas un état, mais un mouvement qui se gagne jour à jour. Simplement, les évangiles lui permettent de nous montrer comment la totale disponibilité des parents, des autres, l'oubli de soi, leur présence qui sait se faire absence, permet au sujet (dont la figure est Jésus) d'assumer son désir propre, d'atteindre la puissance authentique du désir « [...] qui est oubli de soi et totale foi en l'autre » (1977-1, p. 107). Alors Lui (mais comme chacun) peut enseigner et entraîner (*ibid.*, p. 15) à la culture du désir, à la conjugaison du désir en son nom propre, toujours en solidarité avec les autres : au service de...

Je et les autres

« Tout homme, s'il n'a pas de répondants humains, ou au moins un seul ami pour le justifier, peut s'abandonner au désespoir. Il peut alors douter de sa propre validité, de celle de son désir et de celle de ses actes » (*ibid.*, p. 65). Pas de Je sans autre, où l'autre est miroir de soi, où le miroir est entendu comme processus interrelationnel : « Je pense donc je suis », parole insensée et morte, dit-elle. « Je ne peux penser qu'avec les mots d'autrui. [...] On devrait dire : "Ça pense et moi l'exprime." Si je te sais m'entendre, je me sais parlant. Sans toi je n'ai pas d'existence » (*ibid.*, p. 165).

Je pense donc je suis, M. Balmary poursuit la lecture du paragraphe de la méthode de Descartes : « [...] en sorte que ce moi, c'est-à-dire l'âme, par laquelle je suis ce que je suis, est entièrement distincte du corps, et même qu'elle est plus aisée à connaître que lui, et qu'encore qu'il ne fût point, elle ne laisserait pas d'être tout ce qu'elle est. »[1] Je ne discute pas ici cette conception cartésienne dualiste d'un corps et d'une âme séparés ; j'écoute son « moi, c'est l'âme par laquelle je suis, ce que je suis », en résonance avec les commentaires de M. Balmary : *Je suis ce que je suis*, c'était la traduction française habituelle de l'époque du nom divin ! Je pense donc je suis, en sorte que ce moi, l'âme par laquelle je suis ce que je suis... Accéder à Je suis, c'est trouver le nom divin...

Certes Descartes a omis d'analyser que pour « se tenir dans son nom » (comme s'exprime M. Balmary, *ibid.*, p. 211), pour que l'accomplissement du moi-je se produise, il faut un autre, un témoin humain qui le reconnaisse dans le même mouvement. Où ça était, Je dois advenir à faire lien, à être l'auteur d'un lien, d'un mouvement qui fait ex-istence de moi-même, mais comme moi-autre. Moi-pensant, moi ex-istant se sait par les paroles reçues d'un autre. Elles ont, d'abord, façonné un appel de la vie à naître – naître, n'est pas seulement apparaître –, première ébauche du ça, ça relationnel, ça déjà relationnel, support d'une existence qui ne se savait pas encore. En corps : c'est dans le miroir que ce savoir va prendre corps, grâce aux paroles humaines qui font témoignage du mouvement mêmement accompli. Les paroles ont permis de prendre image humaine : c'est moi – jubilation –, je suis, je serai, épreuve d'une altérité radicale à travailler dans le plus intime de soi, œuvre de la Parole.

1. *Discours de la méthode*, 4e partie, 2e paragraphe, cité *in* M. Balmary, *ibid.*, p. 211.

Sans autres, Je désespère. Avec, Je me sais existant. Du miroir comme processus interrelationnel (1977-1, p. 166), se pose pour le sujet la question de la reconnaissance de lui comme de l'autre. Le sentiment d'existence, sentiment de soi, se prend dans l'autre – pas de Je sans autres ; mais reste la question de l'Autre. Autrement dit celle du narcissisme et de ses limites, relation à soi qui limite la conception de l'altruisme – un Je avec les autres toujours centré en partie sur soi – mais qui pour devenir Je avec les autres, pour atteindre le don, va devoir trouver le chemin du dépassement de soi. Pour F. Dolto reconnaissance, narcissisme et don en passent par le mécanisme de la projection, de la capacité de chacun à se projeter dans l'autre, à se laisser aller à en être touché, version psychanalytique d'une visée spiritualiste du désir de communiquer en soi et avec l'autre qui est, pour elle, le propre de la condition humaine. Jésus est le modèle de cette loi du don qui se prend au cœur du manque : il a montré le chemin du Je à l'autre.

Pas de Je sans autre : là où à partir des évangiles, la psychanalyse de F. Dolto revisite ce mystère de la parole qui délivre. C'est un constat d'usage courant ; pas besoin d'être psychanalyste pour le vérifier au quotidien, mais cela ne cesse d'émerveiller. L'homme comme Parlêtre, c'est peu de le dire ainsi, mais les mots manquent... Je vérifie chaque jour combien, même si je ne sais pas comment, être écouté, même si malentendu, mais être écouté en ressentant un vrai désir de l'autre de nous entendre, de nous aider à nous trouver, libère... comment écouter l'autre, en sachant toujours qu'on est à côté, pas trop loin dans le meilleur des cas, qu'on entend un peu, qu'avec ce vrai désir, on aide l'autre à s'entendre, à se libérer... Mystère de l'échange qui émeut chaque jour. « Si personne ne nous dit les paroles qui délivrent, si nous taisons les paroles qui pourraient affranchir le voisin [...] », l'absence et la désespérance guettent chacun... Mais, « [...] il est souvent difficile de trouver quelqu'un à qui dire ses fautes et qui, de leur poids, nous en délivre » (1981-3, p. 89). C'est un vrai problème non seulement social, mais éducatif. Pas de Je sans autres. Le vrai problème social et éducatif, peut se dire de deux manières différentes, qui reviennent au même : la peur de l'intimité ou la phobie de la subjectivité. Elles reviennent au même parce qu'elles isolent le Je des autres, le Je de lui-même, ceci expliquant cela. La peur de l'intimité, je l'emprunte à M. de

Hennezel et J.-Y. Leloup : ils nous disent, depuis le champ de leur expérience, celui de l'accompagnement au mourant, qu'il n'est, là, pas tant question de peur de la mort, que de peur de l'intimité. Ils ne parlent pas de peur, à vrai dire : « Le tabou touche à la mort intime, à celle qui touche ou touchera chacun d'entre nous un jour, au cœur de nos vies. La mort de nos proches, de nos amis, de nos collègues. Cette mort-là est occultée, cachée, dépouillée trop souvent de sa dimension humaine. C'est cette mort-là, intime parce qu'elle nous touche, nous blesse même au plus profond de nous-même, intime aussi parce qu'à sa porte nous éprouvons le besoin de nous ouvrir à ceux que nous aimons, afin de les rencontrer plus profondément encore, intime parce qu'elle nous rapproche de nos sentiments, c'est cette mort-là qui est taboue. Le tabou de la mort, c'est un tabou de l'intime » (1997, p. 57). La mise à l'écart du travail de l'intimité, de la recherche du rapport à soi et aux autres éloigne le Je des autres, le Je de l'Autre. Cette réflexion vaut dans la mort comme dans la vie... La phobie de la subjectivité, c'est F. Oury, qui parle comme cela (1986, p. 90). La phobie de la subjectivité, c'est peut-être cela qui va expliquer le tabou de l'intime. C'est quand nous faisons barrage à notre imaginaire. Point trop n'en faut, certes ; mais jamais nous n'entendons, construisons, recevons la réalité directement. On la rejoint par « la médiation, l'entremise de l'imaginaire ». C'est un débat qu'ouvrent F. Dolto et G. Séverin (1977-1, p. 75), à propos de la lecture des évangiles : N'aurions-nous pas intérêt, dit celui-ci, à rester près du texte, du symbolique, sans y mettre l'imaginaire ? « Peut-être n'avons-nous pas le droit d'extrapoler avec l'imaginaire et devons-nous rester dans ce que les mots disent. Mais je sais que tout ce que nous lisons, tout ce qui est dit en mots, a fatalement en écho référence à notre être tout entier. Et si, donc, nous voulons nous abstraire de l'imaginaire, c'est qu'alors nous voulons abstraire notre corps et notre cœur du message [...] » apporté par les évangiles dit F. Dolto, comme par tout autre. Mais dans cette abstraction de notre corps et du vécu de chacun, vécu propre à chacun, imaginaire propre à chacun, c'est une réception du message purement intellectuelle qui se met en œuvre. On se croit alors dans l'objectivité, alors que l'on ne fait que tronquer le message. On ne peut pas être touché par un message, par un autre, si on ne se projette pas, si n'attribue pas nos sentiments à l'autre ou aux autres ou si dans les sentiments de l'autre on ne s'y reconnaît pas. On entend le message (d'un texte, d'un autre) qu'en projetant son imaginaire. C'est là que la parole du message d'un texte, d'un autre, s'incarne, elle prend chair en nous, notre corps est touché. C'est à se laisser aller à recevoir l'autre dans son corps, dans les émotions, échos de l'autre en nous, pont de communications entre l'autre et nous, œuvres de l'imaginaire qui soutient notre projection, qu'on reçoit possiblement quelque chose de l'autre. La phobie de la subjectivité, c'est cette peur de l'imaginaire, ce barrage mis à notre imaginaire, qui nous éloigne de notre corps, comme du corps de l'autre. À ne pas se laisser aller à s'entendre, on n'est pas prêt de l'entendre... On refuse le miroir, d'être le miroir de l'autre, tout comme on refuse que l'autre soit notre miroir. Le Je sans autres se piège et piège l'autre. Dans le monde éducatif, on fonctionne encore largement dans cette phobie de l'imaginaire, support et condition, pourtant, de la mise en mouvement... Il suffirait d'en parler, qu'il y ait des espaces de paroles qui permettent aux éducatifs de s'en parler. L'enjeu vaut la peine : on entre en contact par le corps, quand on se laisse émouvoir. Sans cette émotion, dans la phobie de la subjectivité, on n'entend rien de l'autre.

« Pour que nous nous projetions dans un autre, il faut qu'en quelque chose, nous le sentions ou l'imaginions pareil à nous. Mais il ne s'agit pas de se confondre avec l'autre : il a son identité » (1977-1, p. 158). En ce sens, on se rencontre chez l'autre, qui devient comme un miroir : c'est toujours ainsi que l'on entre en contact avec l'autre *(ibid.)*... enfin si on n'a pas trop barré son imaginaire.

Se pose ainsi le problème de la reconnaissance, si délicat. Il ne suffit pas de viser seulement à reconnaître l'autre ou à être reconnu par lui. F. Dolto dégage ainsi la question de l'économie du narcissisme dans ses limites. C'est le propre de l'humaine condition que d'en passer par cette reconnaissance. Autre chose est d'en sortir, de reconnaître les limites d'une communication en circuit fermé à l'intérieur de nos égoïsmes, pour atteindre l'économie du don en d'autres termes.

« [...] nous n'existons que parce que nous sommes reconnus par d'autres, et ceux-ci n'ont, à leur tour, d'existence que parce que nous les reconnaissons ou que nous nous retrouvons en eux, à la fois semblables et autres » (1981-3, p. 112). Reconnaître l'autre, c'est s'y retrouver, être reconnu par l'autre, c'est qu'il retrouve du pareil à lui, en nous, en partie... Du même coup, le désintéressement, dans la relation, n'existe pas, puisque « c'est à soi-même, narcissiquement projeté, que l'on porte secours ». L'identification, la reconnaissance de ce qu'il y a de pareil, « [...] n'est pas totalement désintéressée puisqu'on se projette et que, c'est, pour une part, à soi-même que l'on fait du bien dans l'autre » (1977-1, p. 158). Avec Dolto, la question de la reconnaissance aboutit à celle d'un narcissisme bien compris. C'est la loi de l'échange – « Il y a toujours quelque chose qui est pris contre quelque chose qui est échangé » (*ibid.*, p. 157), ainsi fonctionne l'humaine condition, selon la logique corporelle qui l'oblige : « Manger et boire entraînent uriner et déféquer. C'est la loi. On prend toujours. On paie toujours ! » *(ibid.)*.

Là où Jésus apporte une nouvelle distribution du narcissisme : il bouscule toutes les barrières qui brident le désir de communication avec l'autre. Ces barrières, à partir de l'évangile qui met en scène *Le riche et Lazare,* F. Dolto les décrit en termes d'une insensibilité à autrui chez ce Riche qui vit dans l'indifférence, sans contacts avec un plus démuni : il est mort, sans désir de communication interpsychique (1977-2, p. 134), emberlificoté dans ses biens, son avoir, sa puissance. Il meurt d'avoir, Je cerclé en lui, sans autrui.

La loi qui régit l'exercice du désir, qui le barre, – vivre son désir sans suivre une loi, c'est aller vers la mort du désir, sa satisfaction immédiate donc son épuisement –, elle seule permet l'ouverture du désir à la logique du don. Le désir dans la perspective doltoïenne, pour se soutenir, doit dépasser l'avoir, la puissance, le besoin de l'autre, là où plein de soi il n'y a pas de place pour l'autre : Je existe par la reconnaissance de l'autre, il en a besoin, il en naît à lui-même, mais Je ne peux vivre que pour les autres. Après la naissance la quête du sens, de ce qui l'oriente : la solidarité avec les autres. On est sujet qu'à la condition de faire en sorte que l'autre le devienne. Soi, c'est la surface, pas la profondeur. Le don, c'est quand à entrer en contact avec cette profondeur, avec le manque, avec le vide, à se laisser aller vers l'Autre, le désir fait pont de cet Autre avec l'autre : il s'offre à l'autre pour l'aider à faire avec son Autre. Se laisser toucher par l'autre, c'est se laisser toucher par l'Autre en commun. F. Dolto le dit autrement, quand elle parle de la logique du don désirant (on peut le dire ainsi) à laquelle initie Jésus. Jésus est là, dit-elle, quand on ne peut pas projeter l'amour de soi dans un autre, à la place de qui nous n'aimerions pas être. Si Jésus incarne le don, c'est quand il dépasse une situation dans un état apparent qui fait écart, pour trouver le mouvement profond qui fait rencontre. Le don, c'est déjà l'amour de soi vécu sur place, plus la place de l'autre vécue dans l'amour. Le contraire du don, c'est quand, cerclé en l'état de sa place, on ne trouve pas les moyens de se projeter en quelqu'un, quand on ne le voit ni ne l'entend (1977-2, p. 140). C'est ainsi qu'à l'inverse Jésus montre que jamais le désir ne peut être vécu pour soi. « Toujours, il est à vivre pour les autres et avec les autres ! » (*ibid.*, p. 131), bien au-delà de soi. Il a tracé ce chemin, mythe pour les uns, réalité pour les autres, lui qui a vécu son désir profondément, qui s'y est risqué comme d'autres aujourd'hui se risquent quitte à avoir « [...] l'impression d'y perdre vie, foi, amour et estime des autres, et, dans la réalité, parfois de subir menaces, prison, torture, mépris et la détresse pathétique des êtres chers » (*ibid.*, p. 130). Ceux-là sont aujourd'hui la figure de Jésus, figure du sujet avec les autres. Il est dans le plus petit, le plus malade, le plus démuni, le plus étranger, dans celui en qui nos narcissismes étriqués hésitent à se dépasser. Mais alors, renvoie G. Séverin, aimer l'autre parce que c'est Jésus qui est en lui, ce n'est pas l'aimer lui, c'est aimer Jésus ? C'est bien pourquoi, poursuit F. Dolto, « [...] je ne peux pas lui laisser croire que c'est de moi qu'il reçoit ce que je lui offre. Il le reçoit de Dieu à travers moi et il n'a ni à s'identifier à moi, ni à m'aimer, ni à me remercier, ni à me féliciter. C'est moi qui vais le remercier d'avoir eu l'occasion d'avoir rencontré Jésus vivant en lui. Ceci est très violent pour notre amour-propre et pour notre fierté... » (*ibid.*, p. 146).

L'éducation a son lot de petits, de malades, de démunis. Mais au-delà de l'apparence, à réfléchir à l'itinéraire que F. Dolto nous suggère, on marchera sur le chemin qui conduit au don d'enseigner ou au don d'éduquer quand on saura retrouver en nous la place qu'on a occupée, quand plus petit, plus fragile, plus démuni, d'autres nous ont aidé à gagner confiance.

Quand Je risque, moi prends garde

Dans le fond, pour accéder au Je, c'est dans l'esprit d'enfance qu'il faut se sourcer : « C'est vrai que les enfants n'ont pas peur de ce qu'ils ignorent, parce que ce qu'ils ignorent c'est ce qui les excite : l'impulsion épistémologique à connaître... naître de cette connaissance nouvelle. Et finalement, c'est la racine même du désir. Le désir, c'est de connaître du nouveau » (1985-1, p. 91) ; l'esprit d'enfance c'est tout risquer, mais pour servir aux autres, c'est le risque plus la responsabilité de chacun vis-à-vis de tous. Pour accéder au Je, il ne suffit pas de risquer, ni de se risquer : « [...] il faut aussi vivre en fonction d'une loi [...] » (1977-2, p. 135), celle qui de l'effectivité nous ouvre à l'affectivité. On pourrait le dire ainsi, n'est-ce pas ?

« Nous faisant dépasser notre besoin, le désir nous soutient à naître toujours au-delà de ce que nous avons. Au-delà de nos replis sur nous-mêmes, au-delà de nos retours sur nous-mêmes, qui nous arrêtent dans notre marche, le désir nous fait aller de l'avant par rebondissements permanents » (*ibid.*, p. 95). Mais la marche du désir se fait hésitante : quand nous allons toujours plus avant, « tous, quand nous cherchons ce qui nous manque, nous y cherchons en même temps la sécurité, c'est-à-dire une répétition de ce que nous connaissons » (*ibid.*, p. 48). Le désir se cramponne à des freins qui nous empêchent de nous donner complètement. C'est d'ailleurs à cet endroit que F. Dolto place le message du Christ : n'ayez pas peur, c'est son leitmotiv, celui-là même que F. Dolto a fait graver sur sa tombe... N'ayez pas peur, inventez votre vie en quittant les repères de sécurité ; le plaisir pour soi seul, quittez le passé, les autres du passé, le ressassement des erreurs par rapport à soi ou par rapport aux autres, quittez la peur, l'inertie à laquelle elle conduit, les idées de valeurs, de normes, d'imparfait, jugements des actes passés qui immobilisent (1981-3, p. 78-79), devenez la source de vous-même et mettez-vous en mouvement vers les autres, c'est dans le fond, le message spirituel qui nous est proposé. Dans un langage psychanalytique doltoïen, cela se dit en d'autres termes : quitter votre Moi, le corps version Moi, qui nous fait privilégier les « [...] valeurs de conservation et de sécurité ou [...] ne considérer que ce que nos sens perçoivent dans le conditionnement de notre réalité terrestre » (1981-3, p. 129), là où le corps peut être un obstacle, dans la nécessaire quête besogneuse à laquelle il nous contraint, logique de consommation ou de possession, de réduction de l'autre au besoin qu'on en a, ou de conformation de soi à la consommation par l'autre. Pourtant, c'est avec ce corps, avec et au-delà de la permanence imaginaire qui nous fait trouver sécurité, de ses besoins de sécurité, « [...] que nous allons découvrir que nous sommes habités, non seulement par des besoins, mais aussi par le désir qui nous attire bien au-delà de ce que peut atteindre le corps, un désir qui, au-delà des sens, en appelle encore à une autre communication » (1977-2, p. 50), à un échange interpsychique qui renouvelle et enrichit la seule dimension besogneuse. Mais si nous nous arrêtons au corps et à son plaisir « [...] jamais nous ne parviendrons à la dimension à laquelle notre être est appelé » (*ibid.*, p. 49). Le psychisme est la métaphore du corps, elle le dit souvent, en ce sens qu'il manque toujours quelque chose au corps, qu'il a toujours besoin de quelque chose, « mais ce manque de notre corps est une image d'un autre appel profond [...] » (1981-3, p. 101). Car le corps chez Dolto est à la fois « [...] une partie inconsciente du moi et le lieu d'où le sujet peut dire : moi » (1992, p. 18). G. Guillerault parle de sa théorie depuis les *Deux corps du Moi* (1996). Ce n'est pas le point le plus simple de sa théorisation ; mais c'en est l'essence. À partir du Moi, la théorisation de sa clinique articule le travail du sujet, une fois le Miroir franchi, entre les valeurs d'apparence (du côté du Moi) et d'authenticité (du côté du Sujet). Le Moi, c'est ce qui reste, une fois le Miroir franchi : l'humain aura de beaux restes de ce combat qu'il a eu à livrer pour ne plus se vivre comme objet partiel, là où avant l'avènement du Moi, la valeur maîtresse de son jeu de cartes était l'a-tout mère. Il se vivait comme faisant Un avec elle ; obligatoirement. Sans ce ressenti leurrant, il n'aurait pas pu se construire. Le miroir lui inflige la blessure nécessaire d'une partition, une prise de réalité. Il le castre d'un assujettissement comme objet partiel. C'est heureux, mais douloureux ; appauvrissant et promotionnant. Appauvrissant, parce que désormais seul le scopique va rester, au détriment de la polyphonie sensorielle sur laquelle le sujet faisait feu de tout bois pour se construire en relation à l'autre. Le Moi, alors, ce n'est plus que ce qui se voit, de soi comme de l'autre, ce à partir de quoi s'établit la relation à soi comme à l'autre. L'avènement du Moi est un processus appauvrissant en ce sens, mais promotionnant car le sujet est, d'une manière ou d'une autre, castré de lui comme objet de l'autre. Il va aider le sujet à poursuivre sa route, mais toujours avec des restes de son premier mode de relation à l'autre : d'abord, dans la recherche du même, de l'autre d'abord, de ce qui fait ressemblance en soi avec l'autre et réciproquement, exit l'Autre, la différence, ce sera pour plus tard (si j'ose dire, pour parler simple). En ce sens, le Moi est précieux : il est recherche du même, amarre aux repères connus. Mais dans cette perspective, relation à soi comme à l'autre figée sur le besoin, plaisir pris pour soi, consommation ou possession de l'autre, conformité de soi à l'autre ou réduction de l'autre à soi, relèvent d'une logique moïque. D. Vasse parle « d'affection désordonnée » qu'il associe à la peur de vivre ; affection désordonnée quand la tendresse humaine est ramenée à l'économie de la consommation, le sujet à l'état d'objet de l'autre ; peur de vivre qui s'avoue dans la peur du manque : la figure en est le gourmand, qui se donne imaginairement la complétude d'un objet sans faille, rassasié, mort d'un trop de nourriture, d'un trop de travail, d'un trop d'études, d'un trop de fatigue, d'un trop de sexe comme Don Juan. Mais comme tous les Don Juan intellectuels ou spirituels qui se rassurent grâce à leur pouvoir irrésistible de conquête, jamais l'objet de leur prise ne les délivre de leur besoin de prendre. Pourtant ce qui fait la force de l'homme est sa faiblesse, dit-il (1969, p. 74). Alors, besoins comblés, manque masqué, l'homme vit dans l'évitement du désir, de l'Autre en soi comme en l'autre, de la différence, du mouvement, de l'inattendu, de l'imprévisible, de toute cette dynamique pleine de synonymies, là où le Moi prend les armes et se laisse aller à la puissance. Le Moi possesseur, le Moi consommateur, fige le mouvement, fonctionne dans l'ordre, dans la prééminence de l'équilibre, la crainte du risque. « [...] notre désir est obligé de "faire avec", comme on dit, mais il n'a pas à s'y installer et à mourir de paralysie par crainte de risquer ce précieux "moi" » (1981-3, p. 87). Dans le fond, dans quelque domaine que ce soit, c'est à ne jamais se satisfaire d'un objet et des repères de sécurité que le mouvement de consommation ou de possession génère, à accepter les contradictions, les déceptions qui apparaissent au-delà de la satisfaction, à accepter de perdre la face, à se séparer des prétentions du Moi à la puissance, voire à la toute-puissance, à se remettre en route à partir du manque qui se découvre, à faire avec la division en soi, que dans cette perspective le rapport à soi trouve la voie du rapport à l'autre. La rencontre est toujours décalée, impossible, alors elle fait peur, elle déçoit, elle rend coupable. Espoirs et déceptions sont forcément accolés. Nous essayons de vivre notre désir, mais la peur de s'y risquer, nous laisse divisé contre soi-même, énergie perdue (1981-3, p. 68). Si Je risque, Moi freine. C'est la définition que je donne de ce que F. Dolto revisite sous le vocable pécher. « [...] les bavures, les hésitations, les satisfactions, les assouvissements, en un mot les péchés, et d'autre part les risques, l'amour, etc., sont forcément accolés au dire et au faire de l'homme. [...] C'est pervers que d'arrêter sa conscience, d'occuper son désir aux expériences passées, au retour sur soi, aux satiétés, aux plaisirs, aux tranquillités : aux répétitions de ce qui a été agréable ou désagréable. La vie est mouvement et changement continuel, elle apporte plaisirs et peines alternées, à prendre comme ils viennent au courant du désir, au jour le jour. Nous devrions nous risquer sans cesse, avec confiance. Ce serait ainsi n'être pas "trop" pécheur ! » (*ibid.*, p. 86). On ne peut pas faire autrement que de pécher, que d'être écartelé entre un Je qui se risque et un Moi qui tend à le mettre en échec. C'est l'écartèlement de notre condition humaine. F. Dolto parle d'une guerre intérieure qui crée l'angoisse (1981-3, p. 103). C'est quand elle fige la communication, qu'elle bloque la circulation à l'intérieur de soi que l'homme n'est plus unifié : il est divisé et/ou écartelé. Arrêt du mouvement, répétition. Lâcher le Moi, laisser le Je guider la barque : c'est un processus à renouveler toujours.

Langage et communication

Le langage et la communication ne sont pas qu'affaire linguistique. Tout en revient aux enjeux du corps et du sens relationnel qui s'y est construit. La communication est faite de la représentation d'émois singuliers. Ils définissent la rencontre d'une semblable quête d'individus impuissants à se signifier, qui ne recherchent qu'à l'être.

Une communication qui nous laisse sans mots pour dire l'authenticité émotionnelle, au-delà des malentendus.

La mêmeté porte fruit de structure langagière

La recherche de complémentation, logique de complémentarité par un autre qui comblerait enfin le manque, vise un sentiment de complétude : elle définit le jeu des pulsions qui trouvent ainsi leur apaisement. Logique libidinale illusoire, elle porte, cependant, fruit de structure. L'enfant qui désire rester en *harmonie* avec la présence connue va grandir dans cette fusion, recherche du « un », de l'unité en lui, comme avec l'autre. « L'harmonie avec la mère nourrice, l'adulte, femme ou homme tutélaire, est, pour tout bébé, coexistentielle à sa survie » (1984, p. 326). Il y puise la construction de ses expériences et la fomentation de ses premières images. Plus précisément même, il va s'« éthiser » et s'« esthétiser », verbes actifs que F. Dolto crée. Avoir et faire, nourriture et excrément, résultats de l'activité des périodes orale et anale conjuguent les modalités de son être. Mais si toutes les sensations ressenties, au début ou à la fin du processus digestif, rythmées par la présence réelle ou imaginaire de la mère, vont se structurer comme premières images, images de valeur relationnées, c'est dans la recherche du désir de l'autre que leur langage se forme. Premières images de plaisir-déplaisir qui prennent corps ; formation du premier langage, reçu et construit dans le même mouvement : « Plaisir du corps, déplaisir du corps, l'un comme l'autre se croisent avec bon ou mauvais, selon que le plaisir de satisfaire le désir est accordé au plaisir de l'instance tutélaire, ou qu'il lui est désaccordé. Ainsi les valeurs de bien et de mal s'associent-elles dans l'éducation au bon aussi bien qu'au mauvais » (1981-2, p. 286-287).

Les sensations internes s'éthisent « en bon, pas bon », « bien-pas bien », « belles selles-pas belles selles » et s'esthétisent en « joli-pas joli », « agréable-désagréable ». Elles se symbolisent ainsi « [...] du fait d'une angoisse ou d'une euphorie conjointes à celle de la mère [...] Il s'agit de couples d'abord antinomiques qui peu à peu se nuanceront de multiples perceptions satellites, associées aux sonorités des mots, aux timbres des voix qui les prononcent. Le monde s'organise en réseau de perceptions associées à des présences, et, du fait du langage, à des valeurs éthiques et esthétiques » (*ibid.*, p. 296).

Bref, le langage s'origine, dès les stades archaïques, en conformité au « climat émotionnel du vivre » *(ibid.)*. Conformité qui prend des effets tant physiologiques que relationnels : « Il semble que, très précocement, un choix parmi les signaux se fasse, en corollaire au renoncement à émettre d'autres signaux, et que le bébé soit capable de discriminer non seulement parmi les perceptions, mais aussi parmi ses moyens d'expression » *(ibid.*, p. 287). Le choix se fait toujours selon la logique de la recherche de l'harmonie : « Selon qu'est admis le sens d'un langage à ce que manifeste l'enfant, et qui est agréable à sa mère, donc en harmonie émotionnelle pour lui, ou désagréable à sa mère, donc en dysharmonie pour lui [...] » *(ibid.)*, se constitue le substrat organique fonctionnel – un modus vivendi physiologique – et instrumental – un ordre concernant la phonation – de ce que F. Dolto appelle la symbolisation dans l'apprentissage verbal et dans le comportement interhumain au sein de sa famille.

Origine du langage verbal où le désir d'harmonie avec l'autre ordonne l'ordre du corps.

Il en va de même dans l'organisation du langage mimique. « Et c'est cette mimique, de nouveau croisée à l'appel répété des mêmes phonèmes chez la mère, qui produit en lui, comme en elle, *la joie reconnue d'être ensemble accordés. Et c'est comme cela que commence la communication, sourcée dans le désir* », dit F. Dolto (1981-2, p. 288). Elle montre que sourcé dans le désir du partage d'un sentiment d'être ensemble accordés, le sourire, langage mimique, s'organise à partir de la sensibilité précoce de l'enfant à toute expression, bien avant les perceptions visuelles claires, croisé avec le codage, par l'adulte, d'un message d'appel de l'enfant qui va déterminer ses réactions. « Ce qui, dans une mimique spontanée du nourrisson, va chez l'adulte provoquer le fantasme d'une communication de quelque chose venant du bébé vers lui, l'adulte va à son tour le signifier par un système de phonèmes adressés à l'enfant, ou parlant de lui et adressées à une autre personne » (*ibid.*, p. 287).

De cette recherche d'harmonie, s'origine le langage, le premier mode langagier, dans le dire, le geste, la mimique et dans le faire du corps, dans la trouvaille de codes communs : « Le langage vocalisé va former le code de l'expression audible ; le langage des gestes et des mimiques va former le code des désirs subtilement exprimés qui se donnent à voir. Ces codes partagés par la mère et l'enfant structurent des images qui sont mémorisées » (*ibid.*, p. 288).

Origine des facultés langagières au sens large, tout autant que refoulement de celles qui n'auront pas été élues – effet de circularité Désir/corps. Bien des éléments vont rester hors code, non reconnus ou non appelés par la mère, et vont disparaître. Refoulement[1] qui pipe obligatoirement les dés, au jeu du désir, d'où F. Dolto tire le titre de sa conférence. Détermination, quoi qu'il en soit, là, d'un code de langage au sens large, comme strict. Détermination de l'image du corps.

La personnalité, comme la personne de l'enfant, s'ordonnent selon ce schéma : dans un accomplissement de son désir en accord avec celui de sa mère ou de la personne support, effet de dépendance à laquelle il est contraint – l'enfant est tributaire de qui désire communiquer avec lui –, effet de vitalité symbolique dans laquelle se source le désir de communiquer, d'appel à la communication interhumaine, sans laquelle l'humain ne peut survivre. « Ce jeu d'un désirant qui appelle réponse d'un autre désirant complémentaire est fondateur du sens que prend la fonction symbolique sous tous les climats et à toutes les époques » (*ibid.*, p. 278). Appel à un autre complémentaire qui va organiser les premiers langages : la mêmeté va poursuivre son organisation. L'enfant va grandir en semblance de l'adulte auquel il s'identifie : « Tout être humain est inconsciemment mû par le désir de croître et de devenir. "Là où tu es, je veux advenir", tel est son mode inconscient de relation à l'adulte » (*ibid.*, p. 301). Il grandit dans le mimétisme, tant de son visage que de son corps, jusqu'au Miroir. Il se ressent ainsi : premier mouvement, dans l'illusion du co-l'autre « [...] jusqu'à la confusion avec sa mère ou tout autre objet désiré » (*ibid.*, p. 304).

1. Sur ce point, cf. G. Guillerault, *Le corps psychique*, dans le chapitre qu'il consacre au « Temps de la dyade », p. 71-108, 1989, *op. cit.*

Mais il en a construit ses premiers modes de communication. « [...] il se trouve que l'être humain bébé, et petit enfant surtout, introjecte l'image des adultes qui se sont occupés de lui, surtout s'il est précoce et intelligent, comme si ces adultes étaient la présentification de lui-même, futur parlant, maître de lui, vivant végétatif et vivant animé. Structure inconsciente intuitive. Avant la castration primaire, le processus d'intégration de l'autre comme un soi-même sachant se reçoit de tous ceux qui sont plus grands et plus forts, des deux sexes » (1984, p. 278).

La mêmeté dans la communication verbale

Langage verbal et non verbal s'originent dans la recherche de la mêmeté, harmonie de plaisir, évitement de la dysharmonie du déplaisir, recherche du désir de l'autre, poursuite du partage d'un même sentiment. Quand F. Dolto, du côté du langage verbal, décrit le mode de formation du sens des mots, puis les modalités de leur usage, on y discerne la même logique. « Dès la naissance, ce sont des paroles et des phonèmes qui ont accompagné les contacts perçus par le corps de l'enfant. Les mots, avec lesquels nous pensons, ont été à l'origine des mots et des groupes de mots qui ont accompagné des images du corps en contact avec le corps d'autrui » (1984, p. 36).

Elle montre ainsi que c'est l'expérience sensorielle qui permet l'acquisition du mot. C'est elle qui permet l'entendement du sens des mots, associé aux perceptions interrelationnelles, image relationnelle qui va affecter le mot. Là où G. Guillerault dégage le corps comme « [...] la matrice du mot » (1989, p. 62). En effet, les mots qui accompagnent le mouvement de construction de l'enfant, toutes ses découvertes, se sont charnalisés, comme elle le dit : « Les phonèmes qui les accompagnent prennent chair, en quelque sorte, au jour le jour, laissant en mémoire l'héritage sonore de la relation éducatrice, des mots associés à l'expérience du plaisir ou du déplaisir » (1981-2, p. 286).

Les mots s'intègrent à l'expérience sensorielle pour prendre sens, dans le croisement entre le support corporel et la relation libidinale. Point de départ de la circularité Langage/Corps, du rapport corps et langage, dont le retour – le corps est modifié par le langage – s'observe, par exemple, dans les modifications que subit, aussi, le corps à partir des manifestations verbales de l'adulte, de leur couleur affective ; dont le retour s'observe, aussi, dans le refoulement des potentialités à parler toutes les langues. Non seulement le corps, mais le sujet est modifié par le langage, là. Du même coup – la pensée de F. Dolto en double symétrique ! –, les mots en deviennent eux-mêmes mots-ressentis. C'est là où elle définit l'image du corps comme pur imaginaire, expression des investissements de la libido, représentations de ce qui est ressenti, là où le mot prend charge de ressenti, par le travail de production du sens par le sujet. Aspect que G. Guillerault dégage : « [...] le mot est toujours intriqué à l'affect qui l'accompagne et en permet l'ancrage » (*ibid.*, p. 104).

À référer le mot à l'expérience sensorielle qui en permet l'entendement, elle en dégage une conséquence au niveau de l'enfant, dans le rapport adulte/enfant, dans la communication en tant que telle. Les mots « [...] seront entendus et compris par l'enfant différemment suivant le stade auquel il est parvenu » (1984, p. 36). Mot-oralité, mot-analité, mot-génitalité. F. Dolto en donne un exemple : « [...] le mot "aimer" n'exprime pas la même chose chez un enfant de six mois, au stade oral, et chez un adulte parvenu au stade génital » *(ibid.)*. Aimer pour un enfant à l'âge oral est mettre en bouche, à partir du sevrage, il se signifie par le baiser, etc. (cf. 1984, p. 202). Là où G. Guillerault dégage : « [...] une fois de plus ce même mouvement de pensée qui symétrise les dualités, les fait fonctionner dans les deux sens. Il n'y a pas que les mots (des adultes) venant répondre au (et du) corps de l'enfant, ainsi pour en coder, en chiffrer les émois. Il y a aussi le corps de cet infans venant apporter sa part de ressenti émotionnel à l'entendement des mots » (*ibid.*, p. 61).

On parle depuis un champ d'expériences référées au corps et aux perceptions interrelationnelles adjacentes, d'où les malentendus, les pièges du langage verbal. « Le mot a certes un sens symbolique en lui-même [...] » (1984, p. 44), c'est-à-dire qu'il permet l'échange en dehors de toute expérience acquise en commun, mais les mêmes mots recouvrant des « articulés mentaux ou affectifs » différents, on n'est jamais assuré d'un sens commun, parce que le mot « [...] est corporellement, émotionnellement, surdéterminé et marqué », comme le dit G. Guillerault (*ibid.*, p. 61).

F. Dolto, ainsi, entre origine du mot et analyse de son processus d'inscription, aboutit au mouvement même de la communication verbale. « Chacun de nous, à vrai dire, a ainsi un rapport narcissisé (traversé de narcissisme) aux éléments sensoriels en résonance aux mots du vocabulaire » (1984, p. 44). C'est dans cette articulation du mot à l'expérience vécue où F. Dolto parle des mots comme témoins contaminés d'émois surmontés ou non, consécutifs eux-mêmes à des expériences vécues (1981-2, p. 61), que le rapport au même va se jouer dans la communication verbale. Là où toute parole va permettre la retrouvaille du ressenti disparu. « [...] la douleur ou le plaisir ressentis au décours de cette histoire se sont accompagnés de mots entendus et échangés au cours des rencontres avec nos semblables ; et s'ils ont recouvert pour eux les mêmes émotions que les nôtres, ils ont pris sens de purs signifiants qui ont alors le pouvoir, indépendamment de la présence charnelle, de nous rendre présent à l'autre et de nous rendre l'autre, en son absence, présent » (1971, p. 200). Parce que les mots sont supports du narcissisme, qu'ils évoquent l'affect qui a donné sens à ce qui s'est ressenti dans le corps, « nous nous plaisons alors à conjoindre à ces mots notre ressenti de sujet individuel ; leur sens évoque l'image inconsciente liée au ressenti disparu » *(ibid.)*.

La communication verbale structurée par le défilé inconscient de notre image du corps, la communication verbale comme évocation d'une image relationnelle de deux psychismes accordés en un temps : la mêmeté, toujours là.

Une communication inconsciente déjà là et toujours là

« [...] quand nous nous exprimons avec le code de langage que les autres comprennent, tout ce qui ne rentre pas dans ce code existe cependant aussi... mais demeure dans l'inconscient. Nous communiquons d'inconscient à inconscient quoiqu'il y ait un langage qui, codé et conscient, nous empêche de tout dire, et les autres de tout entendre, de ce que nous exprimons » (1985-1, p. 209).

La communication comme conflit entre une double logique : la logique-logique, registre du sens repérable des mots – pour ce qui en est repérable ! –, et la logique-illogique. F. Dolto en repère l'origine et la nature à l'époque fœtale. Mais l'humain va en garder les traces. Il s'agit de « [...] ce monde de communication que nous les adultes nous ignorons et que peut avoir le fœtus » (*ibid.*, p. 208). Elle est celle de « [...] l'avant-code avec les parents [...] » (*ibid.*, p. 209), de l'avant-codage culturel du langage dont les adultes se sont faits oublieux. Une « communication sans paroles » (*ibid.*, p. 209), vraie, en ce qu'elle n'a pas encore subi les dommages du langage parlé, du malentendu et des pièges des mots dans leur rapport narcissisé que l'homme entretient avec eux. Elle s'oppose à la logique-logique, référencée au sens symbolique que les mots ont en eux-mêmes : « En même temps que nous vivons notre relation à l'autre, logique, nous référant au sens des mots, nous vivons aussi sur un autre registre une relation à laquelle nous ne faisons pas attention, du domaine de l'inconscient, et celle-là a toujours existé » *(ibid.)*.

Le langage et la communication entre latent et manifeste ; c'est le moins que l'on puisse attendre d'une perspective psychanalytique. Le propre de F. Dolto va être d'en clarifier, à partir de l'origine corporelle, le processus en jeu qui fait l'ancrage même de la communication. C'est ce qui va la rendre éphémère et attirante, tout à la fois. Attirante dans le manque à combler jamais satisfait qui ordonne la dynamique narcissique. Éphémère parce que le mode de construction du narcissisme est si singulier que la rencontre se fait rare.

Le véridique de la communication, visée et dynamique

Dans la théorie et la clinique de F. Dolto, se dégage, ainsi, une communication qui se vit sur deux registres : une qui passe par la parole et une autre, sans parole, au plus proche de ce qui était une communication directe, comme à l'époque fœtale, ressentie dans la sensibilité qui, elle, est authentique. Elle parle de « [...] l'originalité authentique de la sensibilité [...] » (1981-2, p. 304).

Ce que je veux interroger, ici, c'est cette notion d'authenticité, de véridique, que F. Dolto associe souvent à son acception de la communication.

C'est dans *Le cas Dominique* (1971), la relation de l'histoire de cet enfant psychotique, après le récit de leurs séances de travail, qu'elle ouvre un chapitre consacré à *« La rencontre, la communication interhumaine et le transfert dans la psychanalyse des psychotiques »* (p. 189-219). À partir de la relation dyadique où se sont créés les premiers signifiants, elle ouvre, alors, une interrogation sur le fonctionnement et les processus de communication à l'œuvre dans la rencontre interhumaine, y compris dans une situation de communication mutilée, mais où « ça » communique d'une autre manière qu'à partir du langage expressif ordinaire. Elle interroge, là, dans ce chapitre, le travail d'organisation symbolique de la communication, essence du sujet. Elle y définit cette essence et ce sujet dans un mouvement qui va dans le même sens, entre la situation dyadique et la situation analysé/analyste. C'est là, qu'à chaque fois, je dégage les acceptions du véridique, en même temps qu'elle rend de plus en plus subtile, son acception de la communication, depuis sa clinique.

À partir de la situation dyadique, on retrouve toujours la mêmeté comme organisatrice du processus, en ce que c'est dans la rencontre d'un semblable qui le rejoint dans une rencontre émotionnelle complémentaire que le petit humain s'est d'abord élaboré dans son sentiment d'existence. En effet, la rencontre mère/enfant, qu'elle fût de connaissance, de méconnaissance ou de reconnaissance mutuelle, a produit, selon les modulations émotionnelles qui ont formé un code commun, des signifiants-repères, signifiant « [...] pour ce vivant de son existence, et de celle d'un objet autre que lui, avec qui il y a communication avant qu'il n'y ait rupture de cette communication » (1971, p. 190). Le petit humain parvient à cette élaboration à travers deux situations, la communication ou la solitude, qu'elle pose dans la présence ou dans l'absence de « rencontre émotionnelle complémentaire ». Le petit humain, placé dans une situation de connaturalité de l'éprouvé entre lui et son partenaire, réactions homologues dans le plaisir – apaisement de tensions – ou la douleur – tensions suractivées – vit « [...] un lien de compréhension mutuelle, un lien de communication reconnue » (*ibid.,* p. 191), s'il y eut satisfaction de la demande. Sans rencontre auxiliaire ou complémentaire, il rencontre « personne », traduction de « [...] cette absence de rencontre émotionnelle complémentaire [...] *(ibid.)*. Quand il ne rencontre pas de réponse » à son appel d'échange complémentaire, il n'éprouve pas dans la rencontre un être fiable, un semblable à lui par lien de connaturalité. Il ressent ce rien comme esseulement dans son *habitus* d'être humain, alors sans autre humain rencontré « *(ibid.)*. Il reste enfermé dans ses tensions internes, sans l'aide d'un semblable.

La communication tient, ainsi, à partir de la situation dyadique, dans une rencontre d'émotions chez un semblable. Ce qui fait dire à G. Guillerault, quand il s'interroge autour du « vrai » chez F. Dolto, que c'est « [...] la relation dyadique qui opère peu ou prou comme une sorte de modèle archaïque d'une communication humaine vraie de sujet à sujet, même s'il importe qu'en soit franchie l'étape, le moment venu » (*ibid.*, p. 186).

À vrai dire, rencontre émotionnelle complémentaire ne signifie pas, pour autant, que les émotions des partenaires soient interférentes. Elles peuvent être différentes. Simplement, elles sont concomitantes. « Dans la rencontre interhumaine, il y a deux soi, deux corps séparés, avec, en chacun d'eux, une image de corps et un effet émis et reçu, différent, mais interférents par-delà leur séparation et leur ressenti différent. La rencontre les rend mêmement, c'est-à-dire aussi dans le même moment, librement reconnaissables en tant que séparés [...] Ce mêmement veut dire, ici, que dans un temps et un espace communs aux deux, le temps et l'espace dévolus à leurs rencontres réitérées, leur éprouvé différent mais concomitant recouvre sens de par la communication qui peut en être faite. Ce sens est modifié par celui qui écoute, reçoit et répercute le témoignage de ce qu'il a perçu : qui est sens de la présence modificatrice entraînée en lui par celui auquel il est attentivement présent. Sens dès lors de présence modificatrice pour celui qui constate qu'il est écouté, attendu dans sa vérité, et peut se faire entendre » (1971, p. 195).

On s'en doute, au-delà de la rencontre dyadique, puis interhumaine en général, F. Dolto parle, là, spécifiquement de la rencontre analysé/analyste. À partir de cette situation, la définition de la communication se précise. Elle recouvre toujours le sens d'une rencontre d'émotions concomitantes, mais différentes, la parole permettant d'en poursuivre la recherche du sens. Dans cette situation, l'idée du semblable mène à une identité de posture où l'un des partenaires cherche à se signifier dans sa vérité, tandis que l'autre, cherche à le trouver.

C'est depuis cette situation, à partir de cette semblable quête autour de la vérité – dans l'attente ou la recherche – que réside l'idée du véridique, chez F. Dolto. Le véridique, c'est cette quête de vérité que chacun poursuit et qui soutient le motif du lien à l'autre.

Cette situation analysé/analyste, dans son épure, où l'analyste est épure – théorique – de l'écoute, met en scène les enjeux de tout humain à la recherche d'un semblable qu'il a mal trouvé dans son champ relationnel. Il ne s'en est pas trouvé. Après tout, ne définit-elle pas le psychanalyste comme « [...] médiateur de la fonction symbolique [...] », en tant qu'il est là pour présentifier « [...] l'expérience d'une rencontre effective » (*ibid.*, p. 194).

Se dégage, ainsi, la visée de la communication : tout sujet désire se signifier, tout sujet appelle réponse à sa question. C'est, dans le fond, l'une des définitions du sujet qu'elle donne, étant tout à la fois « [...] sujet de la fonction symbolique, sujet inconscient de l'histoire qui est la sienne, sujet désirant se signifier, sujet appelant réponse à sa question » (*ibid.*, p. 193).

Elle définit, ainsi, ici, la trajectoire de l'humain, dans la conjugaison du verbe être à partir d'une « énergie inconnaissable en elle-même », qui cherche à en apprivoiser le contenu dans la médiation de rencontres épaississantes du sens de ce verbe. « Cette énergie qui nous source et nous enveloppe, l'intelligence de notre chair, celle de nos comportements, de nos gestes et de nos mots, ne sont de ce sens que l'épaississement perceptible, substantiel ou subtil, épaississement du verbe "être" que nous manifestons, mais qui ne nous appartient pas » (*ibid.*, p. 199). Les êtres humains sont semblables dans le partage du même mouvement et du même état par rapport à ce mouvement d'être : « Nous le signifions à travers nos appels et nos réponses, nos rencontres éphémères entre semblables qui se reconnaissent dans une impuissance qui, seule, est semblable quoique différemment manifestée chez tous ceux de l'espèce humaine » (*ibid.*, p. 199-200).

Se réfléchit, alors, le véridique, non seulement du lieu du sujet dans sa quête à se signifier, mais aussi dans l'impuissance à être, la communication se définissant par cette seule reconnaissance.

« Le narcissisme de chacun est obligé inconsciemment de faire avec ce qui est le destin de l'homme, au masculin comme au féminin. Tout seul, un être humain ne survit pas. [...] Mais, en nous individuant par rapport à cette première dépendance langagière vitale, nous avons besoin les uns des autres pour supporter ce dramatique destin de désirant imaginairement puissant et d'individu dans la réalité très impuissant. Les autres nous apportent alors, dans leurs difficultés différentes ou semblables aux nôtres, la possibilité de nous reconnaître des humains tous en difficultés, et la possibilité de nous parler les uns aux autres » (1984, p. 326).

Dans les deux situations, se dégage un sujet qui poursuit le même mouvement, un sujet qui désire se signifier, à partir du même état, son impuissance à y parvenir, et le sens même du véridique chez F. Dolto : dans la reconnaissance du même mouvement, mais de la même impuissance. Tel est le sujet, comme la communication qu'il vise.

Pour autant, si le véridique est intention désirante inconsciente, dans le même mouvement de pensée que je qualifie de double symétrique, F. Dolto pose le véridique, l'intention désirante inconsciente, comme permettant, seul, le ressenti.

Le véridique éclaire, à la fois, la signification, le contenu visé de la quête humaine, mais aussi la dynamique motrice, son orientation.

C'est ce qu'elle dit des ratages de la communication qui amène à ce double sens. C'est le véridique qui va permettre au sujet le ressenti – la construction de son ressenti –, c'est-à-dire l'intention de communiquer une charge désirante. Sans cette véritable intention, il y a rupture du ressenti, esseulement, voire schize. Elle le dit quand elle parle des dégâts de la non-communication, de l'interruption de la communication qui peut conduire à une schize : « [...] cela vient de ce qu'il n'a jamais été parlé à sa personne, ou bien que lui ont été dits, ou qu'il a entendu, des mots qui n'étaient pas ressentis, je veux dire pas conformes aux émois qu'ils étaient censés exprimer, qui étaient des mots-bruits, sans valeur émotionnelle véridique, non humainement chargés d'intention capable de communiquer la vie et l'amour (ou la haine) du sujet qui parlait à l'enfant et à qui l'enfant parlait » (1984, p. 42).

À poser cette équation véridique = ressenti = intention de communiquer une charge affectée, dans une situation de non-communication, se dégage les conditions de la communication comme tenant dans un ressenti d'une intention désirante, à tort ou à raison, si on peut dire. Ressenti d'une demande comme d'une offre d'une intention désirante. La communication va mettre en œuvre, la reconnaissance d'un sujet par un autre sujet, le fait que profondément l'humain est en attente d'être trouvé dans sa vérité. Et, dans le fond, l'humain, dans la communication, poursuit cette quête-là : être trouvé ou retrouver des émotions qui lui ont donné le sentiment fondamental d'être et de fonctionner. Certains, dans le ressenti de non-réponse y ont vu leur vie de communication perturbée, assaillis par les pulsions de mort qui se sont infiltrées au moment de l'histoire pulsionnelle où l'éprouvé de non-communication a été ressenti. Ils sont restés fixés aux signifiants des époques archaïques, là où leurs émois étaient encore possiblement symbolisables dans la rencontre d'un autre, prêt à accueillir la manifestation de leurs désirs de sujet. Eux, sont restés prisonniers dans la phobie du contact ou des angoisses de morcellement, si les émois avec sens étaient ceux de l'époque orale, par exemple. Leur sécurité, leur mêmeté d'être, s'est raccrochée jusqu'où il y avait du sens de rencontre. Car, pour eux, comme pour tout un chacun, c'est bien de cela dont il s'agit : de la quête d'un signifiant de son existence qui ne peut être trouvé que par un ressenti de la reconnaissance, par un autre, du sujet du désir, en soi.

Mais, alors, la communication ouvre à un autre mouvement, celui de la rémanence de l'archaïque. Ce sentiment fondamental d'être et de fonctionner a nécessairement existé dans la petite enfance, sinon le sujet ne serait plus en vie. C'est là où la relation dyadique est le parangon du mode de communication, où, en tous cas, les années d'enfance se donnent comme le vivier d'un ressenti toujours réactualisable. Elle parle du « [...] rôle structurant indélébile, muet et langagier des premières années de la vie [...] » (1987-1, p. 299). Elle définit la communication dans la rémanence de cet archaïque, à partir « [...] des interactions individuelles émotionnelles, en résonance au-delà de ce qui dans la structure individuelle s'apparente au désir archaïque qui provoque entre individus des affinités en résonance avec les premières fixations du désir ou des attractions inattendues autour de la semblance corporelle, visagière et vocale de nos premières relations langagières de la petite enfance, qui ont marqué nos *a priori* affines ou non, dans toute rencontre sociale et soubassement aux motivations raisonnées [...] » *(ibid.)*.

Le véridique, chez F. Dolto, ouvre à la rémanence de l'archaïque.

Un rapport narcissisé à la communication

L'inconscient de la communication, F. Dolto va le parler en d'autres termes : ceux de l'image du corps, cette structure qui découle des fantasmes élaborés depuis les perceptions du corps « [...] ressenties comme langage de désir du sujet en relation à un autre [...] » (1984, p. 49).

L'image inconsciente du corps, ce concept qui sert à poser cette structure archaïque, là où il s'est connu, reconnu par un autre, sujet désirant se signifier, reconnu dans ce désir, comme dans son impuissance, trouvant le semblable d'une même question, plus que d'une même réponse, peut-être. Cette structure, trace de l'histoire émotionnelle d'un être humain, lieu d'émission et de réception des émois interhumains langagiers – comme elle le dit (*ibid.*, p. 48) – est le premier mode langagier d'où il s'est élaboré toute son expression, avant même la parole expressive. Il communiquait avec les autres, par ce moyen : « C'est qu'avant l'instauration de la parole expressive, existe (et perdure encore après l'apprentissage imitatif, passif, du langage verbal et gestuel) la langue des images du corps, inscrite dans les fantasmes se rapportant au narcissisme fondamental, au désir et aux besoins (en tant que supports de désirs y adjacents) » (1971, p. 201).

L'enfant a élaboré son premier mode expressif sur fond de cette « [...] mêmeté ressentie comme retrouvaille d'être et de fonctionner » (1984, p. 67), définition qu'elle donne du narcissisme fondamental, dans ce lien de connaturalité où, à trouver un semblable, il s'est exprimé dans la sécurité de ses premières amarres.

C'est ce signifiant-là, celui où il a éprouvé la rencontre du désir d'un autre, c'est ce ressenti-là, rémanence du premier ressenti qui sous-tend la communication. « Le langage des images du corps qui est, pour un sujet, le signifiant premier de toutes ses rencontres, est accompagné de kynèmes du schéma corporel et, dès que l'enfant sait parler, de phonèmes du langage vocal, à chaque rencontre avec des animaux et des humains. C'est ce langage (narcissique) des images du corps qui entre en résonance, de façon inconsciente, avec tout signifiant, et en particulier avec les paroles au-delà des corps toujours séparés ; ce langage peut aussi s'exprimer muettement par la gestique, dans le schéma corporel, de façon inconsciente » (1971, p. 201).

C'est ce ressenti-là, disparu, qui y est toujours présent. « Dans toute nouvelle expérience vécue, un être humain (quel que soit son âge) doit, par un fantasme inconscient, garder quelque chose d'intact du ressenti, son *moi-je,* son *lui-même* antérieur à l'expérience. Ce quelque chose (l'image du corps) est garant de son narcissisme préservé. Il cherche à l'expérimenter dans des patterns connus de lui pour se sentir être – et s'engager dans la nouvelle aventure émotionnelle » (1986, p. 330).

La communication du côté de la réactualisation des expériences vécues du corps, comme remise en jeu des coordonnées spatiales et temporelles dans lesquelles l'humain a pris corps. Si l'humain a un rapport narcissisé aux mots, il entretient et se remet en jeu dans un rapport narcissisé à la communication. « Tout contact avec l'autre, que ce contact soit de communication ou d'évitement de communication, est sous-tendu par l'image du corps ; car c'est dans *l'image du corps, support du narcissisme,* que le temps se croise à l'espace, que le passé inconscient résonne dans la relation présente. Dans le temps actuel se répète toujours en filigrane quelque chose d'une relation d'un temps passé. La libido est mobilisée dans la relation actuelle, mais peut s'en trouver réveillée, resuscitée, une image relationnelle archaïque, qui était restée refoulée et qui fait alors retour » (1984, p. 23).

La communication est réactualisation des premiers émois, premiers signifiants, qui entrent en résonance – inconsciente – avec tout signifiant, en particulier avec les paroles. Mais dans ce mouvement de réactualisation, la communication dévoile aussi son support : le ressenti disparu. Notamment du tout premier, le narcissisme fondamental qui a assuré à l'humain ses toutes premières références spatiales et temporelles d'être. La communication comme quête d'une retrouvaille d'une mêmeté du semblable, dans le fond, on l'a bien senti dès la quête de complémentation. Si on en a vu le caractère nécessaire, on en a mesuré aussi le caractère éphémère, toujours insatisfait. La communication porte ce mouvement de recherche d'une mêmeté, du semblable, cette quête de retrouvaille des signifiants-rencontre. Mais au-delà de la rencontre, c'est l'ouverture à l'inconnu, le travail de la séparation qui ouvre à l'inconnu.

Dans le fond, à regarder la définition que F. Dolto donne du narcissisme – « [...] la mêmeté d'être, connue et reconnue, allant-devenant pour chacun dans le génie de son sexe » (*ibid.*, p. 50) –, on peut se dire que ce mouvement est celui qu'adopte l'humain d'abord et toujours. Mouvement de mêmeté d'être, sécurisante, indispensable, mais allant et devenant, séparation qu'il a à assurer, dès le départ, et tout au long de sa trajectoire où il se risque en dehors de lui, vers l'autre. C'est peut-être cela l'humain, même et autre, tout à la fois, dans les termes où D. Vasse (1969) le formule. Divisé, éternellement entre ces deux mouvements : co-l'autre, dont il a à se dégager. Éternelle navigation entre la sécurité et le risque, à partir de lui et avec l'autre.

Leurre

La condition humaine est l'apprentissage de la solitude. Évoquer cette situation provoque réactions d'effroi ou de fuite : on frise le crime de lèse-majesté. Je crois vraiment que le nœud du problème est là. La solitude est une atteinte à sa majesté-bébé ou à l'enfant-tout-puissant qui persiste dans l'adulte : alors pas touche... Pour Winnicott, la capacité d'être seul, signe de maturité, s'atteint quand la relation de l'individu avec ses objets internes lui fournit, à elle seule, une raison de vivre. Qu'importe, pour l'heure, les résurgences kleiniennes – « il ne s'agit pas de construire un objet interne, il s'agit de construire un sujet. [...] Il ne faut jamais construire un objet interne – heureusement pour le sujet ! –, car l'objet interne est une folie. C'est le sujet du désir qui doit se construire *pour* quelqu'un, *avec* quelqu'un, *par* quelqu'un. Jamais le désir n'est satisfait en dehors de la présence de quelqu'un [...] » dans la dynamique dialectique de la construction du sujet doltoïen (1987-2, p. 202-203). L'écart est fondamental, mais je dégage que Winnicott a déjà articulé la capacité d'être seul, en présence ou en l'absence de quelqu'un, avec le sentiment de l'existence ininterrompue de l'autre qui permet à l'enfant, en réaction (chez Winnicott, perspective interactionniste oblige !), de construire sa propre unité, son propre continuum, en sécurité. On n'est pas loin de Dolto, dialectique du mouvement en moins, séparation au sens d'interaction de l'enfant et de l'environnement, de l'objectif et du subjectif. Certes ; mais déjà Winnicott a introduit cette réflexion si capitale autour de la nécessaire symbolisation d'un sentiment de soi autonome, acquis dans la confiance en l'autre, d'une vie intérieure confiante, qui va rendre possible, par la suite, les relations avec les autres, l'environnement (1969, p. 205-213). Dolto, de la même façon, nous aide à distinguer la capacité d'être seul, d'aller et devenir en accord avec son narcissisme, entre une solitude industrieuse et une solitude décréative. Elle va montrer qu'au-delà des rencontres que visent le sujet, dès tout petit, mais toujours, c'est dans les moments de solitude que l'enfant, d'abord, puis l'adulte, élabore, dans le même mouvement, le sens de son rapport à lui et le sens de son rapport à l'autre ou aux autres, à l'environnement. La solitude le dynamise : elle permet au sujet d'investir le temps de sa reconnaissance, de sa naissance à lui dans un espace où l'autre l'aide à se sentir soi en sécurité. En l'absence de l'autre, dans la solitude, il invente des leurres de présence à lui/présence à l'autre, substituts de sécurité : ils lui permettent d'affabuler sa puissance. L'humain vise à maintenir, après avoir construit, l'amour de soi, entre solitude et rencontres. C'est depuis le corps que Dolto superpose les pierres de l'édifice – nos vies fragilement construites sur des soupçons de certitudes (1987-1, p. 11). C'est depuis « le dernier lieu de contact où se souffre la séparation », lieu de perception de satisfaction des besoins qui appelle répétition d'une pacification qui y a pris le corps, du plaisir ressenti avant la séparation – en français doltoïen, il s'agit de la zone érogène (*ibid.*, p. 27) – que l'individu éprouve sécurité d'une répétitive satisfaction. C'est là que l'amour de soi comme la séparation avec l'autre se nouent, au cœur du plaisir du corps. On comprend que l'homme veuille s'y arrêter, non ? Le désir de l'homme peut s'enliser dans le mimétisme du besoin, par un autre qui méconnaît la dynamique toujours vivante du désir qui pousse le petit d'homme, comme l'homme, à sortir de ses limites, des limites de son corps, par un autre qui laisse trop tout seul. Cette perspective nous ouvre à cette conception d'un humain qui poursuit le leurre d'une rencontre, qui se construit grâce à lui : le problème n'est pas le leurre ; on ne peut pas s'empêcher de se leurrer. C'est dynamique pour le désir. Le problème tient dans une solitude qui peut devenir amère, là où l'homme arrête son itinéraire sur des points de fixation déjà connus, plutôt que de pactiser avec une solitude, d'être en paix avec soi, à distance des illusions nécessaires.

C'est sur *Solitude* que je vais m'appuyer pour reconstituer cette dynamique si subtile. *Solitude* n'est pas un ouvrage psychanalytique : c'est de la poésie. Des notes prises par F. Dolto et un dialogue à quelques-uns qui les commente : chacun y témoigne de son mode de faire avec la solitude, de ses joies comme de ses peines, des joies et des peines rencontrées par d'autres. Il touche en cela notre humanité, la fibre vivante qui au fond de nous résonne en écho. Il est pacifiant, réconciliateur avec notre point de départ et notre condition, tout du long de son parcours. Les petits ou les jeunes humains auxquels les éducatifs ont affaire, les éducatifs eux-mêmes, chacun en tant qu'humains – dans le fond, l'humanité est le lieu d'articulation d'une psychanalyse à l'éducation – se livrent au jeu de la vie sur fond de ce décors. C'est lui qui nous rend égaux, chacun aux prises avec les réponses singulières qu'il apporte à cette même question : Qu'est-ce que vivre, sinon accepter de jouer avec et de déjouer la solitude ? F. Dolto en donne une définition plus précise, du lieu de « [...] l'éducation inconsciente du désir, qui est toujours soumis à la combinaison vivante de la solitude et de la communication, dans l'expérience de la séparation dans la solitude, l'enfant garde l'amour de son corps et du sexe qui est le sien dans la réalité, selon qu'il en a été délivré valeur par les mots des adultes et par la fierté promotionnante de s'identifier imaginairement, en se projetant dans l'avenir comme le père ou la mère dans ses rapports psycho-affectifs et langagiers à l'autre » (*ibid.*, p. 75). C'est cela, vivre c'est assurer la continuité de l'amour de soi dans ses rapports à l'autre, construits et sauvegardés entre solitude et rencontre : se recevoir s'aimant, pour un jour se donner, cela peut se dire aussi ainsi, n'est-ce pas ?

Leurre et sécurité

La capacité d'être seul, pour employer les mots de Winnicott à propos de l'état de la construction du vrai-Soi, se dynamise chez Dolto d'un néologisme apparemment surprenant : s'escargoter. S'escargoter, c'est retourner à son centre (*ibid.*, p. 101). C'est à se sentir soi avec son désir en sécurité, que le petit humain peut aller vers sa périphérie, tenter de se dépasser, et revenir vers son centre, vers sa sécurité de base, le noyau de son narcissisme, là où il se sent dans une « mêmeté d'être », dans une continuité narcissique, sur laquelle – excusez du peu ! –, même si elle est sans doute illusoire, dit F. Dolto, le sujet construit son sentiment d'exister (1984, p. 50). Ce continuum de sécurité – sans cesse F. Dolto dans la théorisation de sa clinique y revient – est capital pour l'humain. Mal assuré, il va laisser l'humain aux prises avec un état phobique, terrible défense, mais défense contre des menaces de déréalisation, devant les dangers ressentis comme menaces, selon le moment où il en est de sa construction. Son continuum de sécurité mal assuré, il va se représenter dans des fantasmes de persécution viscérale, ombilicale, respiratoire, orale, anale, « [...] crever, éclater aussi, selon le moment traumatique éprouvé le premier dans son histoire » (*ibid.*, p. 51). Les bords du noyau de la sécurité de base sont effrayants ; tout cela parce que le sentiment de continuité, la mêmeté d'être, se prend dans la « solution de continuité » qu'est la mère ou la personne tutelle. L'espace de sécurité se prend au début de l'expérience humaine dans la présence nidante signifiante de continuité (1987-1, p. 56), coprésence existentielle, présence coexistentielle, grâce à laquelle le petit d'homme se connaît et se reconnaît unifié, jamais morcelé. Il se sait d'abord Un co-l'autre, sécurité de soi puisée, sourcée, dans l'autre, même si leurrante d'une unité qui se méconnaît divisée. La sécurité, mêmeté d'être, c'est le leurre indispensable d'une conjonction, à partir de laquelle le petit d'homme lance le mouvement pendulaire périphérie-centre, une dynamique de communication qui lui permet à la fois d'être lui-même, de se recentrer, de revenir à son centre, et d'être devenant en rapport avec autrui (*ibid.*, p. 101). Quand il a acquis cette dynamique centre-périphérie, il commence à pouvoir être seul (*ibid.*, p. 103).

Mais pour en être là, il a commencé à n'être jamais seul. Le monde, son monde, a d'abord sens par introjection de l'autre : il est soumis aux images introjectées de ceux dont par instinct grégaire il est dépendant. « Sans eux (il) n'éprouve en son corps que sécheresse aride et en son cœur que solitude » (*ibid.*, p. 72) ; avec eux, va réapparaître la sécurité. Il la poursuit : aussi en leur absence, s'ingénie-t-il, dans son imagination, à s'inventer et à se remémorer des scènes en leur compagnie (*ibid.*, p. 58). « Assoiffé de ce qui lui manque que son corps croit sien et qui reste en possession d'elle (sa mère), c'est en fuyant l'épreuve de sa solitude, à la recherche de communication avec elle éloignée de lui qu'il invente en son absence les vocalisations illusoires du parler maternel, des manipulations de menus objets laissés par elle [...] » (*ibid.*, p. 77). La solitude est une épreuve au sens où il devient déserté de la puissance et de la sécurité que lui donnent le coêtre et le coagir. La solitude est aussi aiguillon, elle excite alors son désir de communication en manque à trouver, à inventer, des substituts de sécurité pour la leurrer : il s'en construit, il en dynamise sa construction. Il suce son pouce, il prononce ses premières lallations, illusions d'une communication retrouvée, « vocalisations qui donnent aux oreilles d'un bébé l'illusion de lui parler » (*ibid.*, p. 78). Ingénieur de leurres, bricoleur de symboles, il s'exerce avec son corps d'abord, puis avec tous les objets qui sont « leurres de présence maternelle associée à son souvenir » (*ibid.*, p. 107). Ces objets, premiers supports de la sécurité, nimbés qu'ils sont de la présence de l'adulte – parce que nommés, ils deviennent représentants de la présence de l'adulte, d'une promesse de retrouvailles, de sécurité à retrouver ; représentation sonore du mot investie de magie, de promesses de plaisir à (re)venir (*ibid.*, p. 45), rapport narcissisé aux mots du vocabulaire (1984, p. 44) – ces objets, il les manipule, objets plein de la présence de l'autre, il en meuble sa solitude satisfaisant grâce à ces leurres symboliques son désir de communiquer ses sentiments.

Fuir la solitude est son mobile, menace d'un blanc de sécurité connue dans le plaisir de la communication d'être ensemble et d'échanger. Il s'emploie à la mettre à distance avec des leurres de substitution. Les uns, leurres que l'on peut qualifier de positifs, vont rendre la solitude industrieuse (1987-1, p. 108) : ils vont lui ouvrir les voies de la communication à distance avec le premier autre dont le corps à corps a cessé, plaisir pris, solitude enrichie, répétition du plaisir de gorge de vocaliser avec la mère quand elle était présente – acquisition du langage –, puis mime, imitation des gestes observés chez les adultes, autoreprésentation se mimant l'autre vis-à-vis de lui, expression, exercice et développement du langage au sens large à l'envi de son entourage (*ibid.*, p. 108), communication à distance avec l'autre, puis avec les autres de cet autre, voies de communication symboliques, circuit long du désir dit « Dolto » (*ibid.*, p. 78). Les autres, leurres que l'on peut qualifier de négatifs, vont enfermer le désir de communiquer dans un circuit court, sur une partie du corps (le pouce) ou un objet partiel toujours semblable (la sucette par exemple), substitut fétiche, « leurre imaginaire sans valeur symbolique pour autrui, ni plus riche à perceptions de plaisir ni pouvoir de communication à d'autres plus étendue ; cela devient un substitut imaginaire pour l'individu qui arrête les potentialités du développement de son agir » (*ibid.*, p. 79). Leurres qui donnent valeur d'illusoires rencontres aux perceptions du corps même du sujet, substitution fétichique soutenue par l'imaginaire du passé (*ibid.*, p. 78), répétition d'un substitut de coprésence de plaisir, solitude décréative, vécue dans la détresse, dont le sujet s'autoguérit, en circuit fermé.

On ne peut pas ne pas se leurrer pour se construire, puis se maintenir Un avec soi ; simplement il est des leurres nostalgiques qui rendent le désirant ignorant de son désir et d'autres qui redonnent sens au désir dans ce qu'il cherche : la rencontre d'un autre en qui se reconnaître, même si de la rencontre on ne sait rien.

Leurre et répétition de la sécurité

« Les meilleurs de ces parents, les plus attendris, comme les plus affectionnés à nous se souviennent bien mal de leur enfance toute de quêtes. Ils ne savent plus que leurs petits, impuissants qu'ils sont dans leur berceau à se mouvoir et à communiquer, souffrent de solitude, ont besoin de sécurité » (*ibid.*, p. 74). C'est dans le corps à corps, ne l'oublions jamais, que l'enfant puise ses premiers repères de sécurité. Il le croit, et l'homme, par-delà le petit d'homme, va en garder les traces : il ne peut l'oublier. Le petit d'homme croit d'abord, sécurité substitut de solitude, à une illusoire totalité. « Assoiffé de ce qui lui manque que son corps croit sien et qui reste en possession d'elle [...] » (*ibid.*, p. 77)... Le problème est là : recoller les morceaux, faire Un. « Pour fuir cette solitude, nous essayons toujours de recoller les morceaux et "ça ne colle jamais". [...] nous espérons toujours retrouver cet état de bonheur et d'unité que nous croyons avoir perdu. Le désir prenant l'image de ce qui nous manque dans l'autre, nous espérons y retrouver ce que nous croyons avoir perdu. Mais c'est un leurre, jamais nous ne l'avons connu, dès l'instant même de notre conception » (1977-2, p. 54-55). On peut revisiter, de ce point de vue, le passage nécessaire des castrations, interdits de corps à corps, comme séparations successives d'une modalité de sécurité illusoire prise dans le corps à corps, et définitivement engrammés dans le corps. On peut les revisiter comme accès à des formes et des styles de solitudes successives. Vivre c'est apprendre la solitude... Pour le petit d'homme : « Son être en son corps impuissant en appelle à cet autre tutélaire, à l'image duquel sa lente croissance lui permet d'advenir en se leurrant d'une conjonction dont le refus dans le corps à corps est pour lui partition imaginaire, mutilatrice d'un plaisir qu'il revendique comme un dû [...] » (1987-1, p. 335). Son imaginaire qui soutient sa fonction symbolique – « la condition de l'être humain, c'est la perpétuelle recherche de sens de notre vie qu'un autre, par sa rencontre, nous donne » (*ibid.*, p. 330) – lui fait rechercher ce qu'il croit être son dû : le plaisir de faire Un. Quelles que soient les étapes de sa construction, la réalité impose, au petit d'homme puis à l'homme, ce renoncement au Un. D. Vasse le dit bien (1969, p. 68). Faire Un, cela se construit dans le corps, à partir du corps propre et de l'image inconsciente du corps, du corps de besoin, de l'individu, chose-corps de besoin (1987-1, p. 335) et du sujet dans sa relation à l'autre à qui il parle, l'autre réel ou intériorisé, qui se prend et se déprend dans l'individu chose-corps de besoin. C'est là dans ce corps de fonctionnement, dans ses besoins de fonctionnement, que l'éprouvé de plaisir s'est d'abord ressenti, et dont le manque s'est souffert : aux zones érogènes, zones de communication, zones de contact pour l'essentiel des besoins, dont la satisfaction répétitive apporte pacification au corps et plaisir de relations. Zones érogènes, lieu de satisfactions substantielles, et subtiles, d'appel, d'attente du retour de l'autre, de la mère. Zones de bien-être, de sécurité, construites dans le substantiel et le subtil, qui rappellent et poussent à la retrouvaille de la sécurité intérieure ressentie co-l'autre. « Les zones érogènes, ce sont des zones de communication devenant langage répétitif pour les échanges de besoin et langage très varié, par référence aux satisfactions ou absence de satisfaction, des désirs de communication » (*ibid.*, p. 99). L'être humain est tenté de retourner au déjà-connu, mais il peut inventer des modes nouveaux d'appel à la communication « [...] pour le plaisir, en espérant que l'autre aussi réponde et en éprouve le même plaisir » *(ibid.)*. Il se livre d'autant à l'aventure, qu'à chaque expérience nouvelle il a été encouragé par des paroles qui délivrent de la peur, qui autorisent les risques, consolent et réconfortent le cas échéant. Le dilemme est là, dans le fond pour l'humain : la solitude lui fait rabattre désirs sur besoins, risques sur sécurité. C'est d'autant plus tentant d'en rester là que le corps l'y conditionne, que sa libido s'est soutenue d'un imaginaire sécurisant co-l'autre dans cette satisfaction des besoins du corps, besoins imaginairement satisfaits par un autre dont il était une partie, sur lequel il avait pouvoir, dont il était objet partiel, qu'il prenait comme objet partiel de satisfactions. Désirs et besoins sont encore cojoints chez le bébé. L'éducation apprend à satisfaire les besoins, à différer les désirs qui ne trouvent aucune chose pour les apaiser. C'est le manque qu'ils rencontrent, par qui ils se trouvent possiblement dynamisés. Besoins et nécessité de l'apaisement ; désirs qui s'originent dans les besoins mais s'en différencient, interdits de corps à corps obligent, interdits du roman de l'illusion à courte vue dont le corps se satisfait et demande la relecture, libération d'une dynamique sur fond un peu connu, donc sécurisant, mais qui appelle variabilité, espérant nouvelle rencontre, nouvel échange. Le leurre de notre désir, c'est le besoin, quand il s'affadit en un « mimétisme au besoin » *(ibid.*, p. 339), quand il s'arrête juste au connu, au plus près du corps et de sa monotonie : « [...] le sujet dont le désir ne s'exerce plus dans la réalité n'opère plus aucun renouvellement à son soi-même connu qui, hors le corps et la monotonie de son vivre de besoins, est livré au champ de l'imaginaire. Le désir s'y reduplique au narcissisme » (*ibid.*, p. 415). Là, le désir s'ignore dans son essence : être appel à d'autres (*ibid.*, p. 338). Si on emprunte la double écriture de l'autre à D. Vasse, on pourrait écrire : être appel à l'Autre, à l'inconnu, au renouveau. Là le désir se rabat sur le besoin, laissant l'homme, « de l'enfance au grand âge » (*ibid.*, p. 415), dans une solitude décréative, narcissique, avec le seul amour de soi, seul face à ses biens ou ses personnes acquises, avec la certitude du discours connu et répété, là où il croit tenir dans la (re)présentation qu'il a de lui, dans sa toute-puissance imaginaire... Ce désir-là se rabat sur le besoin du corps, il se calque sur le corps, mais oblige à vivre sans corps : jouissance du corps sans Autre, refus du destin sexué et du travail de la différence en soi et en l'autre, refus du renoncement au besoin du corps, au besoin de l'autre comme objet. Quel que soit le domaine, le désir qui s'ignore laisse l'homme, seul, aux prises avec un corps sans Autre, appelé seulement par la conjonction du semblable, du même, de l'autre. L'homme livré à la solitude décréative et narcissique ou à la répétition. « Ce désir, quand sa dynamique s'emmure dans son isolation et au lieu de continuer son destin expansif, voit la spirale infléchir son mouvement, s'enrouler sur elle-même et, après consommations fantasmatiques des structures du moi antérieures devenues ersatz d'éléments extérieurs, enkyste le langage et la fonction symbolique inhérente au désir humain, le fait scissionner ses propres potentialités prises pour un ailleurs et s'inverser sans jamais cesser, si nul ne vient de l'extérieur à cet individu briser le cercle vicieux, la croissance et la multiplication en symbolique de mort et de division » (*ibid.*, p. 463). La solitude comme le désir s'apprennent avec les autres.

Leurre et solitude

D'emblée, « À jamais séparé de qui l'a initié au désir » (*ibid.*, p. 342), à travers les successives épreuves de partition, séparation de l'autre, le petit d'homme se sent menacé de solitude. Il faut se séparer, devenir seul : que vivre est douloureux ! Accompagné, par la présence et les paroles de l'autre, la séparation se fait initiatrice, la solitude, symbolisation de soi et de l'autre, communication dans l'absence, espoir des retrouvailles : que vivre est doux !

« La solitude, souffrance née des séparations inévitables qui font de l'individu par son corps, dans l'espace et dans le temps "ses limites tactiles", une créature unique. La solitude est aussi des individus humains le sentiment qui leur permet d'établir par le langage les liens subtils par-delà l'espace et par-delà le temps. La fonction symbolique de l'être humain y puise l'aiguillon de son inventivité créatrice » (*ibid.*, p. 369). Après rupture de la communication, c'est dans la solitude que le petit humain s'habite, industrieux, transformant cette solitude en un refuge de la présence d'un autre aimé (*ibid.*, p. 79). Le refuge est leurrant, mais il s'en construit : l'enjeu est vital, de sécurité à intégrer, à maintenir par-delà l'absence de l'autre, présence sécurisante qui contamine de sécurité, d'intégrité dans le corps aux limites incertaines. Industrieux, actif : il répète les mêmes phonèmes que ceux entendus, il imite l'autre dans sa présence, du temps de sa présence avec lui, il manipule les objets auréolés d'une relation affine avec cet autre, le représentant, mettant sa solitude à distance : « Il devient actif dans la répétition et pour rechercher la communication "à la manière de" l'autre, aimant et aimé » (*ibid.*, p. 41). Il déforme les phonèmes, mais il ne le sait pas ; il croit dire les phonèmes que ses parents diraient ; il appelle des vraies paroles, un échange, pas une répétition. « Ce n'est pas une imitation de lui qu'il cherche. [...] Ce que les adultes ignorent souvent, c'est que l'enfant est à la recherche d'un échange et non pas d'une copie conforme ; [...] c'est *pour communiquer,* ce n'est pas pour imiter. En fait, c'est une expression inventée, un appel hors de ses limites, un appel à un autre » (*ibid.*, p. 42).

Solitude industrieuse, répétition dynamique et leurre positif vont de pair.

La répétition dévitalisante est là tout près : c'est le corps et son appel de nécessaires satisfactions besogneuses qui y conditionne. Spontanément. Mais c'est faute d'une communication authentique qui cherche l'enfant, dans une présence brutalement interrompue, ou dans une absence trop longue, quand trop tout seul selon son capital solitaire à lui, c'est là que l'habitude devient sa seule sécurité, qu'est bon seulement ce qui est déjà connu (*ibid.*, p. 43). Répétition a-dynamique, solitude décréative, et leurre négatif vont de pair. Il se crée des leurres imaginaires sans valeur symbolique pour autrui (*ibid.*, p. 79) : il s'enferme sur son pouce ou sur un objet fétiche. S'installe « une morale de robot fonctionnant. Au lieu d'une morale de vivant qui continuellement assume son désir de communication, de connaissance, de découverte du monde dans son innombrable variété » (*ibid.*, p. 43). Entre une solitude piège – répétition des liens à l'écoute amplifiée de l'éprouvé, réabsorption dans le souvenir des besoins apaisés du désir qui n'est pas du corps et qu'aucune chose ne peut apaiser (*ibid.*, p. 335) – et solitude aiguillon à fuir – tremplin pour risquer son désir hors de l'avoir, du faire, répétés, en un saut dans ce que l'homme croit impossible parce que de lui cet ailleurs, étrange, est inconnu (*ibid.*, p. 338) –, l'homme navigue à travers le temps et l'espace à la poursuite de la retrouvaille de l'autre, pour s'en trouver.

Notre humanité est faite de leurres, « [...] lesquels soutiennent vivante la palpitation de notre désir. Si nous courons de leurre en leurre, d'autre chose en autre chose, nous vivons. Ceci peut paraître paradoxal, et pourtant... Quand l'épreuve est difficile, quand la dépression nous guette, nous posons alors ce leurre, cet espoir, ce but dans le passé, le passif, nous ressassons les occasions manquées. Dans nos moments de vitalité, nous les projetons en avant, dans le futur et nous repartons à leurs conquêtes. Ce leurre [...] dépasse les limites du temps et de l'espace de notre corps. Il nous attracte indéfiniment plus loin » (1977-2, p. 55). Le leurre attracte, c'est le principe de la réalité de la condition humaine : elle ne peut pas s'empêcher de viser le complément d'objet, le complément au manque de son corps. C'est ce deuil-là qui est à faire... et dans le même mouvement c'est ce qui fait notre humanité, dans son impuissance, face cachée d'une prétention à posséder, à consommer, à accaparer, à paraître, illusions d'avoir. L'impuissance est le lot commun de nos humanités. La communication vraie, dans cette perspective, vise cet objectif : échanger, viser une rencontre autour de l'épreuve ressentie à partir de nos impuissances. Si le piège du besoin est évité, la confiance dans le désir retrouvée, de leurres en leurres, l'homme garde l'espoir ; pour autant, il ne sait et ne saura jamais où son désir le mène. Impuissances à savoir (s'avoir), dont le partage libère dans la rencontre d'un autre qui éprouve la même impuissance : « [...] sans autres rencontres en qui se reconnaître, tous les humains souffrent » (1987-1, p. 416). Leurre d'une rencontre impossible, disent les blasés. « [...] leurre peut-être, mais leurre qui redonne sens au désir » répond F. Dolto *(ibid.)*. C'est ainsi non seulement entre solitude et rencontre que se construit, s'affine le désir qui soutient l'allant de la dynamique humaine à devenir, mais de leurres négatifs – de ceux qui laissent enfermés sur soi et ses impuissances à avoir –, en leurres positifs – de ceux qui laissent la place à l'Autre, dénominateur commun, là où de la rencontre on ne sait peut-être rien, mais de son désir de rencontre de l'autre, on peut en savoir quelque chose. On est jamais seul ? C'est quand nous sommes habités de ce vrai désir de rencontre, devenu tel parce que nourri du souvenir d'un autre, d'autres, qui ont cherché vraiment à nous rencontrer. Jamais seuls avec les autres qui nous ont nourris, qui nous nourrissent et nous ont appris à chercher l'autre... Vrai espoir qui rend notre solitude heureuse. Solitude paix.

Miroir

Après le miroir, « ce ne sera plus jamais comme avant » (1984, p. 154), au point que G. Guillerault l'envisage comme une fin de l'histoire, le terme ultime de l'histoire infantile, un écart entre l'enfant et celui qui ne l'est plus, qui ne le sera plus jamais, même s'il n'est pas encore un adulte (1989, p. 177, 179, 180), même s'il remarque les fluctuations ou hésitations de la théorie de F. Dolto entre Miroir et Œdipe, quant à ce « point de non-retour ». En ce sens, on peut dire : le Miroir, c'est le début de la fin de l'histoire infantile.

Si l'infantile prend statut d'archéologie à ce moment-là, c'est dans le croisement entre le culturel et l'individuel : « Nous vivons tellement sur l'apparence »... apparence qui se vit au détriment du ressenti authentique, celui de la vérité désirante du sujet, celui d'avant le miroir. Mais le miroir se donne aussi comme porteur d'un croisement entre le culturel et le naturel : au même moment que le Miroir, l'enfant subit la castration primaire – découverte des sexes. « Naturel » car chez F. Dolto – donc chez l'humain qu'elle poursuit et interprète –, il y a toujours ce croisement entre une évolution naturelle, le grandissement de l'enfant qui s'impose en dehors de toute symbolisation, *mais* qui ne se franchit que dans la castration, le travail de symbolisation de l'événement synchronique – en l'occurrence, ici, l'épreuve du miroir.

L'individuation doit faire son œuvre-là, l'enfant se dégager de la symbiose de la dyade.

L'expérience du miroir rendue en termes de *« choc »* et de *« stupeur »* tient à la prévalence subite des pulsions scopiques sur toutes les autres, et au nouvel investissement qu'elles vont entraîner : l'enfant *voit* une image. Se dégage, alors, la mise en œuvre d'un travail à effectuer à différents niveaux que je vais distinguer, artifice d'écriture et d'analyse, puisqu'ils coexistent dans l'expérience ressentie du miroir. Je vais suivre, c'est-à-dire reconstruire, le cheminement que l'enfant a à effectuer.

L'enfant voit une image de son visage et de son corps dans son ensemble : identité d'enfant à métaboliser.

Cette image est ressentie comme « inanimée », sans réponse : différenciation d'un écart dans son être à opérer. Niveau de l'enfant-sujet.

Image sans réponse, image d'un « double » de lui-même, comme de l'autre : symbolisation à effectuer entre l'autre et l'Autre, en soi, dans l'autre, dans la relation à soi, comme dans la relation à l'Autre, du côté de ce qui échappe. Dégagement, séparation, par rapport à l'autre maternel ou en faisant figure : enjeu relationnel du miroir.

Le miroir porte également ses fruits du côté du narcissisme, de cette éthique de la relation à soi qui soutient le travail permanent de symbolisation du sujet. Dégagé de l'autre, il a à se nourrir lui-même et à se défendre : à jouer, « seul », avec les images qu'il cherche. L'expérience du miroir laisse une blessure irrémédiable, symbolique, dans l'identité de l'individu et dans la relation du sujet à lui-même et à l'autre « [...] dont découle, pour nous tous, l'inadaptation de l'image du corps et du schéma corporel – dont nombre de symptômes viseront dorénavant à réparer l'irréparable dommage narcissique » (1984, p. 151).

Je réfléchirai, enfin, les pièges du miroir, pièges d'une prise de solitude mal accompagnée.

Une identité d'enfant, un corps dans son entier

À relire le mouvement qui guide le présujet jusqu'au miroir, c'est sur la recherche d'un continuum sécurisant que sa logique s'appuie. Le corps est vécu comme cohésif – il a besoin de se vivre comme cohésif –, c'est la recherche du petit humain. « *[...] l'enfant se sent cohésif dès avant le stade du miroir,* grâce aux références viscérales. [...] Tout cela constitue un continuum cohésif, interne, limité à l'ensemble de son revêtement cutané, que des sensations tactiles ont délimité à l'occasion des soins maternels et du portage » (1984, p. 157). « Interne », le continuum, la relation sécurisante continue à son corps, a été travaillé, en interne, et en externe par le contact, le toucher, lors des soins et des jeux corporels, en effet, jusque-là. Ce qu'il connaît de son corps, ce sont des sensations tactiles, mais il a *peu* vu son corps, jusque-là : il l'a ressenti à partir de ses perceptions. Là, il le voit et va devoir remanier son ressenti à partir de la distance générée par les pulsions scopiques. C'est un travail d'individuation qu'il a à opérer, de prise de conscience d'être un individu enfant, mais, avec le miroir, le problème se déplace là où ce ne sont plus des « sensations » tactiles, mais visibles, qui vont construire les limites de la peau : le corps dans ses limites.

« Réfléchissons », nous propose F. Dolto, nous invitant à nous mettre à la place de l'enfant, à revivre ce qu'il a à vivre dans cette découverte, posture qu'elle adopte, là, comme dans toute sa clinique...

« [...] l'enfant, jusque-là, n'a, avec ses propres yeux, vu que la face antérieure de son corps, thorax, abdomen, membres supérieurs et inférieurs. Les volumes de son corps, trous, saillies, reliefs, visage, cou, dos, il les a ressentis par le contact avec les mains de sa mère d'abord, puis le contact des siennes dans les parties de son corps qu'elles peuvent atteindre, et par des sensations de plaisir ou de douleur. Mais, jusqu'à présent, il ne se connaissait ni visage ni expressivité propre » (*ibid.,* p. 157). Jusque-là, il a ressenti son corps dans le corps à corps avec sa mère et dans ses explorations propres. Il ne l'a pas vu, notamment, « [...] il ne savait pas que son visage est visible pour autrui comme l'est pour lui le visage des autres. Cela il l'apprend surtout par le miroir [...] » *(ibid.)*. La preuve en est, c'est que face au miroir il s'écrie : « Voilà bébé » : « C'est donc bien qu'il ne se reconnaît pas » *(ibid.,* p. 153). C'est pour F. Dolto un premier traumatisme de se sentir avoir une tête qui lui retire celle qu'il avait, en ce que jusque-là, il avait le visage de son papa, de sa maman ; il n'avait pas le sien propre.

Il a, ainsi, à articuler, à ce premier moment, ce visage et ce corps « [...] la découverte d'un visage et d'un corps inséparables dorénavant l'un de l'autre » *(ibid.,* p. 154). Il va s'agir de les articuler, de s'approprier son corps dans son entier : car il découvre un visage et un corps d'enfant. L'enjeu est ainsi de l'avènement de l'identité de l'enfant.

« La vue de son image dans le miroir impose à l'enfant la révélation que son corps est une petite masse à côté de tant d'autres masses de différentes dimensions et surtout de la grande masse des adultes. Il ne le savait pas » *(ibid.)*.

Si la découverte de sa taille relative ne va pas de soi, comme F. Dolto le dit, c'est par l'autre, dans sa présence et sa parole, qu'il va parvenir à l'intégrer : « L'autre doit être là non seulement pour lui parler, mais pour que l'enfant observe dans le miroir l'image de l'adulte différente de la sienne, et qu'il découvre alors qu'il est un enfant. Car un enfant ne sait pas qu'il est un enfant et qu'il a la taille et l'apparence d'un enfant. Pour le savoir, il lui a fallu regarder le miroir et constater la différence entre son image et celle de l'adulte » (1992, p. 69).

La présence de l'autre est importante, car l'enfant vit une épreuve menaçante, comme cette petite fille, américaine, dont F. Dolto nous raconte l'expérience[1]. De passage à Paris, avec sa famille, pendant que ses parents visitaient la ville, elle restait dans la chambre d'hôtel avec une personne qui ne parlait pas l'américain. Dans cette chambre, les murs étaient recouverts de miroirs et les meubles, de glace : « [...] elle s'est perdue et morcelée en des bouts de corps visibles partout » (1992, p. 71). Elle tombait dans la folie « [...] identifiée aux multiples images scopiques découpées » *(ibid.,* p. 73).

L'enfant va devoir se rassurer de cette décohésion menaçante. C'est la présence de l'autre qui va le rassurer, mais pas à

1. Cf. aussi, 1984, p. 148.

n'importe quelle condition, pas de n'importe quelle manière. Cette assurance, une parole doit la lui donner. « Tu vois, ça c'est l'*image de toi* dans la glace, tout comme celle que tu vois à côté est l'*image de moi* dans la glace » (*ibid.,* p. 68).

En même temps qu'il voit l'apparence de l'autre se refléter, il évacue l'angoisse d'être morcelé entre des bouts de corps qu'il a à cohéser, à rassembler. C'est ce travail qu'il a à opérer. Jamais morcelable, comme les autres humains, il peut le découvrir en ce qu'une parole va lui signifier qu'il est soumis aux mêmes conditions de réflexion, d'apparence. C'est – seulement – l'*image* de lui, comme l'*image* de sa mère. Pour que son visage se donne, dans le futur, comme indissociable de son identité, pour qu'à partir de la découverte de l'expérience scopique de son visage, il développe le travail autour de son identité, il lui faut dépasser l'angoisse de morcellement liée à cette découverte, en se reconnaissant comme les autres qui continuent d'exister, bien que, parce que, soumis aux mêmes conditions. « [...] son propre visage, que lui révèle le miroir, et qui sera dorénavant indissociable de son identité, solidaire de son corps, thorax, tronc, membres, convainc l'enfant qu'il est semblable aux autres humains, un parmi eux » (1984, p. 158).

La construction de l'identité, liée à l'autre, est ainsi conditionnée à un mouvement d'analogie. Mais le travail de son identité va résider, aussi, dans le processus de discrimination – à partir de la ressemblance – autour de la différence.

La construction de l'identité en tant que liée, en son origine, à l'assurance d'être « comme les autres »... N'entend-on pas souvent cette quête « d'être comme les autres ? Cette réassurance évite l'angoisse de la décohésion et conditionne la mise en place de tout le processus de discrimination, comparaison que l'enfant a à opérer et qu'il opère au même moment. Mais, il semble que cette épreuve, dans l'angoisse qu'elle génère, reste menaçante au-delà du Miroir. C'est toujours le corps qui parle...

Mais il se découvre, aussi, que, se vivre comme les autres va de pair avec l'assomption de l'individu dans sa différence sexuée. Car, dans la foulée de la découverte scopique du visage, l'enfant en fait une autre : celle de son sexe. Ce mouvement s'impose naturellement, car, à partir de ce moment, et de ce moment seulement, il travaille au niveau d'observations qui l'intéressent plus après l'expérience scopique : « Peu après l'acceptation des fruits de l'expérience du miroir, l'enfant découvre que, si tous les enfants ont en haut de leur corps une tête avec, devant, un visage, et derrière, des cheveux, s'ils ont en haut de leurs jambes, derrière, des fesses (si les enfants, de dos, sont tous pareils), de face, ils ne sont pas pareils » *(ibid.)*.

Il subit, alors, ce qui s'appelle la castration primaire « [...] effet de la découverte de la différence des sexes ; et celle-ci, naturellement, est associée au visage, puisque celui-ci est toujours visible de face, comme le sexe [...] » (*ibid.*, p. 159).

Cette rencontre synchronique – l'expérience du miroir – et diachronique – le mouvement naturel qui le pousse vers une nouvelle découverte, celle des sexes cette fois ci – a une portée décisive pour son devenir : « De se voir nu, conforme à la nudité des autres enfants, lui permet de savoir que, nu comme il est, il deviendra homme ou femme adulte, et ne demeurera pas chien, ou toute autre créature qu'il a pu se croire être avant l'expérience scopique » *(ibid.)*. Remaniement identificatoire en ce que jusque-là, il se confondait « [...] dans la réalité avec les fantasmes narcissiques qui le portaient à s'imaginer tel qu'il désirait être [...] » (*ibid.*, p. 154), l'autre prenant la forme d'une personne ou d'un autobus, d'un avion, d'un train, d'un cheval, d'un oiseau. À partir de l'expérience du miroir : « Il sait qu'il ne peut plus se confondre avec une image fantasmatique de lui-même, qu'il ne peut plus jouer à être l'autre qui manque à son désir » *(ibid.)*.

Avec la découverte de la particularité de son sexe, l'enfant a à symboliser son avenir d'homme ou de femme : « [...] l'assomption symbolique du sujet dont le visage est garant d'un désir en accord avec son visage et avec l'avenir tel qu'il l'intuitionne [...] » (*ibid.*, p. 161).

Autant dire que les perceptions ressenties à son sexe, les observations qu'il effectue, impose un travail de décodage que l'enfant ne peut effectuer seul, là non plus. La façon dont il lui est répondu, dont il est accompagné, va permettre la cohésion ou la décohésion entre ce visage et ce sexe. La condition d'une bonne liaison réside, bien sûr, dans des paroles vraies qui « [...] *réfèrent la conformité de son sexe à un avenir de femme ou d'homme, c'est cela qui donne valeur de langage et valeur sociale à son sexe et à lui-même* [...] » (*ibid.*, p. 166).

La condition réside dans des paroles vraies qui vont lui permettre de ressentir son sexe positivement ou négativement, c'est-à-dire d'intégrer avec fierté sa particularité de garçon ou de fille. Maladroitement accompagné, l'enfant peut continuer à grandir dans la honte de la particularité de son sexe, déniant, refoulant plus tard, les sensations ressenties jusque-là, sans avoir symbolisé l'avenir humain auquel il est promis. Identifié encore à un animal, sans visage ni avenir humain, « [...] en n'acceptant que le plaisir des fonctionnements de besoin – constipation, encoprésie, soi-disant cystite ou énurésie –, soit, au contraire, un sexe correspondant bien au (sien), mais que (sa) façon de parler, de se comporter n'assume pas » (*ibid.*, p. 160).

Des paroles vraies, si elles donnent un sens humanisant à la sexualité génitale en question, dès ce moment de son développement, lui permettent de se connaître en tant qu'enfant d'homme et de poursuivre ses identifications de ce côté-là.

Une expérience à construire entre deux images

Au niveau du ressenti de son corps, du lien entre le sujet et celui-ci, l'enfant va être précipité dans une véritable stupeur face à la séparation dont il prend connaissance : le risque de décohésion est à nouveau en jeu. À le dépasser, il en ressent son identité de sujet.

« [...] la blessure [...], la castration de l'expérience du miroir, c'est le choc pour l'enfant de s'apercevoir que l'image spéculaire, reflet purement inanimé est une image très différente de l'image du corps » (1992, p. 76).

Sa découverte scopique va remanier sa représentation. Là, il fait une expérience « [...] une expérience concomitante de sa présence [...] » (1984, p. 152), mais « [...] uniquement scopique [...] » *(ibid.)*. Certes, « [...] son image disparaît quand il n'est plus devant le miroir, et [...] réapparaît quand il s'y replace [...] » (1992, p. 68), mais, elle est « [...] sans réponse, sans communication » (1984, p. 152). Tel Narcisse, il ne rencontre personne : « [...] une image seulement » (*ibid.*, p. 149). C'est un reflet purement inanimé.

Depuis ce reflet inanimé, il fait l'expérience « [...] d'un "blanc", d'une relation scopique étrange, discordante, qui sert de masque vivant, toujours plus ou moins traître, pour le ressenti du sujet » (*ibid.*, p. 152). Un blanc relationnel, un « [...] trou symbolique [...] » comme le renvoie J. D. Nasio (1992, p. 70), qu'il va falloir remplir de sens.

F. Dolto illustre le choc qu'a à métaboliser l'enfant dans l'histoire, rapportée par leur mère, de deux jumeaux[1], que seuls sa mère et un bébé[2] né après eux distinguaient. L'un d'eux, malade, empêché d'aller à l'école, était resté seul avec sa mère. Il jouait dans sa chambre, lorsqu'elle entend « un ton de supplique » monter : l'enfant était en train de « [...] supplier son image dans le miroir de l'armoire, de prendre le cheval de bois et de monter dessus » (*ibid.*, p. 77). Il avait « [...] pris son image dans le miroir pour la présence effective de son frère » (*ibid.*, p. 78).

À la vivre, cette expérience distortionne en ce qu'elle met en menace son intégrité de sujet : « Elle distortionne dans la mesure où l'image scopique ne montre qu'une seule face du sujet, quand en vérité l'enfant se sent tout entier dans son être [...] » (*ibid.*, p. 75).

L'enfant-sujet s'aperçoit que les autres n'entrent pas en connaissance de lui dans son entier, mais seulement au niveau de son apparence, de ce qu'ils voient de lui. Ce n'est pas par l'image du corps, lieu de l'intégrité, du continuum cohésif où il poursuit la recherche de son identité, qu'il est reconnu. Ce qui se dit en d'autres termes : « *C'est l'expérience du miroir seulement qui donne à l'enfant le choc de saisir que son image du corps ne suffisait pas à répondre pour les autres de son être connu d'eux.* Qu'elle n'est donc pas totale. Ce qui ne veut pas dire que l'image scopique réponde de lui » (1984, p. 151).

L'enfant vient de découvrir que « nous vivons tellement sur l'apparence que nous donnons, que la perception profonde localisée dans l'image du corps – qui elle ne se voit pas –, reste en général déniée par l'image du miroir » (1992, p. 75-76).

Croisement du culturel et de l'individuel dans la découverte que l'apparence distortionne (mais va protéger) l'authenticité.

1. Cf. 1984, p. 155-156 ; 1992, p. 75-80.

2. « Ceci est très intéressant de remarquer que le bébé ne se trompe pas dans la reconnaissance des frères aînés jumeaux ; alors que le père, lui, se trompe. C'est-à-dire que le bébé est sensible à l'image du corps et non pas à l'image scopique » commente F. Dolto, 1992, p. 76-77.

Dans le choc, dans la stupeur, l'enfant doit remanier son expérience afin de s'assurer que, par-delà le témoignage scopique, quoi qu'il arrive, il ne sera jamais morcelable : « La répétition de l'expérience du miroir vaccine l'enfant de la première stupeur qu'il a eue, et l'assure, par le témoignage scopique que, quoi qu'il arrive, il n'est jamais morcelable : puisque, pour les autres qui se reflètent comme lui, le “rapt” de leurs apparences ne les atteint pas dans l'intégrité de leur être entier, qu'il continue de rencontrer comme auparavant, dans la chaleur des échanges, des oppositions ou des accords de désirs entre lui et les autres, que le langage – au sens total du terme – signifie, mais pas ou très peu l'aspect visible des corps » (1984, p. 151-152).

C'est grâce à la présence accompagnante d'un autre que l'assomption vivante de l'image scopique va se faire. Afin que l'expérience scopique ne reste pas inélaborée ou douloureuse, l'autre doit l'aider à faire la *démarche en miroir.* Sa présence était importante pour que le sujet travaille du côté de son identité d'enfant. Elle l'est, maintenant – au même moment –, quant à sa relation de sujet. La réassurance qu'il est, comme l'autre, soumis aux mêmes conditions de réflexion, va permettre à l'enfant-sujet, cette fois-ci, de travailler autour de la différence entre l'apparence et le ressenti de son être, enjeu auquel il doit parvenir. Elle lui permet de transformer le caractère « inanimé » de l'image dans le sens du « vivant », de trouver un sens vivant à cette expérience ressentie comme inanimée.

Il y a comme un effet de spirale dans le travail à effectuer entre le corps et l'image qu'il donne. Le sujet court, alors, le risque de la dissociation entre deux images, après – au sens de la distance qu'il prend par rapport à lui-même – celui de la décohésion entre des bouts de corps. Le premier traumatisme et le second s'articulent : la découverte du visage et le travail d'articulation autour du corps dans son entier qu'elle amène, puis la distance, pour ne pas dire la réflexion que cette découverte provoque dans son effet d'image inanimée. Le travail d'articulation entre le *schéma* corporel et l'image du corps se noue, travail du sujet à partir du traumatisme symbolique d'une présence scopique ou d'une absence de réponse, sans vie.

Isolons ce second mouvement du point de vue de ce « blanc », blessure symbolique que le travail autour du reflet inanimé de l'apparence scopique fait découvrir à l'enfant. Il le conduit du côté du « [...] fondement véridique » du sujet, de « [...] son authenticité irréductible de sujet de son identité [...] » *(ibid.)*, selon les termes que F. Dolto utilise dans *Le cas Dominique* (1971, p. 196), qui réside dans l'image du corps, lieu du ressenti profond. L'enfant fait, à partir de lui, la distinction entre l'image inconsciente et l'image consciente du corps, celle qui correspond à ce que les autres voient de ce corps, moins ce que chacun de nous croit que les autres voient de ce corps (1997, p. 134). Ressenti plus profond et plus riche, aussi. C'est, du coup, du côté de cette opposition que G. Guillerault ouvre une réflexion sur « la richesse polyphonique » de ou des images du corps préspéculaires (*ibid.*, p. 183) – tant elles étaient élaborées à partir de l'activation de l'ensemble de la gamme sensorielle, alors que, dorénavant, la prévalence des pulsions scopiques, donc de l'image scopique auxquelles elles donnent forme, va restreindre le registre du ressenti, trahi qu'il devient par l'apparence. Cette expérience porte, alors, un nom : le refoulement. En ce sens, le miroir contient une dimension d'appauvrissement.

Un remaniement relationnel

« Cette expérience de l'image qu'il voit dans le miroir, quand il l'intuitionne comme sienne, met brusquement le sujet aux prises avec une plus-value des pulsions scopiques sur toutes les autres pulsions, plus-value qui ne va pas de soi et qui s'affronte aux valeurs d'échange comme aux valeurs narcissiques des autres pulsions : olfactives, auditives, tactiles » (1984, p. 150), tant, jusque-là, dans la constitution de l'image du corps, les pulsions scopiques n'avaient que peu ou pas de place.

Se superpose, ici, une double expérience, sur fond d'expérience du double, à engrammer du point de vue relationnel. L'image du bébé que l'enfant découvre, dont il ignore que c'est la sienne, est d'abord vécu comme un double – un autre bébé –, un autrui inconnu. Alors se pose pour lui une interrogation choquante. Les réactions de cette image sont les mêmes, en miroir, que les siennes, mais il n'obtient pas de réponse. Ce reflet, en effet, est froid au toucher, il ne veut pas entrer en contact avec lui. À partir de l'interrogation que lui pose cette relation, cette absence de relation, l'enfant va travailler un nouveau schéma de communication avec lui, comme avec l'autre. Il va travailler du côté de la réalité de la présence à soi et à l'autre : il va perdre de l'imaginaire où il se prenait pour l'autre. Mais dans le même mouvement, c'est l'authenticité de la présence qu'il va découvrir, celle qui ne réside pas dans ce qui se voit. Il va travailler du côté de l'Autre.

Réfléchissons du côté de l'autre, d'abord...

La prévalence des pulsions scopiques impose un remaniement entre un ressenti profond et une image d'apparence. Elle va imposer, du même coup, un remaniement de l'imaginaire au profit de la réalité de fait : la réalité de la présence de tout un chacun qui se donne dans l'apparence.

Sa relation à lui va prendre effet de réalité au sens où il va perdre de sa construction imaginaire : « Il se découvre alors sous la forme d'un bébé tel qu'il en voit d'autres, alors que, jusqu'à présent, son seul miroir était l'autre avec qui il était en communication : ce qui pouvait lui faire croire qu'il était cet autre, mais sans qu'il sache ou sache vraiment que cet autre avait une image scopique, et lui pareillement » (1984, p. 151). La métabolisation de ce que chacun a une image scopique, réalité de fait, induit un remaniement de son mode de construction imaginaire : il ne peut plus croire qu'il est l'autre, il ne peut plus l'imaginer. Il gagne, si j'ose dire, en réalité relationnelle, c'est-à-dire en relation moins fantasmatique. Quand la vérité de la rencontre est refoulée, le sujet gagne en réalité relationnelle. Paradoxe de la phase du miroir où la vérité s'impose et se refoule, où l'imaginaire relationnel perd et le sujet gagne en réalité relationnelle.

Ce remaniement de l'imaginaire dans lequel il se vivait comme objet partiel, ce changement radical de régime subjectif imaginaire, G. Guillerault (*ibid.* p. 179) le qualifie de franchissement très promotionnant (*ibid.*, p. 178).

En effet, ce renversement de la construction en cours au profit de l'image scopique, c'est ce qui va venir donner forme au Moi, à l'avènement, l'instauration du Moi, « à une forme imaginaire stable : le Moi » (*ibid.*, p. 184). Le franchissement de l'épreuve du miroir se solde d'un mouvement de bascule, « [...] faisant passer des IC échappant à toute conscience, au Moi conscient se soutenant de l'image scopique du corps » *(ibid.)*.

De cette mise en place, l'enfant-Sujet va désormais pouvoir jouer de l'écart entre le Moi, face visible de la personne et l'essence du sujet qu'il est, désormais refoulée ; il va découvrir le jeu par rapport à lui et par rapport à l'autre de l'écart, dont il battra, seul, la mesure, y compris dans la réfutation de l'écart : « [...] chacun se prend pour son Moi – au moins jusqu'à un certain point (avancé). Il faut de fait cette adhérence, cette adhésion au Moi pour ne pas se prendre pour un autre, pour n'être pas fou » poursuit G. Guillerault (*ibid.,* p. 190).

Ne pas se prendre pour un autre : tel est l'enjeu relationnel. Si bien que si l'enfant vit une épreuve sur le plan relationnel, c'est une épreuve nécessaire. Car s'il n'y avait que l'image scopique comme substrat de la relation, s'il n'y avait « [...] qu'une image scopique de son corps et de son visage, lieu dans l'espace de son Moi, et si c'était cet extérieur qui parlait à l'autre, il n'y aurait pas d'expression de lui, ce serait en tant qu'objet soumis à ce que l'autre veut de lui » (F. Dolto, 1997, p. 226-227).

Épreuve promotionnante, pour ne plus rester aliéné à l'autre. Car, dans le fond, tel est le bénéfice du Miroir : le sujet a matière, là, à dépasser la phase où il se trouvait « [...] assujetti au jeu relationnel "des objets partiels" (G. Guillerault, *ibid.,* p. 187), à se dégager "[...] des mirages hypnotiques [...]" de la dyade (*ibid.,* p. 178). La dyade, en effet, va "[...] en un sens, partiellement, s'y dissoudre (y dissoudre le partiel justement)" » (*ibid.,* p. 182).

Là où l'expérience du miroir se donne comme situation analysable dans les termes d'un double lien : au-delà de la dimension d'appauvrissement, elle procure quelque « [...] effet de vérité [...] » (*ibid.,* p. 178), par rapport à la fantasmagorie fusionnelle où l'enfant s'était construit jusque-là.

Mais après l'autre, l'Autre. Réfléchissons maintenant du côté de cet Autre en soi et dans l'autre.

« Le miroir permet à l'enfant de s'observer comme s'il était un autre qu'il ne rencontre jamais. Il "se " voit, mais tout son désir de communiquer avec un autre est là frustré » (1984, p. 152) – qu'il ne connaît pas et qu'il ne connaîtra jamais à partir de sa seule apparence.

Ne vient-il pas de faire l'expérience de l'Autre en lui, tel que D. Vasse l'explicite, de ce qui échappe, et échappera à jamais en soi ? Sachant qu'il opère ce mouvement par rapport à lui et par rapport à l'autre. En effet, contrairement au mode de construction de son expérience, au lieu « [...] d'un être en volume et chaud » *(ibid.)*, expérience d'autrui qu'il a jusqu'à présent, il est face à « [...] une surface plane et froide » *(ibid.)*.

Il doit remanier son expérience de lui, comme de l'autre et transposer, en miroir, sa découverte : il ne peut pas communiquer avec lui à partir de sa seule apparence, ni avec l'autre. Autrement dit, au moment où il fait l'expérience du leurre de sa rencontre, il fait l'expérience « [...] du leurre de la rencontre d'autrui [...] » *(ibid.)*.

L'expérience du miroir l'a, ainsi, ouvert « [...] au règne de l'apparence, du leurre, du masque, qui ne va cesser de fausser le jeu de la communication avec autrui comme avec soi-même », comme le formule G. Guillerault (*ibid.*, p. 182).

De la même manière qu'il ne se connaîtra jamais à partir de sa seule apparence, il ne connaîtra jamais l'autre à partir de sa seule apparence. Il vient d'engrammer l'expérience de l'Autre en lui, comme de l'Autre en l'autre : expérience déjà en route, d'emblée, dès la naissance du sujet ; simplement, là, avec le miroir, elle se fixe[1].

Reste alors à métaboliser du côté de « ce qui échappe » dans l'apparence : l'authenticité de la relation. F. Dolto insiste sur la présence et la parole de l'autre. L'expérience vécue du Miroir dépend des médiations apportées à l'enfant : son ressenti va en être très différent selon les modalités de cette présence. « À ce moment – j'insiste –, il faut un aîné qui lui parle pour lui apprendre à distinguer la chaleur de la relation vraie avec autrui de la relation trompeuse avec l'image » (1992, p. 74).

À ce moment, face à la menace de l'expérience du double, l'enfant-sujet opère un double travail : au niveau de la rencontre et à partir de ce qui échappe, qui ne se connaît pas et ne se connaîtra jamais, de la rencontre authentique. Elle réside dans ce qui ne se voit pas. Autrement dit, il transpose, en miroir, ce questionnement de son authenticité, sur la relation à soi comme à

1. Cf. sur ce point, les réflexions de B. Ogilvie (1987), à propos de Lacan quant à la phase du miroir ; cf. aussi F. Chébaux (1999), à partir desquelles j'aboutis à souligner que le sujet est d'emblée divisé, l'Autre est en lui, d'emblée, à sa naissance, dialectique du sujet entre objectivité et subjectivité, qui est le propre de cette perspective du sujet...

l'autre. Il s'opère, là, un remaniement topique et dynamique, puisque l'authenticité de la relation à soi, comme à l'autre, le « [...] lieu véridique de toute rencontre interhumaine authentique, de celles du moins qui ne se réduisent justement pas à l'artificiel de l'apparence scopique, à la mondanité du visible », comme le dit G. Guillerault (*ibid.*, p. 185), va résider dans l'image inconsciente du corps.

L'image scopique refoule l'image du corps, au passage, G. Guillerault propose que l'inconscient prend place au moment où s'en refoule le fondement de corps ; il en est caractérisable comme le lieu de l'image du corps (*ibid.*, p. 185). Se dessine, là, toute la portée de ce avec quoi l'humain aura à faire sa vie durant avec les effets du miroir : les sensations de son corps, auxquelles il avait un accès direct, qui seront désormais refoulées, inaccessibles en direct... mais lieu d'une authenticité qui échappe.

Un remaniement narcissique : une expérience de solitude

Le narcissisme de l'enfant-sujet s'est constitué, jusqu'à l'expérience du miroir, à partir de l'autre qui l'informait et lui donnait cette sécurité cohésive. À suivre la logique du langage de son désir « [...] le narcissisme de l'enfant s'informe de l'inconscient de la mère et s'y accorde, se conforme sur la façon dont elle le regarde. Son être vivant (sa vivance) au sens végétatif (passif) et sa "vitalité" au sens animal (moteur), son sexe, s'accordent inconsciemment aux émois qu'il suscite et que ressentent les personnes qui, en s'occupant de lui, revivent l'histoire de leur propre narcissisme que l'enfant leur fait remémorer » (1984, p. 156-157).

Son narcissisme, la manière dont il sent son corps, dont il se vit, que soutient le travail de symbolisation théorisé dans « l'image du corps », se complémentait de l'autre dans une dynamique illusoire, mais nécessaire, de complémentation. Avec l'expérience du miroir, le narcissisme, en même temps qu'il change de zone – le scopique –, va changer de régime. L'enfant va devoir investir l'image scopique comme la sienne, la reconnaître comme valorisante, opérer un auto-investissement. « Il n'en découvre l'apparente intégrité ou non, le caractère euphorisant ou non, que si son narcissisme se satisfait de l'image qu'il voit dans le miroir, et que tout autre pourrait voir » (*ibid.*, p. 156).

Le narcissisme va être auto-informé par l'investissement de l'enfant, à ce moment seulement. Caractère promotionnant de la phase du miroir, où le sujet est conduit vers un dépassement et un déplacement de sa dynamique. Moment de vérité narcissique, au sens où la phase du miroir introduit un dépassement des images illusoires de la construction de soi dans le rapport à l'autre et un déplacement narcissique, opéré depuis l'autre vers soi : le Moi s'est investi en tant qu'objet de par lui-même. « Ce n'est qu'après l'expérience du miroir que l'image du corps du bébé informe son propre schéma corporel, selon le langage que constitue l'image du corps pour le sujet, en référence au sujet-mère » *(ibid.)*. Il va porter le nom de « primaire ». Là où ce moment du miroir est « [...] *le moment de l'apparition clinique de l'identification primaire : origine du narcissisme primaire* [...] » *(ibid.)*

Il s'observe dans la modification des représentations des personnes : « L'intuition qu'avait l'enfant de sa vérité et de la primauté de son image inconsciente du corps, de l'ordre de l'invisible, mais qu'il représentait dans ses dessins et modelages, fait place à des représentations d'images consciemment valeureuses et visibles. L'enfant dessine des personnages tels qu'il voudrait que le miroir lui renvoie l'image de son corps : dans une apparence en accord avec son narcissisme. Il donne aux figures humaines des caractéristiques reconnaissables, et des attributs symboliques masculins ou féminins s'il est fier du sexe qui est le sien » (*ibid.*, p. 162).

Mais si au niveau de l'enfant-sujet, l'image inconsciente du corps subit un refoulement, l'image de son corps devenant consciente, son narcissisme, son identité-valeur, va suivre le même régime. F. Dolto va parler, depuis cette expérience du miroir, dans les termes d'une trahison en ce que l'enfant vit « [...] une discordance par rapport à ce qui était le véritable ancrage narcissique du sujet, au niveau intangible de son image du corps » comme le commente G. Guillerault (*ibid.*, p. 178), qui n'est pas celle que l'autre peut voir, mais « [...] image dynamique de désir en acte et en communication » (1997, p. 226) : c'est celle d'un désir toujours en marche comme le précise F. Dolto. Trahison, discordance, qui le plonge dans un nouveau conflit à résoudre : elle l'ouvre à une prise de solitude.

La différence, avec l'avènement scopique de soi, l'enfant la mesure, en effet. F. Dolto en rend compte, une fois le processus effectué : « L'image scopique du corps, qui commence à prendre valeur à partir de 2 ans et demi, 3 ans, refoule l'image préexistante et prend désormais le pas sur elle, parce que cette image scopique, l'enfant a appris à savoir que c'est celle qu'il donne à voir et que l'autre supporte de sa présence, alors que l'autre ne supporte pas toujours les questions qu'il pose ou les gestes qu'il fait en référence aux problèmes que lui pose son image du corps inconsciente » (*ibid.*, p. 134).

C'est ainsi un effet de solitude que le Miroir génère ; l'impact affectif, narcissique, de l'expérience du miroir, les effets de cette discordance entre authenticité et apparence vont livrer le sujet à une recherche entre lui et l'autre dont il battra seul la mesure. Il va apprendre, selon les moments, à jouer un rôle.

En effet, c'est à sa propre image que l'enfant a à s'identifier, dynamisé toujours par la recherche de complémentation dont il vient d'apprendre qu'il ne trouvera plus la réponse qu'en lui-même, comme chacun, dans ce qui demeure inconscient de son identité, dans son image du corps maintenant refoulée qui perdure pourtant : « [...] mais justement, comme inconsciente, et constituant ce noyau de vérité irréductible du sujet à jamais présent (/absent ?) dans sa relation à lui-même et à autrui, comme trace de son sensorium d'enfant, depuis sa conception » comme le dit G. Guillerault (*ibid.*, p. 187).

Le miroir, de ce point de vue est moment de vérité, mais douloureux. C'est un conflit Moi-Sujet, état apparent / mouvement de désirance, conscient/inconscient, qui met le sujet en position de recherche et de défense de son identité, à jamais présent/absent à lui, à l'autre, comme l'autre : « Or, cette blessure déterminée par l'image scopique susciterait chez l'enfant une sorte d'alerte permanente afin de s'assurer que l'image est bien réglée au regard de son être dans le rapport aux autres ; et en définitive, afin de défendre son identité » propose J. D. Nasio (1992, p. 70). L'enfant va devoir apprendre à jouer entre image scopique, lieu de l'apparence et image du corps, lieu de sa vérité : le bénéfice, l'effet symboligène, de cette phase du miroir livre le sujet à sa liberté de composer, de rechercher comme de défendre cette identité, à en jouer, pour éviter les blessures. « Cependant, c'est aussi grâce à la tromperie imaginaire que tous les enfants jouent à se faire des grimaces où à se renvoyer des grimaces dans la glace. Aussi apprend-il à sourire et en dernière instance, à se servir de l'image menteuse pour être moins en danger dans le lien à l'autre, ou au contraire pour s'en séparer », renvoie F. Dolto (*ibid.*, p. 74). Le miroir ouvre à une fonction séparatrice, castration symboligène et protectrice.

Seul, il était, jusque-là, masquant cette solitude d'un leurre symbiotique. Avec le miroir, il aura possiblement, définitivement *seul* – une image dont, face au miroir, il apprend qu'il est *seul* la cause (1984, p. 151). Changement de régime subjectif imaginaire, changement de régime narcissique. Moment de vérité qui va laisser le sujet, sa vie durant gérer la découverte du miroir.

Les pièges du miroir

L'enfant vient de découvrir la mécanique de la relation. Elle tient dans un leurre : il n'est pas là où l'autre croit le voir et réciproquement.

Pour autant, insuffisamment accompagné dans le passage de cette épreuve, il peut rester aliéné à lui comme à l'autre, donc régresser pour continuer à vivre. « Il y a là une expérience de la rencontre d'autrui, dont il peut lui arriver de se satisfaire, un peu comme il se satisfaisait de l'objet transitionnel : s'y piégeant par ennui dans sa solitude, par manque de rencontres avec d'autres personnes, par absence de joujoux, de distractions, comme on dit » (1984, p. 152-153). Un peu comme il se satisfaisait de l'objet transitionnel... Allons voir du côté de ce qui se vit dans le recours à l'objet transitionnel.

Au moment où F. Dolto nous entraîne à réfléchir du côté de la pathologie des images du corps, elle évoque les situations de séparation brusque et sans explication, où l'enfant, à se vivre comme abandonné, régresse dans son corps et son comportement vers des situations déjà connues, plus rassurantes. L'enfant, dans les cas moins dramatiques, plus à l'ordinaire, peut se déprendre de cette solitude brutale, inhumaine, non accompagnée, par une satisfaction solitaire – « [...] d'une manière qu'on doit qualifier de masturbatoire imaginaire invisible [...] » (*ibid.*,

p. 219) – qui lui permet d'élaborer « [...] des fantasmes de corps à corps avec la mère absente que (son) propre corps-chose (lui) sert à présentifier dans la solitude du berceau » *(ibid.)*. Il suce son pouce... comblant d'une façon autoérotique sa solitude, soutenu d'une présence seulement au niveau de ses besoins. « Si cet enfant se développe ainsi en solitaire jusqu'à la découverte de la préhension manuelle, sa nécessaire activité masturbatoire, associée au suçage du pouce, se fixe à un objet innommable qu'il maintient sous son nez, le suçant, le respirant, son être au monde étant totalement absorbé dans les sensations que, par là, il se donne » *(ibid.*, p. 220). C'est l'objet transitionnel ainsi appelé par Winnicott[1]. Ainsi, il développe une défense opérationnelle par rapport à la solitude, défense à laquelle il va recourir, dans ce moment du miroir. Là, il va se contenter de l'expérience relationnelle de l'apparence de ce qui n'est pas un être vivant « [...] mais une apparence partielle, un mannequin et un masque d'être vivant » *(ibid.*, p. 153), devenir fasciné, esseulé qu'il est par « [...] le piège que crée une apparence » *(ibid.)*, parce qu'elle a « [...] un effet rassurant au regard des fantasmes phobiques de vivre seulement avec des objets inanimés [...] » *(ibid.)*. Il est rassurant de trouver une fausse réponse, plutôt que pas de réponse. Mais alors « cette fascination de l'esseulé peut arrêter sa recherche de communication sur une fausse réponse, apparemment moins terrorisante que la solitude, mais réponse répétitive d'une image figée de lui-même, fétiche d'un autrui » *(ibid.*, note de bas de page, p. 153), fonction qu'occupait l'objet transitionnel, dont il se satisfaisait. Dans les mêmes conditions, il va se laisser absorber par les sensations qu'il se donne, se nourrissant seulement de l'image figée de lui-même, seulement de l'apparence aux dépens du ressentir. Défense rassurante « [...] mais tout à fait adynamique » *(ibid.)*, tant à son niveau qu'au niveau de la relation.

« Sa propre image peut suffire à son jouir [...] » *(ibid.*, p. 153).

Il tombe dans le piège de l'apparence, de l'image scopique aux dépens de l'image inconsciente du corps. « Le piège peut constituer une fascination mortifère pour l'image du corps inconsciente même : l'image scopique devenant un substitut conscient de

1. Cf. D. W. Winnicott, 1969, 1975.

l'image du corps inconsciente [...] » *(ibid.)*. L'image scopique s'est substituée à l'image de vérité « [...] provoquant chez l'enfant la méconnaissance de sa vraie relation à l'autre » *(ibid.)*. Ceci s'entend dans le risque pour le sujet de ne plus s'exprimer dans sa vérité, car tel est, dans le fond, l'enjeu avec lequel l'enfant a à travailler.

Ainsi, si la situation est a-dynamique, c'est qu'au lieu de savoir jouer entre l'apparence et l'authenticité, il ne sait plus que mimer son ressenti. Il se replie sur du répétitif rassurant, comme quand il recourait à l'objet transitionnel. J'y reviens dans ce que F. Dolto en analyse : « On peut le comparer aux jokers dans les jeux de cartes, qui servent de remplaçants à toutes les cartes manquantes, particulièrement référencées à l'atout (ici la mère, "la Tout" pour son bébé) », explique-t-elle (*ibid.*, p. 220).

Il va rester objet partiel... assujetti à l'autre qui reste Tout pour lui. Dans le temps même où il se satisfait de sensations propres que lui donne son image – « [...] en souvenir de sa propre image [...] » (*ibid.*, p. 153) –, il revient à l'indistinction moi-autre.

Dur piège de l'épreuve de l'apparence laissée s'être accomplie dans la solitude.

Mais, en miroir, s'il peut ne considérer que son apparence, il peut aussi se mettre « [...] à ne plus considérer que l'apparence d'autrui et à ne donner dans sa relation à autrui que l'apparence d'un plaisir dû à la rencontre » *(ibid.)*. Les relations intersubjectives n'ont plus pour l'enfant « [...] sens de plaisir partagé » *(ibid.)*. Le piège s'est refermé. Il est devenu « [...] jouissance optique [...] » *(ibid.)*, et la relation intersubjective synonyme d'artifice où l'apparence est fétiche d'autrui, comme de soi. Si dans le cas précédent, on peut dire que le sujet reste objet de l'autre, dans celui-ci, c'est l'autre qui devient objet.

Narcissisme

Le narcissisme est, pour F. Dolto, la force vitale, excusez du peu ! Inspirée par la spiritualité qui la guide, on peut même la définir comme « la force vitale de Dieu en nous » (1989, p. 15) ; c'est cet amour de soi qui a su pactiser avec les ratés des communications, des relations par rapport à soi et par rapport aux autres, le sentiment de sa juste valeur bien castré des idéaux, remis en accord, pacifié avec les illusions nécessaires au vivre, acceptation des divisions en soi dont le quotient laisse une dynamique de sécurité qui permet de s'aimer comme on est et d'aimer les autres. Le narcissisme, c'est cette dynamique déjà là, dans l'appel au vivre, mais qui va et devient, se soutenant de l'autre, de la manière de l'autre, jusqu'à pouvoir s'en individuer, allant-devenant suffisamment confiant en soi, en l'autre, en la vie. Mais à en rester là, on perd la version-corps sur laquelle il s'édifie, avec laquelle concomitamment il s'édifie et perdure, dans la théorisation et la clinique de F. Dolto, version-corps d'origine, faite d'autre, qui, du coup, implique les conséquences éducatives qui nous intéressent. Nous allons, ainsi, le définir, au plus près de ce que la théorisation doltoïenne en observe : nous verrons d'abord le narcissisme, en son état, dans son fonctionnement. Nous interrogerons alors la manière dont il se construit, en l'origine, afin d'en apercevoir, ensuite, quelques-unes des questions éducatives qui peuvent se rencontrer.

Dans le fond de cette question découle l'un des principes fondamentaux dans la perspective de la recherche d'une éducation qui se laisserait inspirée de la psychanalyse doltoïenne : ne jamais porter atteinte au narcissisme de quelqu'un...

La traduction d'un narcissisme

Être narcissisé, cela se traduit, estime F. Dolto, quand l'enfant « a une autonomie qui le met en sécurité » : il assume lui-même ses besoins (se vêtir, se nourrir, se torcher sans aide, se réveiller à l'heure pour aller à l'école, définition du narcissisme primaire – le soi-même s'aimant, le soi-même se donnant à manger, le soi-même se donnant les soins corporels, le soi-même devenu comme un substitut gardien de son corps (1997, p. 41) – : l'enfant s'automaterne, il a introjecté vis-à-vis de son corps un comportement maternant, et il se comporte, avec les enfants de son âge, sans menace pour lui, comme pour eux (1988, p. 25-26). Sans menace... entendons que le sujet de Dolto s'édifie, sa clinique en rend compte, nécessairement dans la recherche ou la trouvaille plutôt d'une sécurité, faute de laquelle il est prisonnier de ses fantasmes de déréalisation ou de morcellement, noués en son corps (crever, éclater, se faire écraser...). « Sans menace », pour lui, comme pour les autres, c'est ce fond d'angoisses auquel l'amarre dans des repères spatiaux et temporels lui permet d'échapper. Quand elle parle d'enfants phobiques, elle note l'absence de sentiment d'instinct de conservation (1997, p. 165). Être narcissisé, c'est avoir trouvé la voie de cette sécurité existentielle, dont la traduction, l'indicateur, est cette capacité à aller sans ressentir de danger, sans en faire ressentir à d'autres : l'autonomie qui le met en sécurité. Être autonome dans le présent, vivre dans un présent narcissisé, c'est-à-dire en sécurité, c'est avoir intégré son passé, dit-elle (1988, p. 26). « L'enfant structure un mode de rapports imaginaires constamment et continûment présent, mais référé inconsciemment au passé qui ne doit pas s'en disjoindre pour assurer l'avenir ; il est comme en colloque muet affectif intime à lui-même à l'instar de sa mère intériorisée à lui, et dès qu'il peut parler il se parle à lui-même (tout haut quand il est seul) comme sa mère lui parlerait si elle était présente [...] » (1997, p. 41). Il se comporte en conformité avec les codes de langage, au sens large, engrammés dans l'identification inconsciente à la mère archaïque, modèle dans son image de sécurité assurée. De ce style de relations-là, dans son passé par rapport au présent actuel de l'enfant, se dégage une « attitude subjective », dit F. Dolto, une aptitude subjective, pourrait-on dire, à vivre en sécurité avec soi et avec les autres : une sécurité vitalisante conciliatrice avec son corps, son environnement, avec soi-même. Le narcissisme est état de sécurité, mais il est continuité ; il est mouvement. En ce sens, il aura une histoire. D'où cette définition : « [...] *je définis le narcissisme : comme la mêmeté d'être, connue et reconnue, allant-devenant pour chacun dans le génie de son sexe* » (1984, p. 50). Le narcissisme est génitalisé bien sûr : il s'observe depuis cette capacité à s'automaterner, mais à se comporter « d'une façon qui est conforme à celle des enfants de sa classe d'âge quand il est avec eux », entendons qu'il est mûr pour aller vers « une génitalisation assumée, c'est-à-dire savoir de quel sexe il est » (1988, p. 26), mûr pour les questions relatives à l'anticipation de son avenir génital. Le narcissisme se signe de l'installation d'une attitude sécure vis-à-vis de soi, mais toujours dans l'appel à de l'autre, aux autres. Il s'observe dans le rapport à son corps, et à la fierté de son sexe. Il est, mais va et devient. Il est devenu, va allant et devenant selon l'autre.

F. Dolto distingue différents moments au narcissisme : celui qu'elle appelle primordial ou fondamental, le tout premier qui se structure à la naissance. Elle parle aussi d'un narcissisme primaire (qui s'installe avec le Miroir), et du narcissisme secondaire (résultat de l'interdit œdipien).

Narcissisme et image du corps

Le sujet est travail de l'élaboration d'une représentation de soi, d'une image de soi, mais dans la manière dont il la constitue, à partir du style de la relation dyadique, c'est une image de soi affectée qu'il se forme. Cette image vise à la sauvegarde de ce qui s'y constitue et de ce qui va se constituant : un continuum de sécurité, mêmeté d'être, que le sujet cherche à connaître et à reconnaître, à trouver et à retrouver. Le sujet s'emploie à la construction de cette image dans une relation indispensable à un autre, dans la recherche de sa présence, profitant de son absence pour se leurrer de sa présence, tant sa présence même substitutive est garante de sa cohésion, leurre, moyen de son assurance cohésive. Échapper à sa solitude ou garantir sa sécurité cohésive sont les deux versions de la même dynamique vitale et vitalisante. S'il est possible de recueillir les fruits de ce que le sujet ressent, c'est dans une image, nécessaire représentation de lui et de son rapport aux autres et au monde dont se dégage un réservoir de sécurité *sine qua non*, ressenti de continuité, de cohésion indispensable – le narcissisme –, à partir duquel il opère son dégagement de sujet.

De façon plus théorisée, c'est l'image ressentie d'un soi-même en relations d'échange au monde, dans l'extraction relationnelle de la corporéité, que se fait, se puise, se construit ce sentiment d'exister permanent, intègre et cohésif, sécure et vitalisé. L'image du corps est le travail du sujet – preuve du sujet – qui supporte ce sentiment de vivre dans un style subjectif plus, ou moins pérenne, plus ou moins sécure, plus ou moins fragile.

« La relation à autrui est narcissique », dit F. Dolto (1997, p. 36). C'est grâce à l'adulte nourricier tutélaire premier, la mère que l'enfant se connaît. L'enfant l'introjecte comme son autre lui-même, en harmonie duquel, au plaisir d'être en harmonie avec lequel, son désir se conforme. « C'est le sens de son existence que l'enfant a par cet autre, selon qu'il est reconnu par l'adulte nourricier comme fardeau, bouche à nourrir, corps à soigner – ou sujet prénommé, respecté et aimé – c'est en référence à la relation de cet adulte avec les autres personnes de leur entourage, c'est par ce sens conscient et inconscient du besoin de lui, de l'amour pour lui, que le nourrisson reçoit l'image de sa valeur humaine ou non, d'objet aimé ou rejeté, de sujet appelé ou non à la communication langagière [...] » *(ibid.)*. Ce sont tous les contacts et toutes les relations selon leur couleur affective avec sa mère et ses premiers autres que l'enfant introjecte qui induisent « l'attitude subjective, c'est-à-dire le narcissisme de ce sujet, son habitus dans l'espace expérientiel » *(ibid.*, p. 40). La mère est pour lui à la fois objet partiel (intérieur et extérieur) et objet total, extérieur et distinct du corps de l'enfant, son premier autrui *(ibid.)*. La mère est autant extérieur qu'intériorisable « en même temps qu'il en éprouve un ressenti de présence intérieure à son corps [...] » *(ibid.*, p. 203). C'est par elle qu'il advient à se sentir « moi » (*ibid.*, p. 40). « Tout ce qui se passe dans l'attitude éducatrice de la mère vis-à-vis de son bébé au cours des quinze premiers mois de la vie porte un effet éthique sur la conscience de lui-même que se fait l'enfant, ce que j'appelle le narcissisme dans la sécurité de la relation subtile entre l'enfant et la mère » (*ibid.*, p. 217-218). Ce sont toutes les modalités d'être et de faire dans le don de nourriture, les rythmes, les paroles et les sentiments qui sont à l'origine du narcissisme. C'est en ce sens qu'à reconstruire les sources de l'image du corps (exposés qui datent de 1956 et 1957, publiés en 1997) on aboutit au sentiment de soi : l'image du corps est support du narcissisme (1984, p. 23). Le narcissisme c'est dans cette construction de soi, « le sentiment de sa valeur humaine » (1997, p. 112) ; c'est dans le cœur, « lieu continu, imaginaire, continuum » que s'arrime le narcissisme, là « où la question du sens de la complémentation des sens se pose et où est attendue la réponse » (1981-2, p. 65). Le narcissisme est de complémentation substantielle et subtile, en son début...

F. Dolto distingue d'abord le moment du narcissisme primordial. Ressenti d'une mêmeté d'être, cette continuité d'être est d'emblée là : avant la conception. On pourrait dire les choses ainsi : puisqu'il y a du sujet de toujours, il y a du narcissisme de toujours. Là, c'est le narcissisme de la pulsion de vivre qui va stimuler la vie *in utero*. Il constitue une sorte d'intuition vécue de l'être-au-monde, pour l'enfant encore *in utero* (1984, p. 51). Avant même la naissance, le sujet prend sens narcissique *in utero*, depuis ce narcissisme de l'appel au vivre, croisé à son impact dans le désir familial, mais c'est la naissance qui va structurer ce narcissisme primordial. En effet, la naissance qui se marque de la section du cordon ombilical – castration ombilicale – va ouvrir l'enfant à de nouvelles perceptions, *hors utero*, où l'élément auditif de perceptions de l'énonciation de son sexe et de son prénom va être déterminante d'un contenu émotionnel, miroir de sa naissance en sa relation au désir des autres. Un mode d'être narcissique premier s'incarne. Depuis son origine jusqu'à son incarnation, le narcissisme se définit dans la valeur de l'être à partir de lui et dans le désir des autres, conscient ou inconscient, dans ce que l'enfant en ressent. Quand il est primordial, il est ressenti de, accusé de réception de la valeur de son appel au vivre. Relation et émotion. L'enfant prend, là, un sens dans le désir de ses parents. Il conçoit, là, un ressenti de la place qu'il vient prendre, dans ce moment primordial. Se met en œuvre, d'emblée, une charge symbolique garante et dynamisante d'une certaine sécurité d'être. Mais si les modalités qui l'accueillent sont colorées de peine, son narcissisme peut aussi se trouver fissuré ou rompu. Dans la nécessité qu'il a à se représenter, le sujet y construit la première image de soi, image de base, construite et donnée dans ce moment de narcissisme primordial. Narcissisme fondamental, ou primordial, dont, note Colette Manier, F. Dolto fait un concept majeur de son œuvre et de sa clinique (1995, p. 149, n. 24). Narcissisme fondamental, concomitant de l'image du corps de base « à laquelle on ne doit pas toucher sans danger de schizophrénisation, sans danger de distanciation entre le sujet et le pré-moi, ou le sujet et le moi, s'il est déjà constitué » pour F. Dolto (*ibid.*, p. 67). Il comprend cette sécurité de base, cette première modalité de construction du sentiment de soi-l'autre qui fait l'unité du sujet.

« L'enfant construit la maison de son corps, maison de son cœur, dans laquelle il peut entrer en sécurité » (1987-1, p. 25) : c'est son travail de sujet. Il poursuit son sentiment de cohésion, depuis son corps. C'est à l'occasion des contacts avec la mère aux pôles oral et caudal que se précise pour lui « ce qui fait ou non sa valeur, une espèce de champ en pointillé des valeurs qui sont les siennes et qui, à force de se répéter, lui donne valeur de son être dans la nourriture, dans son visage et dans le siège, c'est-à-dire dans ses fonctionnements réguliers et aussi dans son sexe et ce que ça produit comme angoisse, inquiétude, énervement, fatigue ou, au contraire, joie, gazouillement agréables de la mère, amusement de celle-ci » (*ibid.*, p. 31). Le sens de sa valeur, le petit d'homme le prend dans le climat du ressenti-valeur, depuis la corporéité. C'est l'émoi, vase communiquant de l'écho du désir qui se fait et qui fait le ressenti de valeur ; c'est lui qui donne cohésion, qui fixe les couleurs affectives de la notion continue de valeur qui va s'élaborant. Selon que la relation lui permet d'entendre qu'il est bien ou mal reçu dans la façon dont il exprime son être au monde à sa mère, l'enfant se sentant accepté ou non, s'accepte lui-même ou non. Mais c'est dans le corps que cette construction se noue, dans le corps que le narcissisme s'engage, les lieux du corps devenant signifiants selon les réactions et les émois de la présence maternelle. S'élabore, là, la première image du corps selon ce que F. Dolto appelle « la formule spécifique à chaque relation entre tel enfant sexué et telle femme maternante » dans ce qu'elle a d'absentéisé ou de fragile pour telle partie du corps (1981-2, p. 80-81), dans l'absence d'une partie de lui-même parce que cette partie de lui-même, sa mère ne l'a pas acceptée et valorisée. « C'est ce que j'appelle la structure du narcissisme de base. Ou il l'a ou il ne l'a pas, ou il est fragile ou il est très solide. C'est très important dans la vie d'un être humain ce narcissisme de base qui ne peut pas être atteint sans dérangement physiologique profond » (1987-1, p. 32). À chaque fois que F. Dolto parle d'image de base, c'est pour en signifier le caractère sécuritaire qu'elle confère au sujet. C'est ce qui doit advenir, se garder, à chaque moment du développement, faute de quoi c'est la dévitalisation du sujet, la régression (cf. 1997, p. 11-128), voire le chaos. Elle parle même d'image de sécurité de base (*ibid.*, p. 59), comme pour en accentuer le caractère nécessairement, intrinsèquement, sécuritaire. L'image du corps de sécurité de base, écrit-elle, insiste-t-elle (*ibid.*, p. 72), quel que soit le stade, est atteinte quand l'image dans laquelle un sujet se reconnaît existant de par sa permanence imaginaire, sensation dont dépend son narcissisme, est ébranlée par un événement extérieur, un accident par exemple. L'image de base, c'est le lieu de sécurité connu, la certitude que le corps repose sur un sol solide, disait G. Guillerault aux Journées d'études Dolto[1] ; elle crée un état non conscient de confiance en l'existence, poursuivait-il, le sentiment de rester stable dans l'espace, le même dans le temps, constant face à l'altérité des êtres. Si différentes images de base se développent selon le stade, c'est cette permanence de soi, ce soi-même continu, permanent, qui doit être sauvegardé. La puissance ou la fragilité du narcissisme en dépend. F. Dolto en a recueilli l'architecture relationnelle de soi à soi, de soi à l'autre et depuis l'autre, à partir des représentations graphiques et des modelages de l'enfant, dont elle montre que même si l'enfant ne commence guère à dessiner que vers 18 mois, « [...] ce qu'il essaie de figurer pour représenter son mode d'être, il le ressent depuis belle lurette » (1997, p. 142). Évidemment ce ressenti de soi permanent dans la sécurité est vital. Aussi insiste-t-elle tant sur cette première image de base concomitante du narcissisme fondamental, que sur la sécurité en soi prise co-l'autre – jusqu'à la fin du narcissisme primaire, jusqu'au miroir –, tout au long des images de base successives. Dans *Le sentiment de soi,* dans sa conférence sur *Personnologie et image du corps*, dans *L'image inconsciente du corps*, dans *Solitude*, on peut retracer comment cette construction, co-naissance de soi se fait co-narcissique dans l'enfant à la mère, et à partir du corps, – même s'il va s'agir de s'en dégager au miroir – toujours dans ce nécessaire sentiment d'unité progressivement étayé, depuis les images les plus archaïques, jusqu'à celles qui demeurent en l'adulte. J'insiste sur ce moment originaire du narcissisme car, dans le fond, tant la dynamique de sa construction que son fonctionnement sécuritaire vont se donner comme condition de son développement ultérieur.

Après ce moment fondamental, F. Dolto distingue le narcissisme primaire, celui qui, par la rencontre avec le miroir, confère à l'enfant la découverte de son visage concomitamment de la

1. G. Guillerault, *Du corps comme identité à l'inconscient comme dynamique : présentation de l'image inconsciente du corps*, Journées d'études Dolto, Association Archives et documentation, Françoise Dolto, *op. cit.*

découverte de son sexe, puis du narcissisme secondaire qui lui, est signifié à partir de l'interdit de l'inceste, à partir duquel l'enfant apprend à agir en son nom, à ne plus agir son désir sous le coup d'impulsions. Son identité de sujet s'y sait consciemment. L'éthique du narcissisme primaire reste incestueuse, celle du narcissisme secondaire, ne peut plus l'être.

Narcissisme et éducation

Du point de vue de l'éducation en général, il suffirait de réfléchir aux modalités propres à respecter le sujet pour traiter du narcissisme... F. Dolto réfléchit un principe qu'elle trouve valable aussi bien en psychothérapie qu'en éducation : « [...] on ne doit jamais porter atteinte au narcissisme fondamental de quelqu'un » (1995, p. 66). Elle en arrive à ce principe à partir de ses observations de la cour de récréation d'un établissement spécialisé. Quand un élève s'y faisait gronder, recevant « une correction verbale », il avait besoin de répondre par des sottises, dès que l'enseignant avait le dos tourné. Il acceptait très bien les remarques de l'adulte, à condition d'avoir répliqué quelque chose (à l'adulte de ne pas l'entendre !). Si on ne le laissait pas réagir, l'enfant restait déprimé pour toute la journée. Il a besoin de sauvegarder son narcissisme... tout en obéissant à l'adulte, de continuer à s'aimer comme il est, de rétablir une situation de sécurité avec lui-même. Sauvegarder son narcissisme, se protéger en continuant à s'aimer, c'est bien ce dont chacun a besoin, non ? F. Dolto montre comment l'enfant y parvient tout seul aussi en recourant à l'objet transitionnel : grâce à lui, dit-elle, « [...] objet qui représente pour lui qu'il est le grand du petit, comme il a été le petit rassuré par un grand. Il rétablit une situation de sécurité, grâce à laquelle le monde extérieur, après tout, peut faire ce qu'il veut. Il n'est plus seul. Nous sommes protégés de nous aimer » (1987-1, p. 132). Ne jamais toucher à l'axe de l'espace et du temps... au narcissisme fondamental. Les éducatifs représentent « la parole amie » (1981-3, p. 91) qui permet aux enfants de se réfléchir, de continuer à s'aimer, celle qui redonne confiance en soi, aux moments des failles de l'allant-devenant.

Au niveau de l'ASE, une éducation peut trouver à s'inspirer de la perspective du sujet de F. Dolto. À ce niveau, F. Dolto renvoie, à partir de ses rencontres avec les familles d'accueil et les enfants placés à la DASS, les risques d'éradiquer le narcissisme de l'enfant à ne pas opérer la différenciation entre « mauvais parents » et « parents en difficulté », par exemple : or « cette différenciation valorise les parents et narcissise les enfants » (1995, p. 94). Il s'agit d'une différenciation à opérer entre une mère vécue comme rejetante et une mère souffrante, une mère qui ne peut pas l'être, parce qu'elle-même n'a pas eu de mère pour s'occuper d'elle (*ibid.*, p. 131). C'est tout un travail « pour lequel nous ne sommes pas du tout mûrs », dit-elle (*ibid.*). Mon expérience le confirme. C'est tout un travail, jamais acquis, sur les normes propres des professionnels (entendons aussi bien les assistantes maternelles et leur famille que les éducateurs, assistants sociaux, psychologues, médecins, puéricultrices, administratifs, etc., de l'ASE) qu'il reste encore aujourd'hui à organiser et à conduire. Maintenir ou redonner l'estime de soi, aider l'enfant à retrouver et à conserver sa sécurité d'être, c'est cela sauvegarder le narcissisme, le narcissisme que l'enfant s'est construit en son origine et au long du développement de son allant-devenant, de sa dynamique de sujet. (L'enjeu vise tant le narcissisme fondamental que le narcissisme primaire). F. Dolto invite les éducatifs à occuper cette place de « relais par la parole » (1985-1, p. 389) qui vise à reconnecter l'amour de soi construit dans l'amour de ses parents. Même carencé, explique-t-elle, il faut qu'il continue à les aimer (sans les prendre comme exemple) sinon l'enfant ne peut pas se construire, mutilé qu'il est ou qu'on le fait devenir d'une partie de lui.

De même invite-t-elle à ressusciter l'allant-devenant du sujet dans la confiance et la sécurité dans les cas d'enfants abandonnés ou qui n'ont pas connu leurs parents de naissance. Ce n'est plus le parent de la réalité existante dont elle parle, mais celui de la réalité intérieure : l'enfant a en lui ses parents intérieurs, ceux qui vivent en lui, ceux du narcissisme primaire. « L'amour de soi est nécessaire pour survivre. On ne peut pas avoir de l'amour si on ne vous a pas aimé. Il faut qu'un être humain ait foi en lui, et il l'aura si quelqu'un la lui donne. Il faut qu'il s'aime, et c'est ce qui advient si quelqu'un lui dit : "Tu as été aimé, sinon tu ne serais pas là" » (1995, p. 108). Dans ces paroles vraies, c'est leur droit de vivre, sains, la vie par eux seuls à assumer, qui leur est rendu, dit-elle (1987-1, p. 162), l'expérience, la sienne, le montre... Elle remonte très loin, là, dans le narcissisme de la conception et de la naissance. C'est tout un travail pour lequel... peut-être les structures éducatives vont apprendre à devenir mûres.

Le narcissisme est l'axe sacré du sujet, la manière dont il s'est construit (s')aimant et aimé. On ne peut pas y toucher. Les éducatifs sont au service du maintien et de l'étoffement de cette voie sacrée.

Parole

La parole est source de vie en ce qu'elle fait tiers séparateur, effet de triangulation en soi et par rapport à l'autre.

La parole laisse le sujet œuvrer à la différenciation, à ce qui le différencie. C'est un travail à conduire sans cesse auquel les éducatifs ont leur part de service à rendre.

La parole révèle aussi la puissance et la fragilité de l'amarrage symbolique, celui du corps et du sujet : l'espace du corps inscrit le temps du plaisir du désir de communiquer, comme sa souffrance. La parole fait lien de sécurité et permet de grandir cohésif.

C'est dans cette sensibilité au symbolique – l'entendement très précoce des paroles – que l'humain réside. Il n'y a qu'à aller le chercher.

Si on parle vrai, il va se ressentir vrai...

Parole source de vie

La parole comme source de vie, cela s'aperçoit ici dans la dialectique besoins/désirs, vie du corps/présence du sujet, articulation qui s'opère par la parole qui fait tiers. Le sujet n'est ni pur besoin, ni relation spéculaire, ni relation duelle : c'est la parole qui fait accéder à la représentation culturelle, au rapport à l'inventivité, à la créativité, au dépassement du besoin, dans le même mouvement où elle permet de construire une relation aux autres, au-delà de l'interaction. Si bien qu'il est question de parole comme source de vie dans la condition où elle représente la triangulation.

Partons, ici, de cette posture éducative – bien connue ? – de F. Dolto : l'éducation est affaire de désirs sublimés par des paroles qui provoquent différemment et sentiment de nuances de plus en plus subtiles, leur mode de construction inventif. « [...] nous, adultes, nous devons constamment faire la différence entre la nécessité de satisfaire les besoins indispensables de l'enfant et l'exigence de ne jamais satisfaire ses désirs ; les désirs, il faut en parler, les satisfaire un tout petit peu, mais en expliquant qu'ils ne pourront jamais être totalement satisfaits » (1987-2, p. 72-73). Plutôt que de satisfaire au besoin immédiat (donner le bonbon convoité, la petite voiture exigée), apprenons à l'enfant à construire son désir, à faire avec le manque. « Ce qu'il faut avec l'enfant, c'est entrer en communication avec lui à propos de son désir, et ouvrir le monde en paroles à cette occasion, un monde de représentation, un monde de langage, de vocabulaire, un monde de promesses de plaisirs » (1987-3, p. 50). Mettre le désir au niveau du besoin, c'est donner le bonbon à l'enfant, la tétine au bébé « [...] pour qu'il ne parle pas, qu'il n'observe rien, et qu'il soit centré sur son tube digestif » *(ibid.)*... et les parents d'avoir la paix. Mais alors l'enfant n'entre pas dans la culture qui est le langage, la représentation ou la fabrication de ce qu'il n'a pas. Autrement dit, éduquer, c'est guider le désir vers l'inventivité, la créativité, mais surtout pas la satisfaction dans la chose même.

Tout ce discours paraît bien connu. Ce qui l'est moins, c'est le processus qui fait le sujet en soi et dans la relation qui en passe par la nécessaire triangulation à laquelle ouvre la parole en soi et avec l'autre, enjeu qui se cache derrière cette définition doltoïenne de l'éducation.

Les enfants tout petits confondent besoins et désirs, mais quand cette confusion perdure parce que l'entourage a besoin d'un enfant objet, d'un enfant chose maintenu sous tutelle besogneuse, sans éducation de son désir, reconnaissance de la séparation, de la dialectique de la séparation, ce sont des éducations ratées avec effets psychotiques sur deux générations qui se préparent, dit F. Dolto (1987-2, p. 73).

« Le langage parlé est une sublimation de relation d'objets partiels à l'époque de l'éthique orale » (1997, p. 61). Par la parole, quand l'enfant a accès au langage parlé au moment de l'organisation des pulsions orales, il maîtrise les objets à distance et ce qu'ils évoquent, distance/séparation par rapport aux objets et aux plaisirs de relations qu'ils contiennent (les sucer, les incorporer dans cette éthique, par exemple), dépassement d'une relation à soi et aux autres dans l'accès à une représentation, recréation dans l'imaginaire, symbolisation par les mots de l'objet, c'est-à-dire du rapport à lui et de la relation qu'il évoque. L'exigence éducative de ne jamais satisfaire le désir est porteuse de cette mise à distance, effet et prééminence du symbolique, notion à double entrée : la parole vient de l'extérieur – distance à soi initiée par l'autre –, mais elle va se faire travail interne, mise à distance de communication entre soi et soi, dans le même mouvement. La parole permet à l'enfant de se vivre de moins en moins comme objet partiel par rapport à un objet total ; il va se séparer d'une relation à l'autre sur le mode consommatoire où il se vit comme objet de l'autre dans le même temps et le même espace où il fait de l'autre son objet. Relation dialectique qui n'advient qu'à la condition que l'autre soit modèle à imiter de cette séparation riche de potentialités de construction à distance du besoin et de l'autre, à condition que l'autre se fasse porteur de cette dynamique d'ouverture à l'Autre, au désir.

La parole porteuse de cette dé-dualisation, de cette triangulation – porteuse de vie, source de vie, c'est cela –, F. Dolto la saisit dans la densité rythmique nichée au cœur du biologique. Le monotone, le continu, la plénitude physique, laissent l'enfant de besoin (même s'il y a nécessité de ce mode de satisfaction). Mais ce qui se répète perd sens pour le désir. Ce qui le fait vivre, c'est le nouveau, le discontinu de la relation qui éveille, le manque d'elle dont il souffre, l'absence du corps de l'autre, qui lui fait congruer entre elles des perceptions souvenirs de sa présence et le mobilise, dans son activité créatrice imaginaire, à en conserver la vivance émotionnelle, la variance émotionnelle. Au cœur du continu et du discontinu, de la présence et de l'absence, le monotone du besoin s'informe de l'appel du désir, de l'invention, espoir de retrouvailles, de modalités communicationnelles avec l'autre absent. La parole fait lien à distance avec l'adulte en remplaçant cette plénitude physique dont l'enfant a besoin, par la découverte de variances émotionnelles, d'un travail de l'écart entre ce qui se satisfait dans la présence et ce qui manque dans l'absence, écart qui étoffe le mouvement, la dynamique du vivant. Mais, nous dit F. Dolto, « [...] pour qu'il y ait cette variance émotionnelle dans la manifestation de l'affectivité, comme dans la communication par le langage parlé, il est nécessaire que la relation de l'enfant à l'adulte tutélaire ne soit pas duelle mais triangulaire, qu'il soit témoin que l'être désiré, indispensable à sa survie, est aimé et désiré par un autre qui devient alors modèle relationnel humain. Le langage qu'ils emploient est pour lui un repère codant les variances de leurs relations à eux de besoins et de désirs. C'est ainsi par l'autre, de l'autre que l'être humain enfant est suscité – si cet autre est plus développé que lui – à se développer pour en acquérir les caractères qu'il constate avoir valeur auprès de son être élu » (1985-1, p. 222). Le passage du besoin au désir se fait dans la triangulation de la parole, triangulation qui ne se ressentira qu'à condition que la relation mère-enfant ne soit pas duelle, mais triangulaire. La parole est relation triangulaire en soi dans le même mouvement où, à la condition que, la relation ne soit pas duelle. La parole est, au moins, source de vie en ce sens.

Parole et castration

L'a-t-on compris, le sujet chez Dolto se tisse nécessairement de l'autre, tout en ayant à se dégager, à se séparer de cet autre qui est à la fois extérieur, l'autre de la réalité, et l'autre introjecté, celui du réel, ressenti par le sujet. J.-F. de Sauverzac quand il introduit le deuxième tome du *Séminaire de psychanalyse d'enfants* lie l'éthique de cette psychanalyse à cette question du langage. Il la dit dans les termes de la castration – symboligène chez F. Dolto. Il n'y a pas, dit-il, « de différence qui ne passe d'abord par celle des mots ; ni le sexe, ni le sujet – qui lui-même porte un nom, un prénom – n'y font exception » (1985-2, p. 8). Donner la castration, c'est dans cette perspective, aider le sujet à avoir accès à la parole en première personne, à entendre, à dire ou à écrire la différence distinctive faute de laquelle il reste prisonnier des rets de l'autre, objet enlisé dans une image ou aliéné dans le corps d'un autre. Le travail de la différence, c'est dans cette affaire-là, le mouvement qui conduit à la place : c'est la parole qui fait coin de séparation. C'est une autre manière de dire, toujours, la triangulation dont elle est porteuse. La clinique de F. Dolto, comme l'éducation qu'elle en inspire, s'échafaude, toujours, à partir ou dans la visée de la castration : le sujet se fait à coups de castrations. On pourrait le dire ainsi, n'est-ce pas ? L'individu enfant accède à la position de sujet par l'acceptation des castrations, interdits de fusion, obligations de séparation, donnés par la parole qui interdit et humanise l'épreuve, dans la condition où les adultes qui l'éduquent acceptent eux-mêmes d'en être castrés. Sinon l'enfant ne trouvera pas sa place de sujet. « La parole, c'est échanger avec l'autre, pour pouvoir prendre sa place dans une société, d'après les règles, c'est-à-dire les castrations qu'il faut accepter » : pour F. Dolto l'articulation est simple (1987-2, p. 30). C'est la parole, ce sont les paroles, qui aident l'enfant à trouver sa place, à sortir de la confusion... unisexe, uni-âge dans laquelle se confine la société, de la confusion des rôles, confusions qu'elle identifie à la fin d'une interrogation qu'elle conduit sur la prévention de la violence dans *La cause des enfants*. Elle évoque, là, des cas d'agression entre enfants observés à la Maison Verte : « Le geste de violence cache toujours une crainte de perdre son identité si un autre vient partager un jeu ou un plaisir. Il le rejette. Et celui qui est rejeté croit qu'alors il n'a plus le droit de ses initiatives puisque l'autre l'a rejeté, alors qu'il voulait devenir comme cet autre, par identification » (1985-1, p. 380). Confusion et identification en construction que des paroles médiatrices vont remettre à leur juste place : « [...] : mettre des mots, des mots qui justifient les comportements des deux enfants et les leur expliquent ; l'angoisse disparaît. » Là, la fonction de la parole occupe sa place en aval : elle permet, dans cet exemple de violence, à chaque enfant, de retrouver le processus de sa différence, en lien, mais à distance, de ce qui se passe en l'autre. Castration d'une indistinction, d'une confusion, en soi et dans la relation.

« On est obligé de passer par la parole... » Dans tout le travail d'une classe, c'est ce niveau basal qui est en question, celui qui met en question la différence, le trait unaire dont parle Lacan, le trait distinctif, la marque différentielle... C'est J. Oury qui parle, ainsi, de la classe (1986, p. 170). On est obligé de passer par la parole... notion à double entrée : la parole du maître et celle des élèves : C. Pochet démonte le mécanisme qui fait articulation et réappropriation. Elle évoque la classe-masse dans laquelle, selon F. Dolto, le bébé qui demeure en chacun puise, comme dans une mère très primitive, continuum et sécurité, se rassure dans la chaleur du tas (*ibid.*, p. 58). Premier espace, premier temps, premier mouvement de l'humain, qui n'est pas sans évoquer toutes « ces belles images qui éveillent des nostalgies de paradis perdus » (*ibid.*, p. 59) : là où les communications sont vécues comme immédiates, les relations affectives comme naturelles, mais aussi où les identifications règnent, massives, collage dans l'indifférenciation et la fusion. Langage sans parole, dit C. Pochet, mode de communication nécessaire. Point de départ de la classe, mais « le tas n'a qu'un temps » (*ibid.*, p. 60). On vise, là, à ce que chacun trouve, ou retrouve pour les plus défaits..., la parole. On met en place des lieux où on parle, de soi, à soi et entre soi, des lieux où on puisse prendre distance, se séparer de cette masse « maternelle » : venir au monde (*ibid.*, p. 62) dans tous les exercices proposés. On différencie les lieux (la Causette, le quoi de neuf ?, le Choix des textes, le Conseil, etc.) qui vont aider à se différencier. Les lieux de parole existent, mais « Il faudra cependant des semaines, des mois pour que la parole passe et devienne opératoire » (*ibid.*, p. 65). Comment se fait l'opération, celle qui consiste à quitter la sécurité du tas, à s'en séparer et à aller vers son expression propre ? Il ne suffit pas dit, en substance, C. Pochet que les enfants y soient autorisés... J'entends que la parole soit donnée, comme reprise, par un maître-caporal qui, lui, viserait le silence, les classes disciplinées, où c'est l'autorité du maître qui doit régner en même temps que le silence. Il ne suffit pas que la parole soit autorisée : encore faut-il qu'il y ait une dialectique de parole qui fasse modèle identificatoire et les repères de la construction de la dialectique. La dialectique, c'est pas la relation duelle maître/élève. C'est entre eux, les élèves, que ça doit se passer, que ça doit parler, échanger, entre eux dans la classe, entre eux, hors de la classe (la Correspondance), même si ça doit en passer par le maître. C'est même la condition : le maître, la maîtresse, sont là. Ils aident à construire la dialectique de la parole. Simplement, ils n'occupent pas toute la place : ils sont « élément ». « Un élément éveillé qui se tient à la périphérie : assez près pour entendre et sentir, assez bon pour voir ce qui se passe et réagir pertinemment » (*ibid.*, p. 61). Un élément à distance, de soi déjà : pour mettre la parole en route, il a d'abord réfléchi au lieu d'où il parle : « Si j'ai quelques idées sur cette position de "maître", sur mon insertion dans l'école et dans la société, sur ce que je représente symboliquement, sur ce que je risque de "représentifier" dans l'imaginaire des enfants et des parents, autrement dit, si je sais un peu d'où je parle, j'ai des chances de parler juste et d'être entendue. Me situant dans différents contextes, j'ai des chances d'aider les enfants à se situer, eux aussi et, moins "paumés", à se faire entendre » (*ibid.*, p. 65). Ce maître-là cherche à repérer sa place, ce qui aura effet d'entraînement à l'actif repérage de « qui parle ? », « début de prise de conscience, par tous, des rôles et des statuts » *(ibid.)*, au niveau des enfants. Le deuxième élément du processus est là : la prise de conscience, le travail de séparation, distance prise par rapport aux diverses places possiblement occupées dans le temps et l'espace de la classe, « en tant que »... responsables de l'animation d'une séance, responsable de l'imprimerie, de la porte... bref de toutes les institutions nécessaires au fonctionnement collectif. Responsabilités qui définissent de quel lieu et de quel espace chaque Je décide d'abriter les diverses facettes de son Moi, fonctionnement des interactions, conçues dans un espace collectif. « Où est le pouvoir ? D'où ça parle ? » *(ibid.*, p. 70), c'est dans une instance – le Conseil – que s'élabore la part de pouvoir de chacun, là où chacun a *du* pouvoir. Troisième élément, espace et temps collectif de métabolisation de la séparation, support du travail de séparation en soi et entre soi, dans le conseil s'élaborent les lois de la relation qui vont rendre les interactions vivantes. La dialectique de la parole se fait dans ces trois conditions, plus une : celle de la dynamique de la présence/absence à soi et à l'autre qui fait que, tour à tour, on apprend là à écouter (qui parle) ou/et on demande (la parole). Castrations symboligènes en cascade...

« On est obligé de passer par la parole... » J. Oury analyse ce qui se passe dans la classe de la Pédagogie institutionnelle, certes. Il met des mots inspirés d'une clinique et d'une théorie analytique pour observer les mécanismes en jeu dans ces classes, mais pour en repérer l'existence insue dans toute classe. Il rappelle, élémentaire principe à l'œuvre dans toute classe parce que composée de petits et de grands humains, comment la machinerie symbolique – celle qui va permettre de distinguer les différences – est à l'œuvre tout le temps, à partir de la première machine que le sujet a construite, plus exactement que l'individu a construite, ce en quoi il s'est fait sujet : le jeu du « Fort-Da ». C'est la première machine de lecture, passage entre la présence et l'absence, moyen d'assumer la différence entre un état et un autre, première entrée dans le symbolique, pour parler comme lui, dont l'enfant ne cessera plus de se servir. « Je rappelle ceci pour montrer que pour pouvoir faire la lecture de ce qui se passe dans ce monde, de l'absence et de la présence de la mère, et, après, de l'absence et de la présence des copains, et de l'absence et de la présence de l'histoire ou de la géographie ou de n'importe quoi, il faut une petite machine » (*ibid.,* p. 169). La machine de la recherche du sens... du monde, de soi, des autres, des rapports entre soi et les autres, est présente partout dans les classes. Ici (dans la PI), simplement, on s'emploie, reconnaissant ce principe humain basal, à le faire fonctionner. C'est même le principe de départ et d'arrivée des praticiens de la PI : on cherche à mettre en place des équations collectives qui garantissent la mise en acte de la distinctivité, la capacité de discernabilité de chaque sujet dans la classe (*ibid.,* p. 173) : la place de chacun. F. Oury le dit autrement : dans ces classes-là, on cherche à entendre, mais plus exactement à donner sens, à aider l'autre à donner sens. « Entendre l'autre, c'est peut-être finalement lui apprendre à parler, à dire, à devenir un être de parole, un "parlêtre" (Lacan), un humain » (*ibid.,* p. 104), à travers la recherche de l'expression, de l'expression de chacun, au moyen des textes libres, dans lesquels chacun cherche les mots pour dire ce qu'il veut dire, à travers de multiples médiations, objets médiateurs (correspondance, journal, imprimerie, etc.). « Le maître – et toutes les structures mises en place, aussi bien le conseil que l'imprimerie, les textes libres ou je ne sais quelles responsabilisations – permet au sujet de sortir de son petit tourniquet, de son petit enfermement, de son petit manège pseudo-narcissique, bien souvent destructif pour lui-même et pour les autres ; sortir de l'auto-érotisme, qui devient vite inefficace dans son existence » propose J. Oury (*ibid.,* p. 179). Sortir de son petit tourniquet, j'appelle cela déspéculariser la relation à soi, dédualiser la relation à l'autre. Dans un cas comme dans l'autre, il est question de triangulation, d'accès à la différence en soi et en l'autre : les médiations, les responsabilisations, y pourvoient. J. Oury le dit à sa façon : la tâche pédagogique vise l'accès à « un champ d'articulation distinctive » dans lequel chacun va pouvoir délimiter son propre domaine, sans pour autant s'enfermer à l'intérieur. On cherche là des lieux « de parole véritable » (*ibid.*, p. 182), des lieux différents les uns des autres (activités internes ou externes à la classe), où chacun soit en échange avec les autres, s'articulent les uns aux autres, que chacun investisse d'une façon différentielle, enfants ou maîtres. Investissement qui se marque, ici : « À chaque accession du sujet à un certain niveau de désir, il est marqué » explique R. Laffitte (1985, p. 177). Et là, la marque c'est la castration : la parole vient reconnaître la fonction, le métier, inscrire les réussites... la place, la responsabilité, le passage des uns aux autres, des unes aux autres, nommés, prennent sens en soi et pour les autres. C'est la classe coopérative et la loi, le travail d'échange collectif autour de ce qui va aller instituant les différences de chacun, dans un travail en commun. L'éducation à la différence, l'éducation à la castration, qui donne une place à chacun dans un univers social réglé par la parole qui reconnaît et différencie... c'est tout simple, dans le fond.

Parole/corps, parole/espace-temps

La clinique de F. Dolto, notamment dans le secteur des enfants placés, des enfants en pouponnière qu'elle a rencontrés, est riche de ce qui peut apparaître comme mystère de la parole. Le mystère de la parole, c'est cet émerveillement à constater la délivrance du sujet, l'enfant comme l'adulte, par les mots. Mais le mystère s'explique : c'est même l'apport essentiel, l'essence même de la découverte du message de la psychanalyse, dans le fond. « C'est formidable de voir un être humain puiser la force qui filtre à travers des mots porteurs de sens » (1982-1, p. 136)... La parole, comme la musique, adoucit les mœurs... Plus que cela même : elles les inspirent.

L'humain de F. Dolto est un parlêtre, mais dans le corps. Place, ici, à la parole en ses effets corps. Sa clinique comme sa théorie se fondent sur la prévention par la parole des ruptures précoces ou brutales, on peut le dire ainsi. Là encore, tout ce discours est bien connu... Mais ce sont plutôt les raisons qui motivent cet objectif qui méritent réflexion : les processus qui dans le corps ont fait se nouer un sujet qui, par la parole, s'est ressenti en un soi permanent, cohésif dans l'espace et le temps, qui, par la parole, maintient son sentiment d'être dans son corps entier, même. C'est le maintien ou la retrouvaille du continuum de sécurité – l'identité du sujet –, là où il s'est construit, dans le corps, qui en amont est en jeu dans cet aval éducatif.

L'aval version positive, elle l'a constaté, par exemple, quand elle était très jeune, en 1932, dans la crèche d'un service hospitalier pour enfants malades physiquement. Le médecin chef demandait aux infirmières de passer obligatoirement cinq minutes, le matin et l'après-midi, à parler aux enfants, à mêler dans un bain de paroles, leur prénom, « papa », « maman », les prénoms des frères et sœurs : la mortalité infantile de ce service, après un mois de cette « expérience », a chuté (1987-2, p. 69). L'amont, ce qui explique cette revitalisation, c'est que justement les lieux de cosécurité symbolisés dans le corps se trouvent dévitalisés par rupture relationnelle. En l'absence de ses autres, d'un autre privilégié, l'enfant « [...] fait une congestion de souffrance aux lieux mêmes de son corps qui sont privés du plaisir de cette relation structurante. “Cette voix me construisait. Elle est partie, elle me déconstruit au lieu où je m'étais construit par le plaisir du désir de communiquer” » (1985-1, p. 388). Les zones érogènes (en l'occurrence pour un nourrisson, le cavum, les yeux, les oreilles, le tube digestif, le siège), comme lieu de deuil, là où se souffre la séparation avec les repères connus (1987-1, p. 27), ceux qui ont fait co-naissance, « sont touchés de plein fouet par l'épreuve de la privation d'entendre la douceur de la voix connue, de respirer son odeur » (1985-1, p. 388). C'est parce qu'en amont la construction du sujet dans son corps se souffre ainsi, qu'en aval il est nécessaire de parler, de maintenir la dynamisation en cours.

L'aval version négative, ce sont les troubles fonctionnels (les bronchites, les rhinopharyngites) manifestés par les nourrissons lors des séparations non préparées, non mises en mots, qu'elle ramène à notre réflexion. L'aval version négative, ce sont les refus de s'alimenter, la claustration de ces enfants proches du mourir, enfants dans le désespoir d'avoir été abandonnés, qu'elle a connus dans sa consultation à Trousseau, dé-vivant sans que personne ne leur ait jamais raconté leur histoire. L'aval version négative, ce sont tous ces changements des personnes (berceuse ou enfant) de leur environnement connu, qui s'y superposent et les laissent anorexiques, insomniaques, dépressifs. Ce sont des enfants qui « [...] tombent dans un "incognito", par rapport à eux-mêmes. C'est la perte du sentiment d'exister en croisement d'espace-temps, relié à son image du corps ». La vie fout le camp, enfin F. Dolto le dit mieux : c'est la domination « des pulsions de mort », une libido qui s'éparpille sans plus d'objet ni de sujet avec qui co-s'avoir, co-s'être, l'épuisement sans rencontre qui fasse écho à ce qu'ils éprouvent. « [...] le sujet meurt de n'avoir pas de relation. Le corps vivrait bien, mais il ne peut plus rien, quand c'est trop précoce dans la vie ; il ne peut plus vivre parce qu'il n'a pas été construit, "complet" », entendons, en complément d'un couple dont le désir et l'amour en cet enfant se complaît (1986, p. 32). Joli, n'est-ce pas ? Si joli... et si bouleversant : c'est de chacun de nous dont il est question, là, dans le fond. De la puissance et de la fragilité de l'amarrage symbolique qui en chacun s'est cocharnalisé, en fonction de notre sensibilité différentielle, bien sûr. Alors, ce sont les mots qui vont permettre à ces enfants de se retrouver, de retisser le lien de sécurité que leurs sens avaient engrammés, avant la rupture relationnelle. Ce sont les mots qui vont permettre à ces jeunes enfants abandonnés, de recouvrer le dernier espace, le dernier lieu, la dernière saison, la dernière époque, le dernier espace-temps de co-naissance, de sécurité qui a permis de se hisser de ce corps, de se tisser dans ce corps existant le même, quels que soient les changements spatiaux et temporels. Quand on va leur parler le peu que l'on sait de leur histoire, de la dernière fois où ils ont vu leur père ou leur mère : les mots font le sujet se repiquer sur son narcissisme. Celui-ci suit le mouvement... des parents. F. Dolto le montre bien à propos des déménagements, bouleversement de l'espace familier, qui peuvent menacer l'enfant dans son sentiment d'exister même, cohésif. Les parents, dit-elle, doivent expliquer ce changement d'espace, de façon à en apparaître comme les responsables : « Comme l'enfant s'identifie à eux, il peut donc s'identifier au changement et, tout en changeant avec ses parents qui changent, rester lui-même » (1982-1, p. 135). La pérennité de l'essentiel est assurée, par-delà les modifications de l'accessoire, du contingent auxquelles comme ses parents, dit-elle, co-ses parents imaginairement, pourrait-on dire, il a participé. La parole maintient la cohésion de l'espace et du temps, la continuité spatio-temporelle, le ressenti de lui dans une mêmeté d'être, malgré les déplacements imposés à son corps. L'essentiel, le sujet, est sauf par l'écho qui va au-devant ou rencontre le risque d'éprouvé de décohésion, qui maintient stable le lien de construction. L'enfant à travers des mots porteurs de sens à vivre se trouve contaminé : il y puise la force qui en filtre. Si l'on croit, si l'on sait, le sujet en lui...

Parole et entendement : la conviction du sujet

On ne sait pas que l'enfant comprend très tôt : la clinique de F. Dolto n'a pas fini d'être surprenante. Les romanciers sont nos maîtres, disait Freud. À vrai dire, il est difficile de trancher entre la réalité de la clinique ou l'imaginaire du roman, lequel rend le mieux compte du réel...

« Un moment de silence, et se passe alors une scène que je n'oublierai jamais tellement elle m'a bouleversée : deux voix sont sorties de cet être humain, deux voix. [...] Et les paroles, c'était :

"Salope, non tu l'auras pas, salope, non, non, non !...

"Si, maman, je veux le garder, maman, maman, maman, je veux le garder" » (1986, p. 26). Dialogue apparu, au cours d'une séance de travail avec F. Dolto, chez un petit garçon de 13 ans ; dialogue échangé entre la grand-mère et la mère de l'enfant, au moment de sa naissance, scène conflictuelle entre la jeune mère de 17 ans qui voulait garder le bébé de l'amour de son professeur de français et la grand-mère qui s'y est définitivement opposée (le bébé a été adopté). L'enfant comprend très tôt... « C'est une histoire qui montre à quel point quelque chose qui n'a pas été repris par la parole est là, jusqu'à ce que ça soit dit » (*ibid.*, p. 30). Paroles engrammées, comme une bande enregistrée, enregistrée mais non comprise, précise F. Dolto (*ibid.*, p. 40), non prises avec soi dans la métabolisation d'un sens, mais l'enfant en vivait jusqu'à leur réapparition malgré lui, sous une étiquette de schizophrène, instable, non scolarisé, grand phobique, découvrira-t-elle en fait.

L'enfant comprend très tôt, il enregistre dans son corps qui garde la mémoire du climat d'amour, relationnel, affectif. Ainsi de cette autre histoire qu'elle nous raconte : de cette amie, psychanalyste, en fin de vie, condamnée par une grave maladie, qui est venue en consultation durant ses six derniers mois. « [...] un enfant qui ne parle pas est tout entier langage et tout entier dans le langage », va-t-elle montrer (1992, p. 100) par le récit de son histoire qui illustre « [...] de manière exemplaire comment un tout petit enfant comprend et enregistre les mots sonores d'une langue inconnue ; comment ces mêmes mots réapparaissent – des années plus tard – dans le corps de cet enfant devenu déjà adulte [...] » (*ibid.,* p. 100). Ainsi, au cours d'une séance, cette femme rapporte-t-elle un rêve où des mots, des sons, incompréhensibles émergent. Mots dépourvus de sens dont l'analysante éprouva cependant un grand bonheur dont elle fit part à F. Dolto. Mots à la sonorité étrange notés, signification recherchée et trouvée : « Les yeux de ma petite fille sont plus beaux que les étoiles. » C'étaient les paroles employées par les nounous hindoues pour dorloter les bébés dont elles s'occupaient, nurse hindoue que la patiente avait eue durant les neuf premiers mois de sa vie vécus en Inde, avant leur séparation (douloureuse) et le retour familial en Europe. « Le bonheur indicible éprouvé durant le rêve n'était rien d'autre que le retour de la tendresse fusionnelle entre une mère porteuse qui parle et un bébé immature qui sait écouter » (*ibid.,* p. 105). Les mots avaient fait engramme, « engramme de l'amour maternel inscrit dans l'image du corps d'un enfant [...] » (1986, p. 65). Enfin, cela peut se dire encore autrement : cette histoire montre « [...] la compréhension du langage qui s'incarn(e) dans les bébés, et qui dans l'image du corps, marqu(e) une certaine époque charnalisante autant qu'introjectée de la relation du bébé à l'adulte nourricier et tutélaire auxiliaire à nos besoins et, s'il est aimé et aimant, initiateur aux modalités de nos désirs, complice de nos émois » *(ibid.)*.

Avec les enfants ou les adultes psychotiques ou très défaits, c'est même avant la naissance, *in utero,* que le témoignage de cette compréhension précoce s'exprime. Elle ramène, là, dans certains cas, la manifestation d'une sorte de mémoire ancestrale, d'héritage symbolique – l'enfant est héritier symbolique du désir des géniteurs qui l'ont conçu (1984, p. 50) – de l'héritage d'une dette non liquidée parce que non entendue, d'une partie de l'histoire des parents restée en souffrance, en attente de sens, de paroles reconnaissantes, que l'enfant prend en charge. L'enclavement s'hérite, se transmet d'une génération à l'autre, le refoulé agit : l'enfant comprend très tôt, prend en lui très tôt... L'enfant se fait en ce sens le premier thérapeute de ses parents (1985-1, p. 421). Là, ce ne sont pas les paroles, mais plutôt les non-paroles qui agissent. « C'est quand même très difficile à comprendre cette relation entre ce que vivent les parents et ce que l'enfant incarne dans son existence », dit Bernard This (1986, p. 40) qui va, lui, raconter une histoire qui montre que c'est au moment où la mère élabore le sens d'événements vécus lorsqu'elle avait cinq ans, mais refoulés durant une vingtaine d'années, que la propre fille de cette femme se libère de ses angoisses (qui prenaient la forme de celles vécues par sa mère enfant !).

L'enfant comprend très tôt : ces histoires-là dans la clinique de F. Dolto, comme les feuilles mortes... Elles nous enseignent. L'enseignement de F. Dolto, dans le fond, porte sur la manière dont les paroles s'incarnent, s'engramment, selon un processus introjectif corporéisé, et sur les effets de la parole (parole, notion à double entrée !). Parce que, bien sûr, de cet entendement précocissime de l'enfant, dont nous adultes pouvons peu dire – dont nous nous sommes fait oublieux, dont notre corps, miroir obligé s'est fait oublieux, dirait peut-être G. Guillerault –, elle en déduit qu'on peut, qu'il faut, lui parler. Elle rapporte souvent la surprise des mères (à la Maison verte, dans ses consultations), des professionnels (à l'ASE), devant l'entendement du langage au sens large, y compris du langage verbal, qu'ont les bébés. Elle convoque ainsi des recherches sur les premiers mois de l'être humain, tant sa clinique témoigne de ses capacités symbolisatrices déjà à l'œuvre, tant elle montre comment « finalement, la crise, pour chaque individu, se noue dans le non-dit et dans le mal-entendu » (1985-1, p. 423). C'est le silence qui traumatise, le non-dit. « Entre le non-dit et le dit, même d'une chose gravissime, il vaut mieux dire la chose gravissime » (1986, p. 38). Si bien que c'est plus souvent la honte ou la culpabilité des adultes à dire à l'enfant des moments ressentis comme traumatisant dans leur histoire, qui empêchent de parler, autant que leur maladresse à reconnaître l'enfant comme entendant de façon précoce, comme capable d'entendre dès lors qu'on lui parle vrai, en vérité, de ce que l'on ressent. Alors, même si l'on ne comprend pas, même si c'est très difficile à comprendre, en effet, c'est le corps qui prend en charge les non-dits. « Tout ce qui n'a pas pu se dire s'inscrit dans le corps et gêne, dans cet individu de l'espèce, ses fonctionnements eugéniques, ses fonctionnements euphoriques » (1985-1, p. 421). C'est à retrouver lui-même les paroles enkystées d'un sens en souffrance, ou c'est quand le barrage symbolique se lève par parents interposés (dans l'histoire racontée par B. This), que la dynamique du sujet se libère de la prison du corps. « L'ayant dit, c'était fini ! Mais fini aussi, tout ce qui avec ces paroles, s'inscrivait d'interdit de pacification de l'individu. On dirait que, quand les choses sont parlées, il ne reste que la paix du corps. *Sinon le corps parle, à la place* de ce qui ne peut se dire, ce qui aurait à être dit, et qui est antivie » (1986, p. 40) propose F. Dolto à propos de l'enfant engrammeur du dialogue antivie entre sa grand-mère et sa mère. Corps pacifié de paroles, réveil du sujet : étonnante dynamique de l'humain ! « Si le symptôme s'origine dans l'équivoque, il n'y a en retour pas d'autre chemin vers le vrai, pour un sujet en analyse, que dans un dire. C'est pourquoi l'on peut écouter même ce que l'enfant ne peut pas dire avec des mots – qu'il les ait refoulés ou qu'il ne les ait pas reçus et l'on peut tout lui dire, car, comme tout être humain, sexué, il tient son être du langage, même lorsque son code symbolique est apparemment indéchiffrable » introduit J.-F. de Sauverzac à propos de la profondeur du champ que F. Dolto a donnée à la psychanalyse (1985-2, p. 10). Profondeur à peine sondée qui ne laisse de sidérer tous ceux qui dans l'aveu de leur impuissance à comprendre, par cet aveu peut-être, aident l'inconscient à trouver sa voie (x).

Parole vraie / Parole ressentie

F. Dolto fait la différence entre « langage sonore » et « langage ressenti » (D. Rapoport (1985-3, p. 128). Elle y parvient en partant du bébé et de celui qui l'observe : « Quand nous regardons, nous observons des comportements, mais ce n'est pas ce qui est important. Ce qui est important pour un bébé, c'est ce qu'il *ressent*, même s'il ne montre rien pour les autres. Ce qui est important pour lui, c'est ce que son père *ressent*, ce que sa mère *ressent* ; ce n'est pas ce qu'ils montrent qu'ils ressentent » (*ibid.* p. 70). Elle part du ressenti archaïque, support d'émission et de réception langagier de celui qui ne parle pas comme les autres qui l'observent. « On est obligé de dire que la parole, c'est autre chose... *Cet "autre chose", ce n'est pas de parler seulement mais surtout de ressentir la parole.* [...] Ce qui importe, ce n'est pas tant la parole émise que la complicité des êtres de parole au-delà des corps et des formes visibles ou invisibles, c'est le "ressenti complice" de sujets par-delà la séparation des corps individués » (*ibid.*, p. 71).

Ce qui est important, ce n'est pas le langage sonore, mais le langage ressenti, dans une situation de complicité entre deux sujets. Alors, parler, dans l'éducation, pour dépasser les non-dits, ce n'est pas seulement viser la prévention ou le traitement d'un non-dit, c'est « [...] aller chercher l'humain là où il est », comme le dit J. Pain (1997, p. 86). Il s'agit de parler pour aller chercher ce qui s'est construit à l'intérieur : cette visée-là, c'est le vrai de la parole. En ce sens, il n'est jamais trop tôt pour « parler *vrai* » (1986, p. 37). C'est formidable de voir un être humain puiser la force qui filtre à travers des mots porteurs de sens... d'une intention de rechercher cet humain où il est dans la vérité de sa construction, dans ce qu'il cherche à dire ou faire entendre. « Vous comprenez, une parole vraie c'est en fin de compte respecter l'autre autant que soi-même » (1992, p. 92), c'est « un destinataire aussi valable que vous pouvez l'être pour vous-même » (*ibid.*, p. 99), même s'il ne parle pas. Bien sûr que l'on comprend. On comprend qu'un enfant (ou un être défait qui ne parle pas) est tout entier recherche d'expression de son ressenti intérieur et tout entier réceptif au langage : il l'entend, de tout temps il l'a entendu, il comprend tout ce que nous lui disons. Parler à la personne de l'enfant, au lieu de parler *de* l'enfant sans s'adresser à lui personnellement, modifie profondément la relation (1986, p. 36) : bien sûr qu'on le comprend. Bien sûr que l'on comprend que du lieu de l'émetteur, dans le même mouvement que par rapport au destinataire, seule une parole vraie, où nous disons ce que nous avons à dire en étant vrais (1982-1, p. 136), dans une parole qui dit ce que l'on ressent et ce qu'on pense en étant avec lui (1992, p. 94), ce que l'on sait de lui, ou ce que quelqu'un dit de lui (1986, p. 37), fait levier de vérité. « Mais la parole, c'est ça qui est incroyable, c'est la "parole vraie" qui peut, par l'imaginaire probablement, restituer sa structure symbolique, dans la vérité de la relation à qui lui parle de lui, de ce qu'il souffre, de son histoire » (*ibid.*, p. 33). La parole *vraie* contient les deux : la visée du vrai, la conviction que le sujet aussi petit soit-il est symbolisateur précoce, cherche le sens de son monde dans son rapport au monde, qui ne s'atteint, se dynamise, que par le vrai de la parole, la vérité du ressenti de celui qui écoute et répond. C'est toujours comme cela chez Dolto : le moindre concept est dialectique de relation.

Alors se lève le mythe de la parole magique. Il n'y a rien de magique dans la parole : sa fonction est médiatrice de la relation des professionnels à l'enfant et de la relation de l'enfant à son monde de sécurité acquis auprès de ses père et mère. « C'est cela que j'appelle la parole », dit F. Dolto (1981-1, p. 177). J'entends qu'il n'y a de parole que dans cette triangulation. Parler, « ce n'est pas un discours qui viendrait de n'importe où, comme ça, sur un enfant » *(ibid.)*. La parole s'oppose au discours. D'une part, elle s'exprime dans la compassion – elle obéit à une éthique de la compassion : « Il s'agit de parler ce que l'on fait, comme si vous étiez l'enfant ; lui dire ce que vous aimeriez entendre » *(ibid.*, p. 178). Se mettre à sa place, sans occuper sa place... D'autre part, la parole obéit à l'éthique du sujet : elle vise à reconnaître et donc à donner à l'enfant « [...] son statut de personne humaine individuée dans son corps et avec son histoire » (*ibid.*, p. 177). La parole ne peut se donner, s'exprimer qu'avec « [...] un désir profond de la personne de lui parler, à cet enfant, de lui dire ce qu'il est entrain de vivre » *(ibid.)*. La parole s'étaye de cette conviction profonde d'un allant-devenant à partir de son histoire. Profonde, cette conviction si elle l'est, amène la compassion, vous ne croyez pas ? Cette conviction profonde d'une personne allant s'individuant dans son corps et devenant séparée de son histoire, personne humaine car faite par la parole, capable de l'entendre très tôt, cette conviction amène les uns et les autres, éducatifs, à tenter de saisir ce que l'autre vit en son for intérieur, à en reconnaître la souffrance, la douleur ressentie, le désir qui s'y exprime, à l'en décharger symboliquement, à l'en lester de son poids de souffrance. Il n'y a rien de magique dans la parole : c'est le vrai de la personne qui écoute qui tente de prendre sur elle une partie du vrai de la personne qui s'exprime. J'ai entendu F. Dolto définir les éducateurs comme « portemanteau à angoisses »...

Sujet

Peut-être pour tout lecteur a minima averti le Sujet s'oppose au Moi. Il est la version inconnaissable et qui tient dans la méconnaissance, dans une face qui affirme, pourtant, la connaissance, qui dit savoir d'où elle parle, où elle est, qui tient dans, grâce à, la représentation qu'elle dit d'elle. Parole et discours, sujet et moi. Réfléchir ainsi, c'est emprunter le chemin tracé par F. Dolto, à condition d'y rajouter le « détail » d'un corps, l'incarnation désirante dans un corps, séparation-articulation corps/sujet qui est le propre de la subjectivité d'une vie objective.

Le détail d'un corps : la séparation corps/sujet

« C'est le "moi" lié au corps de chacun qui parle au masculin ou au féminin. On pense, on ressent les choses et les gens en homme ou en femme. [...] Mais les "sujets" désirants qui se rencontrent ne sont pas, en tant que tels, sexués. La libido est asexuée et s'exprime par langage dont les corps féminins et masculins sont médiateurs » (1981-3, p. 70-71). Je vais dégager analytiquement cette *séparation*, d'abord, moi-corps / sujet-corps, séparation résultant d'une dynamique qui vient d'ailleurs et qui s'incarne, dont le corps est le support momentané, le temps d'une vie, mais dynamique déjà-là et toujours-là.

On ne peut pas réfléchir au sujet de Dolto en dehors de sa spiritualité, sauf à le répertorier négligemment dans la rubrique, « transcendance », « immanence ». C'est à cette immanence que nous allons nous risquer... C'est peut-être là où ce sujet fait peur, qu'à tout le moins il provoque de l'évitement, on en détourne son regard, gêné : « son » sujet rencontre deux tabous, celui du corps et celui de l'amour (la spiritualité chez elle, ce n'est rien d'autre – n'est-ce pas ? – que l'amour, c'est-à-dire l'essentiel de la dynamique du désir de communiquer avec l'autre). Il est impossible d'expliciter quelque chose de « son » sujet en dehors des sentiers de sa spiritualité, sauf, à n'y rien comprendre, à laisser de côté cette dynamique originelle.

Alors, de ce point de vue spiritualiste de départ, « C'est un détail d'avoir un corps ! » (*ibid.,* p. 97). Et pourtant c'est avec, par, ce « détail », par l'intermédiaire de ce corps que l'homme tisse son histoire, qu'il s'en fait l'acteur. « Détail », entendons-le, en un premier temps, comme une « circonstance fortuite » *(ibid.)* : le corps de l'individu disparaîtra, l'essentiel, non : « L'essentiel de moi que j'ignore » *(ibid.)*, non. Quand le moi et son enveloppe, la dominante corporelle de l'individu *(ibid.,* p. 80), disparaîtront, restera le déjà-là, toujours-là : le sujet qui est venu se loger dans un habitat provisoire, le temps d'une vie terrestre. Alors on peut dire l'essentiel de l'humain dans cette séparation : il est corps, ce corps que l'on « désigne en disant "moi" ou "je" lorsqu'un désir l'anime et que "moi" choisit de l'exprimer ou non » (*ibid.,* p. 98) ; en ce sens, « Chaque corps est représentatif d'un sujet désirant [...] » (1984, p. 370), ou « Chaque sujet est particularisé, individualisé dans un corps sexué [...] ». Le sujet n'a de ce point de vue pas de sexe ni d'âge (1981-3, p. 69). Mais l'essentiel de l'humain est là : c'est cette énergie inconnaissable, – le verbe, va-t-elle dire –, l'acte qui soutient l'acteur, l'élan qui s'est incarné dans la matière et qui lui survivra : « Le "sujet", c'est le verbe agissant qui s'incarne dans la matière devenant vivante-humaine » (*ibid.,* p. 71), mais qui lui survivra : le sujet ne meurt jamais. Le sujet n'est pas mortel, c'est le corps qui veut mourir (1988, p. 10). « La mort n'atteint jamais le sujet. Elle atteint le moi, fait disparaître ce spécimen de l'espèce, qui est un corps humain, mais le sujet du désir préexiste à la conception et rien ne nous dit qu'il disparaît avec la mort. [...] On ne peut pas, en psychanalyse, confondre l'individu avec le sujet et le moi » (1982-1, p. 162-163). Cette conviction – « Le sujet ne meurt pas et ne naît pas. C'est le corps qui naît et meurt » (1995, p. 54) – impose ses conséquences immédiates. Ceci dit comme une parenthèse éthique qui concerne tous les éducatifs : à propos d'enfants présentant une infirmité, par exemple, F. Dolto différencie le sujet qui lui n'est ni handicapé, ni infirme, de son corps qui l'est (en référence à sa théorisation d'éventuelles inadéquations entre schéma corporel et image du corps, 1984, p. 18-21), différenciation repérée par Y. François (1999, p. 68). Dire son infirmité à un nouveau-né âgé de quelques heures, la tristesse ou les angoisses qu'elle génère pour les parents, permet à l'enfant de comprendre que ce n'est pas le sujet en lui qui est angoissant ou attristant : « [...] il comprend que votre angoisse n'est pas due à lui en tant que sujet mais à la façon dont ce sujet se présentifie par son corps, ce qui est tout à fait différent » (1995, p. 54). Et d'évoquer le premier sourire merveilleux de cette petite fille mongolienne à qui cette vérité a été dite : la relation vraie qui libère le sujet...

Comme le lui formule J.-F. de Sauverzac, le sujet est là avant, déjà là, il choisit d'avoir tel corps et de naître de tels parents (1988, p. 15). Cette séparation conduit ce thème de l'enfant sujet de son désir, jusques et y compris dans son désir de naître. « L'enfant, même s'il n'en porte pas le patronyme, est la réponse d'un père au désir d'une mère ; mais il n'est pas moins sujet, dans son désir à lui de prendre corps (d'homme ou de femme), de l'étreinte de ses géniteurs » (1985-2, p. 131). Elle attache, dit-elle, beaucoup d'importance au désir : naître, n'est pas qu'une affaire de coït (1995, p. 76). D'où la différenciation qu'elle établit entre l'enfant programmé et l'enfant désiré : « Même s'il n'a pas été "programmé", voulu par ses géniteurs, tout être, du fait qu'il naît, c'est qu'il a désiré naître. » Il est d'autant plus enfant-désir, pourrait-on dire, qu'il est arrivé à la surprise (non programmé) de ses parents qui l'ont pour autant gardé ; entendons qu'il a tout à la fois joint son désir propre à celui inconscient de ses parents, et qu'il est alors doté d'une puissance désirante, d'une puissance vitale (de vie, surcharge-t-elle !) propre à lui (1985-1, p. 128-129). Autrement dit, il faut trois désirs pour qu'un enfant naisse : « Il faut un désir inconscient *et* conscient du père, pour qu'il soit conçu : il faut le feu vert du père, le feu vert ou orange ou clignotant de la mère et le feu de Dieu de l'enfant, qui désire vraiment, lui, s'incarner. Il a son mot à dire... à quel jour va-t-il commencer à manifester son désir ?... Il le manifeste depuis le début en développant son corps, en prenant sa masse [...] » (1986, p. 69). De là, la différenciation qu'elle opère, à propos de ces adolescents qui disent n'avoir pas demandé à naître : « Ils n'ont peut-être pas "demandé", mais ils ont "désiré"... La demande et le désir, ce n'est pas pareil. Le désir est inconscient et la demande est consciente. Ils l'ont désiré, sans ça ils ne seraient pas là. Ils assument le désir de survivre » (1985-1, p. 137).

Un enfant désire naître, c'est le sujet en lui qui dynamise cette prise de chair : F. Dolto, dans toute sa clinique, quelles que soient les situations, transmet aux enfants son entendement de la scène primitive (le coït transcendé dans la conjugaison de trois désirs authentiques). Cela paraît étrange, mais c'est opérationnel. « Tu as, toi, la force d'être né (ou née) bien que ton père n'ait fait que de te laisser prendre la vie. Il a certainement désiré ta mère, car, sans cela, tu ne serais pas né. Il n'a pas pu être responsable de sa paternité : c'est donc toi qui assumes complètement ta vie. Tu as de quoi l'assumer, puisque tu n'es pas mort et que ton corps est le symbole de la présence du sujet dans un corps », recommande-t-elle de dire à un enfant né sous X (1995, p. 73). Cela lui donne une très grande force, témoigne-t-elle. « [...] c'est opérationnel, pour la sécurité de quelqu'un, de lui dire avec des mots et de lui reconnaître ce vouloir inconscient de vivre, de prendre vie du couple géniteur qui a été le sien, même si ça n'a pas été facile pour lui, ce destin sien. C'est fou de voir comme c'est ressenti comme juste par tout enfant à qui on dit ça : "C'est toi qui as choisi de naître de ton papa et de ta maman." Un enfant, à 13-14 ans, débarque ; mais, petits, ils reconnaissent tout de suite que c'est vrai » (1987-1, p. 200). Bon, les tout-petits, les tout-petits... Elle rapporte, pourtant, l'histoire de cet enfant pré-psychotique à un moment, placé en pouponnière avant son adoption. Elle raconte l'une des séances de travail avec lui, durant laquelle les bagarres entre enfants de la pouponnière qui arrivaient en car, chaque matin, et les enfants de l'école, chagrinaient cet enfant. F. Dolto a pensé aux rivalités dues à l'envi, à ces situations où l'attaquant est envieux ou jaloux de quelque chose chez l'attaqué. « Je lui ai suggéré un jour : "Les autres enfants, ils savent que vous tous, les enfants de la pouponnière, vous n'avez pas de parents ; eux, ils ont leurs parents, et peut-être ils sont jaloux parce qu'ils voient que vous êtes heureux, alors qu'eux, ils seraient tellement malheureux s'ils n'avaient pas de parents. C'est peut-être l'explication" » (1985-3, p. 153). Les enfants savent cette force vitale, ils peuvent même l'envier... C'est étrange... parce que l'explication redonnée en pleine classe par l'enfant, les bagarres ont cessé ! Communiquer la vérité de sa scène primitive à un enfant, lui signifier son désir à lui d'être apparu sous forme humaine sur terre, indépendamment des désirs de père et mère (1995, p. 73) (pour les enfants abandonnés) ou d'avoir choisi son destin, celui de s'incarner dans le couple de ses parents, quoi qu'il soit advenu de ce couple, redonne force de vivre et de communiquer (1982-1, p. 19), reconnaît en lui sa valeur de sujet du désir d'assumer son être et son advenir (1987-1, p. 200).

Dire la conviction d'une force vitale d'origine (théoriquement cela se dit ainsi : l'ordre vital du narcissisme, 1982-1, p. 18) qui, contaminée des projections des autres du passé et du présent, confère une certaine fierté d'être au monde, un quotient de fierté qui va et devient, mais qui pour aller et devenir doit se savoir aimant et ayant été aimé (une autre manière de dire la confiance en soi et la fiabilité dans les autres, non ?), fier de ses racines, sachant gré à ceux grâce à qui il a pris racine, originé, donc, dans deux lignées, qu'il doit reconnaître (quand des informations sont à disposition) pour s'en séparer – « Nul n'est venu de soi-même ni ne peut se donner source de sa mère seule parce que seule connue ; tout être humain a sa double origine en deux lignées » (1985-1, p. 218) – redonne sécurité à l'humain. Comme si d'un seul coup lui était assénée toute l'histoire de l'humanité, la loi de la société humaine, celle de la sexualité humaine, peut-on dire. Car après tout si l'enfant se fait naître, si le sujet en lui désire un beau jour prendre corps, c'est bien de la fierté de son sexe à lui, de la valeur de son sexe dans un corps au masculin ou au féminin, de son devenir désirant, relationnant et communiquant d'homme et de femme avec d'autres, dont il est question, non ? Il est étrange mais opérationnel qu'un tel dire délivre le sujet de ses entraves à vivre. C'est opérationnel parce que c'est vrai. Raisonnement un peu court, diront certains. C'est vrai. C'est vrai qu'on ne peut pas le démontrer, on peut tout juste le montrer : c'est la loi du vivant... « J'aurais jamais dû me faire naître au mois d'août ! », dit, un jour, tel fils à sa mère. Sa pensée magique du moment lui avait fait élaborer qu'il recevrait moins de cadeaux si on ne fêtait pas son anniversaire le jour J de sa naissance (tout son monde étant en vacances cette année-là, la fête anniversaire avait été reportée en septembre). J'aurais jamais dû me faire naître... les enfants se savent sujet de leur naissance, ou il s'en faut de peu pour leur faire retrouver ce ressenti... Quant à nous, « c'est notre castration de ne rien savoir de ce qui advient du sujet, et pourtant de savoir que c'est lui qui, en nous, assume le désir, autorise ses avatars et les mémorise » (1982-1, p. 162-163). C'est notre castration de n'en rien savoir, de n'avoir que peu de certitudes du début à la fin...

Le sujet, acte du désir

« À chaque fois qu'on arrive aux limites de tes pensées psychanalytiques, on trouve quelque chose, qui ne relève pas de la psychanalyse », propose le mainate. « C'est toujours le sujet et son désir », répond F. Dolto (1987-1, p. 200).

Sans doute est-il plus prudent de commencer ainsi... « Prudent », car dans le fond identifier le sujet à une dynamique d'amour, n'est en rien... hors sujet psychanalytique. Le sujet ne peut être posé en dehors d'un environnement, d'une culture (on pourrait même développer que depuis Lacan, c'est l'essentiel du sujet : le sujet, c'est d'emblée, l'autre, les autres, l'autre de l'extérieur qui est dans le même mouvement intériorisé, l'autre, l'extériorité, l'objectivité qui est aussi travail de l'intériorité, toute cette problématique que B. Ogilvie analyse très finement, 1987)[1]. La culture judéo-chrétienne est la nôtre. On peut en critiquer ce que l'on voudra (et F. Dolto ne s'en prive pas), mais c'est avec cette culture-là que chacun de nous a affaire ou se défaire, du côté de la distance à prendre avec tous les sentiments qu'en nos fors intérieurs nous nous construisons, de façon plus ou moins consciente, à partir de ce que nous avons entendu de ce que les autres, nos autres – nos premiers autres, nos Dieux, nos modèles idéaux grâce auxquels nous avons eu envie de grandir – nous ont dit, pas dit, mal dit, sentiments qui entravent notre liberté d'aller au mieux avec nous, pour rencontrer les autres. Ces sentiments

1. Cf. F. Chébaux, *La question du sujet entre Alain Touraine et Françoise Dolto*, *op. cit.*, p. 208-209.

boulets, freins, cette culpabilité, F. Dolto dit souvent que ce sont les équivalents des péchés, la version laïque d'un discours religieux, dont elle éclaire les parallèles dans le ressenti humain, entre témoignages cliniques et écrits évangéliques. Alors, sans arrêt, elle va dire que Dieu, c'est nous, il est dans l'humain, dynamique d'amour de soi qui permet d'aller à la rencontre de l'autre, mais souvent mêlé au pervers, au refoulement, au désir de mort. Dans un corpus comme dans l'autre, elle nous relate « [...] tout ce qui fait ce drame humain d'être pris éternellement dans la faute originelle » (1989, p. 162), ce mythe dans lequel s'enracine l'humanité. Il me semble que M. Balmary parle cette faute originelle dans les termes d'une indifférenciation dans laquelle les acteurs originels se sont maintenus ; le serpent, représentant diabolique étant celui qui détruit le symbolique (1986, p. 267), le mouvement par lequel les différences auraient dû advenir, l'altérité prendre place aux lieux de la confusion et de la consommation (*ibid.,* p. 235-271). M. Balmary comme F. Dolto construisent « leur » sujet dans la métaphore et la métonymie, dans la symbolique...

Alors, au point de départ de l'humain, il y a (selon ce que je ressens de ce que F. Dolto dit !) « une espèce d'origine commune » (1985-1, p. 219) : le désirant communiquant, le verbe, le mouvement qui donne sens et crée la différence. Au commencement était le verbe, le mouvement, la dynamique du désir de rencontrer l'autre. À l'origine de l'homme, à sa source, mais tout du long de son parcours : un désirant communiquant, qui cherche dans le même mouvement à rencontrer l'autre et à être rencontré, qui désire communiquer et se communiquer. Dans la théorie psychanalytique doltoïenne, on parle, là, de la fonction symbolique, grâce à laquelle l'humain, aussi petit ou mal vivant soit-il, est toujours dynamique de sens, recherche de sens, appel au sens, construction du sens de sa relation à lui et aux autres. Le sujet c'est ce désirant de communication, même quand voilé aux yeux des autres parce que dans l'impossibilité de s'exprimer, il y a toujours un désirant communiquant qui guette le moment où il sera trouvé par quelqu'un (1984, p. 275). Ce sujet-là est toujours là : « dynamique, aspatial, atemporel » (1982-1, p. 163). Il est immuable, maître de la situation, au centre de son destin. On est là, les uns et les autres, à son service, pour le re-connaître, le lui dire. Il est, montre l'ensemble de sa clinique, très reconnaissant qu'on lui parle comme à un égal (1995, p. 56), car ce sujet-là est égal en chacun, le même. Pas de Je sans autres, parce que chaque Je est dans l'autre. « [...] Le Je est même chez chacun, et la vie qui émane de chacun de nous, nous savons qu'elle émane du même point, ce Je qui est dans l'autre » (1985-1, p. 219-220). Ce su-Je est égal, même en chacun ; c'est la dynamique qui par-delà le temps et l'espace fait pont de communication désirante.

De là qu'il ait un désir propre, toujours, toujours chez Dolto. Les enfants ne sont pas que le support, l'éponge du désir des parents (1988, p. 28), le reflet de l'ambiance familiale. « Car l'originalité du sujet humain provient de la place qu'il occupe dans le désir des autres, désir qu'il interprète à travers les fantasmes de satisfaction par lui connus. [...] L'enfant est comme l'objet des désirs de ses parents et de ses aînés, ainsi que de leur angoisse et de leur amour. [...] Toutefois, il n'est jamais totalement conditionnable. L'enfant est doué de la fonction symbolique, il est aussi le sujet inconscient de son désir qui, en tant que tel, est présent dès la conception » (1986, p. 90-91). Il a son désir propre et tout du long de son parcours, mais, dit-elle, le désir nous dépasse. Il nous dépasse au sens où nous n'en savons pas grand-chose, nous ne savons jamais vraiment ce qu'il en est de notre désir ; et le désir nous dépasse, au sens où « [...] il nous a faits engendrés dans la chair avant que nous en ayons conscience. Nous sommes nés désirants de parents désirants » (1981-3, p. 86). Il a précédé et présidé à notre prise de terre, prise de corps.

Le sujet ainsi va être silence – c'est-à-dire parole, souffle inspirateur du sens vrai du sujet, communication sans mots, directe –, mais silence organisateur et ordonnateur, qui délivre l'ordonnance de l'homme, mouvement dans la relation duelle, et au-dessus de la relation duelle, ces deux qui pourront se livrer à toute la gymnastique qu'ils veulent durant l'acte sexuel, mais qui jamais ne donneront vie, s'il n'y a pas trois. « Le sujet, c'est la parole vraie qui prend une part active parmi les mots que, durant l'orgasme, les géniteurs ne prononcent pas. En effet, durant ce bouillonnement d'ardeur, arrive un moment, un instant, où aucune parole n'est dite. Cette parole, qu'ils ne peuvent pas dire du sens de leur étreinte, s'incarne. Cette parole, qui ne peut être exprimée, donne sens à l'élan dynamique qui anime les cellules gonadiques (ovule, spermatozoïde) qui se rencontrent. Cette parole prend chair tissée au sens inconnu de ceux qui procréent : un enfant est engendré. Il est l'expression du désir inconscient de ses géniteurs, il est la parole non dicible au moment de sa conception » (1981-3, p. 71). En tant qu'homme, l'homme est parlêtre, né de la parole, ce n'est pas elle qui le dit. Mais alors, chez Dolto, cette affaire se noue dès le plus nucléaire, au sens strict, et la parole se qualifie d'être vraie, sans mots qui déforment le sens de la relation, impuissants qu'ils sont ces mots à dire ce qui échappe : le désir qui ne peut se dire, mouvement, acte qui relie, au moment où les corps, absents à eux-mêmes, absence à la conscience d'eux-mêmes, sont pourtant reliés dans un ailleurs, sans temps et sans espace ; actes purs de rencontre du désir de l'autre, dans le silence, ne sachant plus qu'ils sont sujets. Le sujet est verbe agissant, acte de désir de rencontrer l'autre (cela s'appelle aussi l'amour, dit-elle, 1981-3, p. 105). C'est cela le vrai – et là il y a comme une synonymie entre vrai, parole et désir – sans mots pour se dire, intention pure d'aller chercher l'autre, là où il est. Le sujet « [...] est dans les scansions entre les mots, il est silence organisateur et ordonnateur » (1982-1, p. 163). C'est ce désirant communiquant, cette dynamique de vie, espèce d'origine commune, source de vie qui fait le centre de chacun. C'est lui qui soutient le cheminement de chacun, toujours dans le désir d'entrer en relation, de trouver l'autre et d'être trouvé, même si l'impossible en est la clé ; mais c'est ce désir qui sans cesse relance la mécanique du mouvement.

Alors, « il n'y a pas de sujet sans Dieu [...] Le désir même de vivre, c'est Dieu dans chacun de nous » (1989, p. 158). « Cette dynamique du désir, c'est Dieu » (1981-3, p. 104). Dieu, c'est l'ailleurs, l'Autre en nous, c'est l'Absence majeure qui fait aspirateur (quand nous sommes aspirés vers un ailleurs (*ibid.*). Pour D. Vasse, l'expérience de Dieu gît dans la relation de l'autre à l'Autre : il n'est entrevu que dans la faille irreprésentable qui fonde le rapport de l'autre à l'Autre (1969, p. 36) ; cette même faille, ce même travail de la relation entre autrui accessible à ma connaissance et ce qui en est méconnu, ce qui en échappe, qui est l'espace créateur du sujet. Ni dans l'avoir ou le besoin que nous en avons – y compris celui de prier –, ni dans le savoir, ni dans la représentation : il est ailleurs, là où l'homme est ramené à lui-même. Dieu comme l'homme sont la relation, espace créateur de différences, de co-naissance dans l'acceptation de tout ce qui échappe. Alors c'est un travail, cet avènement de Dieu en nous : s'y laisser aller (y retourner ?), n'est pas donné, puisqu'il s'agit, dans le fond, de se désinvestir de soi pour investir l'autre. La présence/absence c'est ce mouvement qui est en question – n'est-ce pas ? –, en soi et dans la relation... Dur travail. « Deux n'existe pas. Il y a trois. C'est parce qu'il y a trois, qu'il y a un. Lacan précise : il faut quatre. Ce quatrième, c'est la Mort » rappelle J. Oury à propos de la relation psychanalytique, mais à propos de toute relation : « Quand deux "parlêtres" se rencontrent, il n'y a donc pas seulement deux termes, mais déjà au moins un troisième. Pour passer de cette "illusion duelle" au registre de la rencontre, cela nécessite la prise en considération de ce troisième terme » (1985, p. 5-6). Il y va, là, de la rencontre de soi, comme de la rencontre de l'autre. C'est ce mouvement de rencontre et les conditions de son avènement – qu'on l'appelle désir ou Dieu, l'avènement de ce centre, de cette unité – qui font le cœur de « leur » sujet, à Lacan, comme à Dolto. Quatre, c'est le mouvement du trinitaire, le mouvement qui s'articule autour de trois êtres ; un et deux, c'est moi et toi, maman et bébé, présences à soi et à l'autre qui ne parviennent que grâce à lui, le père. La relation duelle n'est créatrice d'unité, c'est-à-dire de séparation différenciatrice, chacun à sa place, qu'à condition qu'il y ait trois. Mais trois qui sachent compter jusque quatre, qui laissent la place à l'ailleurs, à l'inconnu, à l'imprévu, au mouvement même de la séparation, à l'Autre. Sans cette arithmétique élémentaire, le désir du sujet – c'est presque un pléonasme – est immobilisé. Tel est bien l'objet de la psychanalyse, non ? F. Dolto au plus proche de la culture qui est la nôtre, revisite les mythes tricotés en nos intérieurs, la trame et ses accrocs dont l'homme, dans son métier, fait ouvrage. Personne, montre-t-elle, dans un langage à deux voies, n'échappe au flux et au reflux du désir. Elle nous en indique, juste, le sens : un mouvement d'amour. Ce mouvement duquel nous sommes nés, qui nous a appelés à la vie, reste un idéal, un travail à construire, le temps d'une vie terrestre. Mais pour elle le Dieu-Trinité en est la figure : un mouvement d'amour, sans arrêt ni reprise (1981-3, p. 106). Ce serait si joli si, à notre tour, on y parvenait...

La subjectivité version corps

C'est l'esprit qui prête vie à la matière (en ce sens la matière devient détail), mais dans le même mouvement, dès lors qu'il y a incarnation, c'est avec ce corps que « l'être humain, sujet lié à son corps » (*ibid.,* p. 69) aura à soutenir son langage. Liaison manquée, corps perdu de solitude, sujet suspendu. Le corps en appelle à de l'autre selon des lieux différents selon l'époque de son grandissement, mais qui disent le besoin de plaisir qui appelle et trouve souvent satisfaction avec l'autre, et la recherche d'une rencontre avec autrui jamais apaisée, toujours en manque. Le corps n'est alors plus détail mais matière du sujet. C'est à partir de lui, et en conformité avec son fonctionnement – le psychisme est métaphore du corps – que chacun vit dans l'espoir d'une quête enfin comblée, à partir de lui que chacun attend de l'autre une réponse que personne ne peut lui donner. Le corps se fait traducteur d'une énergie, mais à sa mode. J'ai tenté de cerner[1] le processus par lequel un individu se subjectivise à partir de son corps – image inconsciente du corps –, dont il devient sujet à partir de son corps, à travers deux dimensions de circularité et de tension/distanciation. Par la circularité, c'est ce double mouvement doltoïen par lequel le corps se transforme en psychisme et dont il s'ancre dans le corps, qui est en jeu. Le sujet doltoïen se dégage du corps, du schéma corporel, mais en retour c'est le corps qui module les effets du langage, le corps qui transforme ce qu'il reçoit. C'est à travers cette double circularité que le sujet prend sens. Par la tension sujet/corps, c'est le travail de relation/distanciation à soi et à l'autre, qui est en jeu. Le travail à opérer à partir des castrations est, ici, central. La modalité de construction de l'image du corps est conflit, séparation, puis articulation – séparation vers l'unité – dialectique interne sujet-corps, dans le rapport à l'autre, et dialectique externe, dans le même mouvement, sujet/objet, sujet/monde. La production du sujet se fait dans une communication interne, séparation, conflit, entre corps et psychisme et, dans le même mouvement, dans une dia-

1. Cf. F. Chébaux, *La question du sujet entre Alain Touraine et Françoise Dolto, op. cit.,* p. 168-172.

lectique relationnelle, avec l'autre dont il a à se déprendre. La relation le construit dans le même mouvement où il la construit. Le sujet se produit en produisant l'autre, mode de construction de l'objet et du sujet, de soi et de l'autre, de l'objectif et du subjectif, dans le même mouvement. Le sujet produit la relation à soi et est produit par la relation à l'autre, sinon il reste enfermé en lui-même dans une pure construction d'objet interne, où l'autre reste extérieur. La distance, le rapport à soi, se prend dans le rapport, la distance, à l'autre. Cette construction est à la fois rapport d'opposition, de séparation entre Je et Moi, et entre moi et l'autre. La dialectique est double chez Dolto, et elle se noue et passe par le corps.

Le corps du sujet est tout à la fois détail et matière : l'avoir généré par le corps doit se faire être ; c'est là l'œuvre, le matériau à partir duquel se tisse l'histoire d'un sujet.

Représentation et fiction

F. Dolto décrit l'itinéraire de l'humain à partir de la question qu'il se pose du début de sa vie jusqu'à sa mort, question dont l'espoir d'une réponse le soutient. Si elle l'énonce, dans sa conférence sur *Personnologie et image du corps* en s'appuyant sur la théorie dynamique de la personne humaine dégagée par Freud, elle annonce le cœur de sa perspective : le mouvement, la recherche auquel l'humain travaille – l'image inconsciente du corps – est nécessité de (se) communiquer pleine d'illusions.

J'insiste, ici, sur le manque-à-communiquer qui me semble être le cœur du sujet de F. Dolto. Au plus loin d'une vision idyllique de l'enfance, l'humain dont elle témoigne est, d'emblée, confronté à l'angoisse d'exister, angoisse motrice pourtant, en ce qu'elle lui permet de construire, entre corps et cœur, son sentiment de soi qu'elle a recueilli dans un dispositif : l'image inconsciente du corps. Je dégage, ici, la logique de fiction sur laquelle cette image s'élabore, d'emblée : dans une logique de complémentation. Elle va être une fausse réponse à une vraie question.

Les pistes heuristiques de cette réflexion quant aux prémisses illusoires du sujet sont infinies, dans le champ de l'éducation : elle castre toute (re)construction paradisiaque de l'enfance, porte ouverte, peut-être, sur la puissance et la fragilité de l'amarrage symbolique ; elle redynamise l'ouvrage de la séparation par rapport au Un, dont l'humain n'est pas quitte, bien au-delà de son parcours enfantin ; de l'un à l'autre des espaces-temps du sujet, cette réflexion peut faire pont de communication entre ces adultes malades de se prendre pour des adultes[1], se faisant en ce sens étalon de l'humanité[2]. Bref, cette réflexion ré-ouvre la piste de l'enfance en soi, point de départ *sine qua non*, du travail de ces métiers impossibles dont relève l'acte éducatif.

De la tendance à communiquer à la nécessité de se représenter

« La personnologie de Freud nous paraît avoir réussi à croiser les abscisses de la topique avec les ordonnées de la dynamique, et à mettre en courbe la trajectoire de la question que tout être humain pose à tout autre de son espèce (y compris à lui-même et, là, l'épreuve personnelle est pire que celle de l'autre), qu'il pose et se pose de la naissance à sa mort, c'est-à-dire tout le temps que dure son rapport au monde. Cette question est la même, quelles qu'en soient les formulations, du début de l'incarnation jusqu'à l'extinction des échanges : *"Où-est-ce-par-quoi-j'aurai-l'être ?"* Tout homme "sain" l'est dans la mesure où, cherchant cette réponse ailleurs qu'en lui-même, il trouve à la poser le courage de vivre dans l'espoir de la résoudre. Tout homme "malade" est celui chez qui la recherche lassée altère l'authenticité de la

1. Modifier l'attitude de l'homme à l'égard de la maladie, considérée comme un retour à l'enfance, réhabiliter le potentiel de création et de jeu à la frontière du pathologique et de la santé, tel est l'apport de Groddeck et de Winnicott, pour M. Mannoni, dimensions qui vont ouvrir les médecins, psychanalystes ou psychiatres à l'espace de vérité du rapport malade/maladie. Ces deux là y sont parvenus dans la liberté qu'ils ont su prendre par rapport au faux self soignant, là où l'adulte est « malade » de se prendre pour un adulte (1979, p. 128), le soignant plein de sa présomption à guérir, faisant du malade l'objet objectivé de la science !

2. Avec le diagnostic de dégénérescence, le jeune archéologue est aussitôt rejeté loin de nous, car nous autres lecteurs, nous sommes donc les hommes normaux et l'étalon de l'humanité, commente Freud à propos de la Gradiva de Jensen, 1949, p. 177. L'adulte malade de se prendre pour l'étalon de l'humaine condition de l'enfance, c'est bien la présomption à laquelle s'attache, tout autant, la perspective doltoïenne.

question ou l'authenticité dans l'attente de la réponse » (1981-2, p. 61-62).

D'emblée, la vie se donne comme épreuve personnelle douloureuse où l'humain puise ses ressources dans son imaginaire. Il y trouve le courage de vivre, quitte à se leurrer, l'idée est là, d'emblée : l'homme se soutient de l'espoir de... Il ne s'agit que d'un espoir. D'emblée aussi, se profile l'idée de l'enfermement en lui-même qui le menace : « Sain », il va chercher ailleurs qu'en lui-même... Mais si l'épreuve du vivre se fait génératrice d'angoisses... elles sont motrices : motrices du mouvement vers l'expression, la communication. En fait, vers la recherche de l'autre. « Un homme ou une femme est un être vivant d'autant plus humain (et, peut-on ajouter pour les “grandes personnes”, d'autant plus hautement humain) que la qualité de sa lucidité est plus rare et l'intensité de son dénuement plus intolérable. C'est-à-dire qu'un être humain est d'autant plus évolué que son angoisse est si grande et l'expression de celle-ci tant impossible à taire, qu'au-delà de son corps, premier médiateur entre lui et le monde, il recherche des sons, des gestes, des signes, des langages médiateurs, pour à la fois traduire son angoisse et la transcender dans une expression intelligible, en vue d'échanges avec les autres [...] » (*ibid.*, p. 62-63).

F. Dolto nous parle des angoisses existentielles comme point de départ par rapport auxquelles l'homme se soutient d'une recherche d'expression, de communication, mode de traduction de son angoisse. Il la sublime – le mouvement sera permanent dans ce dont la théorisation de sa clinique rend compte – dans l'espoir d'échanges avec l'autre. Le sujet de Dolto est bien celui du manque-à-communiquer. Ce manque peut prendre une coloration menaçante : à manquer de communiquer, il peut rester prisonnier de son corps, il court le risque de rester « [...] emmuré [...] dans sa prison charnelle à l'issue infranchie » (*ibid.*, p. 63). « [...] l'infans de et par son corps a [...] à devenir autre que son corps [...] afin que son corps ne soit pas que corps. [...] L'image du corps est ce par quoi peut s'élaborer pour l'infans un Soi qui emprunte à son corps tous les éléments requis pour... ne pas s'y réduire, ne pas s'y épuiser » : G. Guillerault nomme bien ce danger de s'abîmer dans ce corps (1989, p. 65).

Dans cette nécessité expressive, aussi petit soit-il, l'humain puise sa puissance dynamogène, tendu pour échapper aux tensions localisées dans le corps : « D'épisodiques et trop minimes accomplissements, toujours recherchés, permettent l'infime et spécifique expérience répétée d'une libération des tensions localisées dans le corps. Le "sentir" de ce corps alourdi ou tendu au lieu où la question unique est posée – *"où-est-ce-par-quoi-j'aurai-l'être ?"* –, ce sentir se modifie sous le coup de l'attraction de l'objet, dont il espère l'imminente conjonction avec lui : la perception de lourdeur antérieure est remplacée par une perception de la forme accompagnant la source de cette modification, l'image de cette forme se substitue à ce vers quoi il était tendu » (1981-2, p. 63).

Cette course après l'avoir de l'être – les dés sont pipés d'emblée – se cercle dans la dynamique du corps, et constitue les prémisses de toute expérience humaine : « Si tôt ou tard que nous observions au cours de sa vie un être humain, si pauvre ou si riche soit-il en corporéité, les mêmes processus sont décelables » *(ibid.)*. L'expérience humaine se construit dans un jeu de tensions vers l'attraction de l'objet de l'être, voire sa possession, enfin libératrice de tensions. Elle s'observe dans le ressenti du mouvement : un corps alourdi, perçu comme tel, que la rencontre – enfin l'espoir de l'imminente conjonction, la nuance est de taille – soulage.

La recherche d'une image s'impose, dès lors, comme « [...] *issue représentative* [...] », comme le dit G. Guillerault (*ibid.*, p. 133), c'est même, là, le travail de l'infance, en ce que l'enfant a à forger, « [...] une métaphore de lui-même » (*ibid.*, p. 67), à partir du support corporel réceptacle de tous les échanges.

Fragilité de l'amarrage symbolique, tout autant que puissance de la fonction symbolique, à l'œuvre de façon précocissime.

La logique de la complémentation : une logique de fiction en question

Entre besoin et désir, la question de la complémentation prend corps. Le petit humain navigue ainsi entre trouvaille répétée et éphémère d'un corps à corps, et d'un cœur à cœur. « L'être humain qui a survécu à la rupture ombilicale du courant vital sous sa forme foetale cherche aveuglément hors de sa forme propre, étirant sa bouche en tous sens, la source de liquide chaud qui apaisera le vide qui le tient aux entrailles » (1981-2, p. 64).

Le vide du corps en appelle à la « complémentation substantielle » – là où F. Dolto va parler d'une dyade substantielle associée à l'apaisement des besoins (*ibid.*, p. 86). Une fois obtenue, elle prend un tour subtil, ouvrant l'enfant à la dyade de communication, associée au désir *(ibid.)*. Il s'agit d'une recherche de « complémentation subtile des cœurs » *(ibid.*, p. 64). L'enfant élabore dans ce subtil du cœur à cœur le sens de la complémentation des sens. C'est là « [...] où la question du sens de la complémentation des sens se pose et où est attendue la réponse » (*ibid.*, p. 65).

Le cœur à cœur est don de présence par-delà l'absence de corps à corps ; c'est le lieu où « la question première, reposée au niveau des complémentations affectives, apporte à son tour la trouvaille éphémère et répétée d'un cœur à cœur qui s'épuise : laissant, à la place de la lumière du visage maternel, l'obscurité du sommeil des sens » *(ibid.)*.

De complémentations substantielles, en complémentations subtiles, l'humain tente de résoudre la question existentielle. C'est le propre même – la définition – de la libido. « Son appétit de vivre, source de sa quête d'un complément dynamogène [...] » (*ibid.*, p. 63). Il atteint, ainsi, son but : « La mémorisation [...] le pousse dans un espoir imaginaire, à se tendre, hors son temps et son espace, vers un autre qui jamais ne cesserait de l'apaiser » *(ibid.)*.

La trajectoire de l'humain vise ainsi à atteindre ce qu'on peut appeler l'état de complétude, état d'équilibre du corps, plaisir visé par le désir. Au plus nucléaire, F. Dolto ne parle plus, en effet dès lors, de quête de complémentation, mais de trouvaille de complétude : « Cette recherche hiérogamique de complétude, créatrice d'exaltation [...] » *(ibid.)*. Visée de plaisir illusoire, soutenu par une illusion : espoir imaginaire de la rencontre d'un autre qui l'apaiserait enfin.

Cette recherche est, là, d'emblée, au cœur des besoins et désirs si conjoints chez le nourrisson. Elle ne va pas quitter la dynamique libidinale qui porte l'homme sa vie durant. Piégé et dynamisé par elle, de façon contradictoire.

Mais après la joie de la complétude, le deuil de la solitude. Cette recherche « [...] le conduit toujours de la joie au deuil, car elle apporte, après qu'elle est vécue – il y a un après –, la douloureuse épreuve de la retrouvaille de la conscience, de cette conscience liée à un corps un moment oublié et allégé de son poids, mais encore autant dans la peine de son incomplétude, de sa mutité, de sa solitude illimitée : vivant dans une alternance rythmique pulsatile absurdement monotone et dérisoirement sécurisante, emmuré enfin dans sa prison charnelle à l'issue infranchie » (*ibid.*, p. 63). Entre l'enfermement dans sa prison charnelle et l'espoir d'en sortir, entre solitude et rencontre, l'humain se construit dans la quête d'un objet complémentaire.

À suivre la dynamique libidinale c'est, d'emblée, en son origine et tout au cours de son évolution, à cette logique de complémentation qu'on la voit obéir. F. Dolto en montre le caractère incontournable, dès l'époque archaïque de l'humain : elle conduit l'humain au « sentiment de vivre dans son corps » (*ibid.*, p. 82). Dans sa trajectoire, la visée de la libido vise à combler le vide, éclairant les motifs du vivre, du désir de relation : la quête d'un objet qui enfin apaiserait l'angoisse existentielle, comblerait ce vide, tension vers un autre qui ne cesserait d'en apaiser le manque.

Ce processus de « recherche d'une image » (*ibid.*, p. 66) conduit à poser la question d'une représentation construite dans la fiction, réflexion introduite par G. Guillerault quand il interroge le réel de l'infans – le travail que celui qui ne parle pas a à produire – à cette époque infantile, dans la nécessité de se hisser à une représentation : « Ce qui d'ailleurs conduit l'humain à cette formidable ambiguïté qui fait de l'image à la fois un salut, une issue, mais ce qui ouvre aussi à l'enfermement irréversible dans de l'illusion. [...] l'image, salutaire, n'en est pas moins aliénante » (*ibid.*, p. 67).

La trajectoire libidinale prend naissance dans un enfermement illusoire, dès le point de départ de l'humain, qui va en porter les traces sa vie durant.

Un jeu de complémentation : l'enjeu d'une image narcissisée

« Nous comprenons à partir de là que l'image du corps se constitue en référence à la vue effective de la face maternelle, et aux repères sensoriels apportés répétitivement par la présence de la mère » (1981-2, p. 65).

F. Dolto relate, dans cette conférence que je ne quitte pas, qu'à partir des représentations graphiques et plastiques fournies par les enfants, elle a appris à décoder ce qu'elle appelle l'image du corps, cette représentation inconsciente de ce qui est ressenti.

C'est dans le mouvement libidinal décrit jusqu'à présent, dans ces recherches de complémentation substantielles et subtiles, que l'enfant élabore le sens inconscient de son ressenti. Elle en montre l'organisation à partir de l'articulation des deux types de complémentation, à propos de la situation – que G. Guillerault qualifie de cas princeps, tout au long de son ouvrage – du cas de ce nouveau-né de trois jours qui, séparé, de sa mère, se laissait dépérir, ayant perdu la possibilité de téter. Son génie clinique lui a donné l'intuition de proposer au père de lui faire prendre un biberon, comme il le faisait jusqu'à présent, *mais* entouré d'un linge portant l'odeur de sa mère : l'enfant a alors vider le biberon d'un trait ! Elle donne là, dans cette conférence, l'explication du « miracle » clinique : elle expose, en fait, la théorie de la genèse de l'image du corps. Elle dégage, au passage, le rôle de l'odeur, lieu du subtil, comme prédominant dans la formation du continuum de valeur.

« L'image de son corps digestif, réceptacle à complémenter, était absente, parce que la complémentation spécifique de son cavum olfactif par l'odeur de sa mère n'avait pas été préalablement obtenue. Il fallait une réponse maternelle à la question posée au lieu de la zone érogène olfactive, pour que la question vitale de complémentation nutritive puisse se poser au lieu de la zone érogène digestive, retrouvée dans sa totalité d'issue (la bouche), de fonctionnement rythmique, et de contenant, l'estomac vide à remplir » (*ibid.*, p. 78).

On voit que sans complémentation subtile, la complémentation substantielle s'arrête, mettant l'enfant en danger, tant il perd son continuum de sécurité-totalité. L'enfant se ressent total, continu, en même temps qu'il ressent sa mère. Son absence interdit ce ressenti. Il va être restauré par la complétude olfactive, et ce que la présence retrouvée de la mère crée : « Après rupture de la dyade symbiotique visible mère-enfant, la zone érogène olfactive a été complémentée par l'odeur spécifique de la mère, bien que celle-ci fût absente. Cette odeur est alors symbole de la mère : par elle, la mère est présentifiée, par elle, la personne de la mère introjectée dans les tétées préalables est présente en ses effets créatifs. La complétude olfactive crée la présence imaginée des mamelles maternelles absentes, en même temps que du tube digestif affamé et sachant téter, qui manquaient aussi : l'image en était aliénée à l'enfant en l'absence du corps maternel » (*ibid.*, p. 79).

C'est dire que, dans ce jeu de complémentation, l'enfant élabore une notion continue de valeur, grâce au substrat de ses sens subtils : « Le rôle des yeux, des oreilles, du nez en tant que zones érogènes contemporaines de la zone orale n'a pas assez étudié. Ils semblent liés au sens sécurisant ou insécurisant des satisfactions et des insatisfactions ressenties à ces zones érogènes ou dans la masse corporelle. Il en découlerait une notion continue de la valeur, à travers ses variations continuelles » *(ibid.)*.

Cette notion continue de valeur mène à la « mêmeté d'être », ce ressenti « [...] dans une continuité narcissique ou dans une continuité spatio-temporelle [...] » (1984, p. 50). Bref, la définition que F. Dolto donne du narcissisme, cette mêmeté qui donnera naissance au sentiment d'existence : « C'est de cette mêmeté, fortement ou ténuement pérenne, que vient la notion d'existence. Le sentiment d'exister d'un être humain, qui arrime son corps à son narcissisme, sentiment qui est évident, vient de cette conviction, sans doute illusoire, de continuité » *(ibid.)*. Il s'arrime dans le cœur, là où l'enfant attend la réponse du sens de la complémentation des sens. Il constitue la composante de base de l'image du corps. Image de base où il se ressent dans cette continuité de valeur... sans doute illusoire, dit-elle, puisqu'elle est issue de cette quête de complétude, visée du désir, espoir imaginaire d'un autre qui ne cesserait de l'apaiser.

Là où sa clinique, on l'a vu, rend compte des dommages des ruptures mère/enfant trop brutales, comme dans le cas de cet enfant, pour sa construction.

L'enfant est ainsi voué « [...] à la recherche éperdue du même [...] », comme le dit G. Guillerault (*ibid.*, p. 26). Il est fixé à « [...] une recherche symbolisatrice de mêmeté », comme il le dit encore (*ibid.*, p. 27). Une mêmeté endogène et exogène, en fait. Quoi qu'il en soit, c'est elle qui mobilise l'humain.

La complétude : une fausse réponse à une vraie question

« Son appétit de vivre, source de sa quête d'un complément dynamogène, lui enseigne que l'approche exaltante de la satisfaction, suivie de la rencontre orgastique dans une expérience éphémère de délivrance de sa tension à être, est une mort » (1981-2, p. 63).

En effet, à travers l'acte d'union qui libère de la tension du corps, dans « l'expérience répétitive de l'attraction excitante, provoquée par le complément de l'image de son corps [...] » *(ibid.)*, l'humain est conduit « [...] au dépouillement sensoriel de l'image de ce qui lui appartenait hors de cet acte » *(ibid.)*.

Le résultat, on peut le dire ainsi, de l'état de complétude, c'est la délivrance de la tension du corps. La vie s'ordonne ainsi entre ces deux références : depuis un *appétit de vivre* – pulsions de vie –, qui pousse à la quête d'une illusion pourtant dynamogène – l'espoir imaginaire d'une rencontre apaisante –, et, l'expérience l'enseigne, dans la satisfaction éprouvée par la rencontre – l'état de complétude –, éminemment jouissive – orgastique ! –, la *délivrance d'une tension,* la disparition de ce qui était se sentir dans son corps : pulsions de mort, chez Dolto.

Entre la délivrance et la retrouvaille de son corps, entre l'oubli et la conscience, tient le mouvement de l'humain, aussi petit soit-il et bien au-delà. Au plus nucléaire, c'est l'origine de ce mouvement qui s'incarne. Attiré vers un objet – fût-ce une personne –, il trouve imaginairement la satisfaction d'une tension, s'en ressent comme comblé au sens où il se vit comme allégé d'un poids d'une question qui trouve une réponse – il n'*a* plus, il *est* hors de toute tension. Il est dans l'absence à lui-même, dépouillé de la notion de son existence dont son corps était lourd. Entre tension et détente de tension, là où F. Dolto clarifie l'apport de Freud quant au principe de plaisir, en jeu, ici : « Aujourd'hui, on fait généralement un contresens total sur la signification du principe de plaisir dont parle Freud, et selon lequel toutes les pulsions devraient aboutir à faire prendre son pied. [...] Le contresens vient de ce que tout le monde s'imagine que Freud parlait du principe de plaisir à un niveau conscient alors qu'il visait un niveau inconscient. Il parlait d'une détente de tensions, c'est-à-dire que toute tension de désir dans l'économie de l'être humain vise à sa chute dans l'a-privatif de tensions. Et quoi que nous fassions, notre économie libidinale se débrouille pour y arriver » (1982-1, p. 161).

La tension du désir vise à sa chute dans l'a-privatif de tensions : c'est le principe de l'économie libidinale – la modification du se-sentir-lourd. « Et c'est cette absence instantanée de la perception sensorielle, concomitante avec la conjonction qui permet la satisfaction, c'est cette modification du sentir par perte de tout ou partie du corps, support médiateur de la question, que nous nommons vivre : alors qu'il s'agit précisément de mort » (1981-2, p. 63-64).

Dans le corps, médiateur de la question, se vit, s'origine et perdure, ce mouvement entre état de complétude, délivrance du corps, accomplissement éphémère et illusoire dans la réponse à la question existentielle, et retour douloureux à la pleine conscience d'un corps momentanément oublié, conscience de l'épreuve de solitude illimitée. Cette échappée, exaltante car structurante d'une image d'un Soi progressif puis avéré par un leurre complémentaire, ramène l'humain au moment de la trouvaille, à l'abandon de soi : la perte de l'image du corps. Mort à soi-même, accomplissement de soi dans l'abandon du corps. Perte attractive à travers la recherche de complémentation. Dans le même mouvement, au plus fort du mouvement où l'humain se trouve, il se perd. Ineffable doublure de l'état de complétude. S'avoir c'est être dans la perte de soi.

Cette économie dans la délivrance s'impose, car le désir épuise. Heureusement, dit-elle, que les pulsions de mort existent ! « [...] sans quoi nous nous épuiserions. Le désir nous épuise, mais nous récupérons grâce aux pulsions de mort. Le sujet du désir épuiserait l'être humain, si ce dernier ne se reposait pas sur son image de base, sur son narcissisme fondamental, en abandonnant la notion de son existence, et en tombant dans le sommeil profond qui limite sa participation à l'être, sans notion d'avoir, ni de pouvoir, à conquérir ou à défendre » (1982-1, p. 164).

Le désir, quête de complémentation, de trouver la réponse à une question insoluble – trouver son être dans l'avoir – question que l'humain se pose de la naissance à la mort, est épuisant. Il soutient l'appétit de vivre, mais il en délivre aussi dans le retour au narcissisme fondamental « [...] dont la traduction est l'équilibre en nous des rythmes biologiques » comme elle le définit dans le troisième tome de son *Séminaire de psychanalyse d'enfants* (1988, p. 29).

Ainsi, le caractère salutaire et aliénant de l'image dont parle G. Guillerault s'explique : à regarder l'économie libidinale, c'est entre état de complétude et délivrance de la tension à être, du sentiment d'existence, que ce double mouvement s'opère. Cette dynamique d'appétit de vivre, cette dynamique à faire image de plus en plus complexe ou subtile de soi repose sur une logique contradictoire, paradoxale : un conflit permanent. Ce conflit est inscrit au niveau le plus nucléaire, dès l'époque archaïque, où l'état de complétude, pour leurrant qu'il soit, ne s'en avère pas moins vitalisant dans la construction du rapport à soi et au monde qu'il met en image. Dès ce point de départ, de la joie au deuil, il permet à l'humain de leurrer l'inextinguible angoisse d'être et de la transcender, se débrouillant comme il peut pour jouer avec et se masquer son dénuement. L'illusion est vitale.

Unité du ressenti

L'envers de la mêmeté

L'image de l'enfance, et à partir de là de l'humain, qui se dégage de la théorisation de la clinique de F. Dolto, dès les processus primordiaux auquel le petit enfant se livre, est celle, aussi, du chaos toujours menaçant de quelque façon, si l'autre est absent. Cette menace de chaos va être présent chez l'adulte dans des résurgences archaïques.

Proche de la mort, ou de la psychose, ou du morcellement, aux frontières de la déréalisation, de la disparition à soi-même, de l'annihilation de son être (G. Guillerault, 1989, p. 69), de la dislocation (*ibid.*, p. 95)... G. Guillerault synthétise le risque d'être enfermé dans son corps de ces différentes manières. Le moins que l'on puisse dire, c'est que l'expérience de l'enfance captée par F. Dolto nous mène bien loin d'une vision idyllique. Sa clinique est là pour nous montrer les avatars d'un arrêt sur image où l'infans reste prisonnier de son corps, en manque d'une relation qui satisfait sa nécessité représentative, la construction d'un Soi. Nécessité à entendre depuis tout le travail d'élaboration auquel a à se livrer le petit humain et auquel il est livré, dès lors qu'il prend vie. Il recherche le sens – prééminence de la fonction symbolique –, d'emblée et toujours : « [...] le vivre s'accompagne tout le temps d'une fonction symbolique chez l'être humain [...] » (1984, p. 218).

D'emblée et toujours, il recherche l'autre, à sa manière ; non entendu, mal entendu, laissé trop tout seul avec son désir de communication interhumaine, il se replie sur le besoin, enfermé dans son corps ; vécu comme objet par ses adultes tutélaires, tant son désir de tendresse et de communication ne lui est pas renvoyé par l'autre, il va se conformer à ce statut d'objet : morcelé en tant que sujet de désir.

Dès lors, dès ces premiers moments, c'est l'idée de la mêmeté qui s'impose. Elle s'impose parce que l'enfant se sent être – Un, unifié – selon le désir de l'autre. Il se sent être objet de plaisir ou de rejet selon le désir dont l'autre est porteur. Il se ressent comme il vit qu'il est ressenti. Cette exigence de mêmeté révèle son hypersensibilité à la présence d'un autre, dont l'absence brutale ou trop précoce, le laisse plus ou moins fragilisé. Mêmeté d'une sécurité indispensable qu'il prend dans une présence connue. Sécurité du connu, d'où il se ressent. Ressenti d'une mêmeté qui fonde ses amarres jusque dans la mêmeté d'un ressenti. Sa logique libidinale l'y contraint. L'humain est ainsi fait dans son premier mouvement, au plus nucléaire : la mêmeté d'une conformité qui va se jouer de multiples manières.

Cette mêmeté, on ne va cesser de la retrouver, en fait. Premier mouvement de l'humain qui va devoir s'en dégager, sa trajectoire oscille, ainsi, entre la poursuite de ce connu, déjà connu et l'appel de la découverte, de l'insolite, de l'inconnu.

Une cohésion menacée d'emblée

G. Guillerault nous invite fréquemment pour bien saisir l'apport de F. Dolto – le voyage dans l'imaginaire infantile auquel elle nous convie – à nous déshabiller de notre prêt-à-penser d'adulte. Il n'y va pas seulement de ce que la « logique » infantile a de quoi surprendre, mais plus encore de son arrimage à même le corps, déconcertant dans notre vivre adulte, qui s'en est fait oublieux...

Alors, F. Dolto pose là son concept « d'image de base », synonyme de continuité narcissique, déjà là à la naissance, avant même dans la dynamique d'appel au vivre, toujours là. Cette image de base a une histoire : elle va se modifier. Elle joue, surtout, un rôle éminent : elle assure la défense, le repli en cas de souffrance. Lorsqu'est atteint ce premier ressenti d'unité, apparaît un état menaçant, où l'enfant est menacé de disparition à soi-même ou d'une partie de soi-même, faute d'une présence continue et régulière de l'autre.

Aucun enfant n'est morcelé à l'origine, tel est le leitmotiv de F. Dolto. Mais, c'est dans l'expérience du corps que le morcellement fonctionne à l'origine : il a un fonctionnement oral ou anal qui morcelle, une expérience de corps qui est accompagnée du morcellement de l'objet (oral ou anal, c'est comme cela qu'il avale ou qu'il extériorise ses excréments) ; « [...] mais cette expérience de corps n'est pas vécue comme relation de sujets. Pour qu'il y ait relation de sujets, il faut des paroles [...] » (1984, p. 273).

C'est dès lors que cette relation symbolique de présence et de paroles – de présence réelle, comme de présence dans l'absence, où l'enfant est sécurisé par un espace et un temps « mamaïsés » (*ibid.*, p. 70), plein de la présence sécurisante mémorisée de sa mère – est interrompue, brutalement ou de façon précoce, que le danger du morcellement survient, tout prêt à se nouer sur le corps qui le conditionne : « Le morcellement fantasmatique de soi-même et du monde ambiant découle de l'image (métaphore) du fonctionnement alimentaire et excrémentiel (mâchoire et anus) que le schéma corporel conditionne [...] Plus la relation à la mère est continûment vivante dans des relations subtiles vocalisées, visuelles, olfactives, mimiques, enjouées et ludiques hors des moments de manipulation pour le soin au corps de l'enfant, moins les fantasmes de morcellement s'établissent et perdurent » (*ibid.*, p. 71).

Le morcellement s'articule entre corps, imaginaire et position libidinale d'Objet ou de Sujet à laquelle le petit sujet va travailler, en fonction des modalités de la présence de l'autre, où il va prendre ses signifiants d'Objet ou de Sujet : se sentir et se vivre dans une sécurité, se sentir reconnu dans son désir ou se vivre comme objet de besoin uniquement. À partir des repères substantiels – dans la présence au corps – et subtils – dans l'absence –, il perçoit, décode et construit son statut dans le désir de l'autre.

En fait, F. Dolto articule « l'inflation imaginaire de morcellement », dont il s'agit, à travers les maîtres-mots – Objet/Sujet, Objet partiel/Objet total – dans la dynamique désirante entre enfants et parents. Elle pose, d'abord, les conditions du morcellement du point de vue de la situation de la dynamique désirante des parents. Attachons-nous à cette situation d'abord.

L'enfant n'est jamais morcelé, ce sont les autres qui induisent l'inflation imaginaire de morcellement : il peut ainsi se morceler imaginairement dans une identification à autrui ou aux représentants imaginaires d'autrui. C'est, par exemple, la mère qui induit l'inflation imaginaire de morcellement – ce qui est équivalent à : l'enfant subit un désir pervertissant – en ce qu'elle fait de son enfant son objet partiel. « Une mère pour laquelle le corps propre de son enfant est un objet libidinal, oral, anal, sur lequel elle use de pouvoirs discrétionnaires pour son propre plaisir, qu'elle embrasse et dont elle joue comme d'une poupée, qu'elle dévore des yeux, de caresses, qu'elle ne laisse jouer à rien qu'à ce qui peut l'amuser elle [...] » (*ibid.*, p. 271). C'est dans les circonstances où l'enfant va être réduit au statut d'objet de l'autre, où seuls ses besoins sont considérés, où il n'est pas reconnu comme sujet de ses initiatives, que l'inflation imaginaire de morcellement s'installe. En fait, il subit un processus de rupture dans le langage du désir (objet/sujet), qui va se télescoper avec l'imaginaire qui prend corps : il n'est plus cohésé. Dès qu'il a une intention de mouvement, chaque fois qu'il éprouve une initiative, les désirs du sujet s'animent, à l'époque de l'indifférenciation, en conformité au mode d'investissement donné par l'adulte – il va l'agir selon l'interdit d'initiative, selon le style érotique, auquel la mère est restée bloquée. L'imaginaire va se développer, ainsi, du côté de ce qui reste autorisé – la survalorisation des autorisations orales (manger, dévorer) – et se déroule dans les termes où tout peut être découpé, mis en morceaux, lui y compris, tout recèle danger. L'enfant peut y rester bloqué, comme le sillon d'un disque rayé, surtout si l'attitude parentale est inconsciente. Il va devenir phobique ou obsessionnel. Il se comporte comme..., parce que ses parents (s'ils se comportent tous les deux selon la même attitude éducative) sont, selon sa pensée anale magique imaginairement conservée depuis l'âge oral, des bouches sécantes ou des yeux guetteurs. « S'il a valeur c'est qu'il est un petit morceau, soit de nourriture, soit de caca, et la mère devient imaginairement pour l'enfant une bouche morcelante par laquelle il a besoin d'être constamment embrassé (mime de manger) ou regardé (mangé des yeux) ou écouté, ou encore porté » (*ibid.*, p. 274).

Morcelé par l'autre, il va s'identifier comme tel. « C'est ainsi qu'un sujet peut être avide de donner jouissance à sa mère, en se valorisant, à force de se morceler lui-même » *(ibid.)*. Il va vivre dans un « temps arrêté » et se comporter comme objet. Il devient « abîmé », c'est-à-dire engouffré dans l'appel du désir de son père ou de sa mère. Son individuation s'est aliénée à un rôle d'animal dressé au désir de son maître.

Y. François dit cette dynamique malheureuse, en d'autres termes : « C'est d'être l'objet phallique d'un autre, qui ne peut donner la castration, qui peut être morcelant » (1999, p. 136). Car, dans le fond, cette dynamique relationnelle relève bien de l'absence de castration symboligène ; c'est quand les parents eux-mêmes présentent ce qu'il appelle « des lacunes libidinales », n'ayant pas eux-mêmes franchi les castrations préœdipiennes et œdipiennes, vivant aliénés à une visée archaïque du désir, c'est dans ce contexte qu'ils ne peuvent donner réponse au désir de l'enfant conforme à la loi..., explicite-t-il. Dans ce contexte, ce n'est pas au désir de l'enfant qu'il est donné réponse, mais au besoin que l'adulte en a.

Une menace qui prend corps : la déréalisation

« À leur face éclairée par le timbre de leurs voix qui lui parlent, et par les étoiles brillantes de leurs yeux, sa sécurité amarre son fragile esprit, qui sans leur présence aimante et secourable serait égaré dans l'indifférence des éléments naturels constituant son corps, un corps qui, sans eux, serait sans repères de temps ni d'espace » (1984, p. 224).

C'est sur ce fond de menace qui pèse dès le début de la vie, qui peut se réaliser dans la relation à l'autre, tant le corps y est prêt, que se dégage cette exigence de continuité, de construction de soi, dans un ressenti d'unité. L'enfant n'est jamais morcelé, « à l'origine, aucun enfant n'a une image de corps morcelée », dit-elle (*ibid.*, p. 273), mais il est constamment guetté par cette menace qui va prendre corps selon la façon de répondre de l'adulte. Il est d'autant moins morcelé qu'à cette époque, il est imaginairement co-l'autre, « lui-sa-mère ». Sa mère est un objet total auquel il s'identifie, sans savoir encore qu'il en est séparé, dans cette indifférenciation jusqu'au Miroir.

C'est là, alors, la seconde dimension qui se dégage comme susceptible de conduire au morcellement. F. Dolto suit, maintenant, non plus le point de vue de la position de l'enfant dans le désir de ses parents, mais la logique de l'enfant, le mode de construction auquel il est soumis, co-l'autre, fusionnel dans la recherche de l'harmonie désirante. Risque de morcellement d'autant plus grand que la distance désirante est faible. Point de vue de l'enfant que nous allons suivre.

Ce débat sur le morcellement est important, au point que J. D. Nasio l'amène à préciser qu'il correspond au lieu de rupture avec J. Lacan dans sa conception du « stade du miroir ». Si l'un le donne dans les termes d'un « [...] mirage de totalité et de maturation, face au réel dispersé et immature du corps infantile » (1992, p. 60-61) – un corps morcelé[1] –, l'autre n'a cessé de montrer le continuum dans lequel se fait l'enfant, exigence d'échapper aux pulsions et fantasmes morcelants. « [...] l'enfant se sent tout entier dans son être [...] » (1992, p. 75). L'enfant qui « [...] reconnaît sa mère et se reconnaît avec elle » (1982-1, p. 156) demande cette présence de communication interpsychique qui lui apporte, à chaque fois, de nouvelles sensations auditives, visuelles, tactiles, qui lui permettent d'affiner la connaissance qu'il a d'elle, comme de lui. Ce désir de présence à partir de laquelle l'enfant construit son continuum de sécurité, non entendu, l'enfant « [...] se rabat alors sur le besoin » *(ibid.)*, là où il tient : dans le corps.

1. Cf. J. Lacan, 1966, p. 97, in *Le stade du miroir comme formateur de la fonction du Je*, p. 93-100.

« Un être humain ne peut pas supporter la solitude : en fait, il lui substitue un délire. [...] L'apprentissage de la solitude est une longue ascèse. En tout cas, au début de sa vie et tant que le langage n'est pas constitué, l'enfant ne peut pas supporter la solitude. Elle est pour lui pathogène. Elle aliène le sujet à son corps et à l'espace immédiat, fixe, qui l'entoure. Le danger – et c'est ce qui se produit chez les enfants autistes –, c'est que le guet qui n'amène rien finit alors par se retourner en un guet de sensations viscérales. Elles prennent alors la place de l'objet qui ne revient jamais » (*ibid.*, p. 157). La menace d'aliénation, qui peut se dire dans les termes d'un enfermement sur le corps, tient dans la prééminence de la vie symbolique où l'individu, si petit soit-il, s'affirme comme sujet de désir de communication interhumaine. Il y est livré par trop de solitude, alors qu'il vit dans un appétit communicationnel si grand. Cet appétit se noue, en ce début de vie – besoins et désirs confondus, les uns satisfaits, restent les autres, toujours en manque –, dans les sensations corporelles et leur variabilité par rapport auxquelles l'enfant est à l'affût. L'enfant est *au guet* de toutes les sensations, l'expression revient souvent. Il s'en dégage l'idée force d'un enfant symbolisateur précoce – versant positif du chaos si l'on peut dire – où, à partir des variations de sensations, puis de perceptions, on voit l'enfant (se) construire son ressenti, dans et malgré la variabilité. « Assurer une mêmeté dans la diversité, tel est bien en effet le problème auquel le petit humain est directement confronté. Et un problème qui n'est pas que d'école quand faute d'avoir trouvé sa solution, il prend forme d'autisme ou de psychose infantile », comme le renvoie G. Guillerault (*ibid.*, p. 95).

« Son image du corps, unie par la relation symbolique continue, assume des perceptions qui, si cette relation n'existait pas ou venait à manquer trop longtemps, seraient pour lui morcelantes » (1984, p. 70). Quand la menace est là, l'enfant s'en défend : il se replie sur un état d'équilibre antérieur qui faisait encore sens. Il recompose son unité, là où peuvent s'infiltrer ces expressions phobiques, repli sur les pulsions les plus archaïques, moyens de défense de l'enfant en détresse de sécurité et de communication[1].

1. À propos de Image de base et phobie, cf. 1984, p. 51 ; Sur les fantasmes de persécution, peurs et cauchemards, cf. *ibid.*, p. 251 ; Sur une symptomatologie phobique ; cf., *ibid.*, p. 217 et 1992, p. 20.

D'où l'importance particulière de la mère, dans l'édifice théorique de F. Dolto. La relation à la mère n'implique pas que le père en soit exclu. Mais, comme le dit G. Guillerault « [...] en un tout premier temps, il ne peut avoir d'autre place qu'en appendice de la "maman" » (*ibid.*, p. 68). Elle est importante, car c'est elle qui assure le continuum, condition de la construction de l'humain. C'est la présence multiplement langagière, diversement langagière, de la mère ou de son substitut, qui se donne comme solution de continuité, si l'on peut dire. Elle est « support de la permanence » (G. Guillerault, *ibid.*, p. 95), arrimage de sécurité (*ibid.*, p. 93), là où F. Dolto montre qu'en elle et par elle l'enfant se ressent vivant en sécurité. Donnons-en un exemple : « On peut donc dire que, par-delà la distance du corps à corps entre le bébé et sa mère-nourrice, lorsque celle-ci est sortie de son champ visuel, ce sont les perceptions subtiles de son odeur et de sa voix qui continuent à être pour l'enfant le lieu – dans l'espace qui l'entoure – où il guette le retour de sa mère, c'est-à-dire le lieu de son lien narcissisant à elle, et la continuation de ce ressenti vivant en sécurité qu'il éprouve avec elle » (1984, p. 69). Quand le continuum, – où l'enfant prend ce ressenti d'unité, par où il se sent vivant –, est interrompu, ou mal assuré, voire ressenti comme mal assuré, l'enfant se sent en danger. Du fait de la disparition de ce qui fait « cordon de sécurité » – la mère –, comme F. Dolto le dit aussi (1985-1, p. 286), son image de base, narcissisme de base, est menacé.

Le morcellement intervient ainsi dans le croisement – malheureux – de deux dimensions Sujet/Objet ; Objet partiel / Objet total, structurelles et fonctionnelles, auxquelles l'enfant est soumis. Depuis le statut de Sujet ou d'Objet, de la position qu'il occupe dans le désir de l'autre, le morcellement se profile dans les conditions d'une situation où il est vécu comme Objet partiel. Le risque de morcellement est analysé aussi du point de vue du désir de l'enfant, du fonctionnement selon lequel il accorde son désir. Il ne peut que vivre sa mère comme Objet total et s'y identifier. C'est de cet imaginaire qu'il se sent tout entier, cohésé, en fonction du continuum de présence. Quand celui-ci est inexistant ou vient à manquer selon des modalités qui ne conviennent pas à la singularité de l'enfant, l'enfant se ressent comme morcelé, non reconnu dans son désir. Que l'on regarde le risque de morcellement du point de vue du désir de l'autre ou du point de vue du désir de l'enfant, il est d'autant plus présent que c'est le schéma corporel qui le conditionne.

C'est là que F. Dolto apporte ses enseignements sur les traumatisés précoces du fait d'une communication trop précocement ou trop brutalement interrompue. Elle en donne des exemples dans le cas de sevrages trop brutaux, par abandon ou par mort de la mère, élargissant son témoignage clinique aux situations d'hospitalisations précoces ou aux changements de nourrices successifs, où elle parle de mutisme psychogène, voire d'autisme. Elle rapporte les manifestations régressives à des fonctionnements archaïques qu'elle a observées dans sa clinique des enfants psychotiques qui en rend particulièrement compte, par exemple : « [...] ces enfants autodévorateurs, chaque fois qu'ils éprouvent (mais où donc ?) plus que d'habitude la morsure de leur détresse, d'une impossible communication perdue, et d'une terrifiante solitude psychique d'infirme de tout langage » (1984, p. 217).

G. Guillerault consacre un moment d'interrogation à la psychose, dans son dernier chapitre (1989). Il en rapporte le vecteur organisateur quelles que soient les situations citées : une communication défaillante où l'enfant trop tout seul est réduit à se fabriquer du symbole avec n'importe quoi (*ibid.*, p. 200-201), « [...] à partir de ses seules perceptions bouclées sur elles-mêmes » (*ibid.*, p. 203).

Trop tout seul : il vit passif, indifférent, préparant des « psychoses à bas bruit » ou des névroses précoces, comme F. Dolto le dit (1984, p. 226). En fait, il se replie sur une vie imaginaire et ce qui reste à sa disposition, comme ces enfants qu'on laisse dans leur berceau sans communication : « [...] par exemple, s'il y a un oiseau qui passe, et qui fait un piaillement particulier en même temps que le voile de leur berceau se balance, et qu'ils ont dans leur corps à ce moment-là une colique, un borborigme, la rencontre de ces trois perceptions, cela veut dire que l'oiseau et le rideau ensemble, c'est la parole de leur ventre. Alors, la douleur qu'ils ont au ventre, une petite colique qui passe, c'est le signifiant de la rencontre du cri de l'oiseau avec le voile remué par le vent... et des quantités de rencontres synchroniques externes et internes prennent valeur de signes langagiers qui pour eux ont seuls sens de parole » (1987-3, p. 18).

Sa fonction symbolique marchant à vide, il la remplit de ce qui fait sens pour lui, faute de faire sens pour un autre. « Le morcellement de soi amène l'enfant à se croire en relation avec un autre, des morceaux du corps propre, des sensations viscérales deviennent des leurres de la présence maternelle », explicite Y. François (*ibid.*, p. 136).

Le débat sur le morcellement est important, en ce que par cette menace qui pèse sur l'image des pulsions les plus archaïques « [...] on serait tenté de rapprocher au plus près la phobie et la psychose », comme l'interroge J. D. Nasio (1992, p. 21). « Je crois que ce que nous appelons psychose, c'est très souvent de la phobie. Nous appelons psychose un ensemble de processus de défense pour essayer de ne pas souffrir du péril grave que signifierait la perte du lien entre l'I-ma-ge (*"ici-moi-je"*) et mon corps. [...] Je crois que c'est ce danger qui est à l'origine des dits "psychotiques", que nous devrions considérer en réalité comme des gens en prise avec une phobie qui envahit tout contact avec autrui » (*ibid.*, p. 22).

L'articulation se fait claire, dans la fonction même que l'une occupe par rapport à l'autre. Elle le dit à propos de l'autisme : « L'autisme s'aggrave de jour en jour, visant à juguler les phobies, interdisant au désir toute visée d'objets, sans pouvoir y parvenir, parce que le vivre s'accompagne tout le temps d'une fonction symbolique chez l'être humain, et que celle-ci, dans ses imageries esseulées d'objets partiels sans intention, devient de plus en plus terrifiante » (1984, p. 217-218).

Trop tout seul, si ce n'est sur ses sensations viscérales qu'il se referme, ce sera sur la douleur – le mal aux oreilles, le mal au ventre... –, pour autant qu'elle ait été signe de ce que l'on s'occupe de lui, qu'on communique avec le sujet du désir de communiquer en lui, ne fusse que dans le désordre organique. Son narcissisme se soutient, alors, de son seul schéma corporel, le malaise physiologique étant devenu signifiant du statut relationnel imaginaire à l'autre : « Si une douleur vraie survient, elle peut lui rendre, dans son isolement affectif, l'illusion qu'il existe en tant que sujet, le rendre attentif à ce perçu variant qu'il est seul à percevoir. Son narcissisme primordial se dissocie de l'état d'aise sensitif pour se lier à un état pathogène, cette douleur qui devient une compagnie, à défaut d'une personne près de lui » (*ibid.*, p. 249). Rabattement sur le désordre organique, dont elle a observé les traces chez ces adultes qui vivent dans « une douleur chronique psychosomatique », résurgence de cette période non révolue, d'un trop-tout-seul qui les a livrés au seul colloque avec leur corps.

Cet esseulement communicationnel qui mène aux portes du chaos, on en mesure aussi, à partir de sa clinique, les reliquats dans le monde de l'adulte, dans ce qu'on appelle le noyau psychotique : « Il y a, chez tout un chacun, l'un de ces niveaux plus ou moins archaïques, et plus ou moins stagnants, d'un reliquat du mode de relation au monde et à la mère d'avant le niveau narcissique de Moi-Toi et du langage parlé, puis du Moi-Je » (*ibid.*, p. 225).

D'un corps qui morcelle nécessairement, à l'état de morcellement, il y a un pas que la non-reconnaissance massive et inconsciente de l'enfant comme sujet désirant lui fait franchir : du côté de l'expérience morcelante.

Le débat sur le morcellement est important : il en appelle au statut de sujet qui croît dans la sécurité donnée par la parole. L'expérience morcelante est liée au contexte de la psychose. Le débat sur le morcellement est important, parce qu'il éclaire la fragile et nécessaire prise de sécurité à être considéré, à avoir été considéré, comme sujet marqué du franchissement des différentes étapes de séparation par rapport aux autres dans toute histoire familiale. À l'ASE, ce sont des adultes insécures que j'ai rencontrés, vivant dans la peur ou la méfiance de l'autre, ou dans le rejet définitif, disaient-ils, de leur famille naturelle. À l'ASE ce sont des adultes mal-vivant dans une insécurité foncière en l'absence de paroles qui auraient pu les aider à parler les moments vécus douloureusement et à s'en séparer, ou à accepter l'absence d'informations. Morcelés comme objets au sens strictement doltoïen qui en infère à la psychose : la réflexion serait excessive. Maintenus insécures, plutôt, tant les structures éducatives étaient ignorantes du sujet.

Vivre

Vivre : c'est une énigme, où dans un jeu de cache-cache avec le désir, tantôt paumé, tantôt puissant, l'homme ne peut s'empêcher de faire confiance à son désir. La seule solution au piège sécurisant de la course besogneuse à l'avoir et au pouvoir, c'est de s'accepter, dans ce que chacun découvre au fil de son expérience, ignorant et impuissant.

Vivre, c'est accepter le mystère qui, au cœur du manque de réponses que personne ne peut trouver à sa place, renvoie l'homme à sa part de solitude, aiguillon de sa créativité.

Entre puissance et impuissance, l'impératif de communiquer

« [...] avides d'atteindre de quoi affabuler notre puissance, étendre notre savoir et notre agir au-delà de ses limites connues, pour fuir notre solitude », ainsi en va-t-il des petits d'homme (1987-1, p. 74), mais de l'homme mûrissant, tout du long de son parcours, dans le parcours du vivre chez l'humain de F. Dolto. Si elle définit le Sujet dans la prééminence de la fonction symbolique, au jeu du désir qui le soutient à vivre, les dés sont pipés et les cartes truquées. C'est alors « [...] *la rançon de sa fonction symbolique que l'équilibre psychosomatique de l'être humain, soit vulnérable* » (1981-2, p. 324). La fonction symbolique le pousse à inventer toujours le moyen à la fois de communiquer et de se rendre maître du monde *(ibid.)*. Il espère toujours une jouissance plus grande au fil des biens, des pouvoirs et des savoirs acquis à préserver, à augmenter, savoirs et pouvoirs qui lui donnent l'illusion d'une sécurité. Entre imaginaire espérance et choc de la réalité, l'homme se découvre perdant, pris au piège des valeurs en cours, celle de la réussite, de la maîtrise, du pouvoir sur l'autre, du paraître. Au fil de son expérience, transpire son angoisse de n'être rien, leurrée un temps par l'avoir. Il se découvre geôlier d'une prison qu'il a construite dans un jeu de rôles et d'attentes de rôles, auxquels il s'est rendu conforme. Aux petits matins blêmes de ses épreuves, la maladie, les séparations, la mort, il se sent ou ne va pas manquer de se sentir paumé dans ce faux-savoir (s'avoir), suffisant d'un savoir sur soi, voire pire, d'un savoir qu'il a cru détenir sur l'autre, ou à la place de l'autre, enjoignant l'autre de vivre à travers lui. Penser ou vivre à travers l'autre ou obligé l'autre à penser ou à vivre à travers soi, à réfléchir à l'acte éducatif, on peut se rendre compte des dangers de cet enfermement duel (F. Chébaux, 1999, p. 112-132). « La violence est un vouloir aveugle de tout ramener au Même. Son leitmotiv est : “Pas d’Autre.” Inconscient bien sûr », dit D. Vasse (1978). J’ai réfléchi, en effet, ces attitudes éducatives qui tiennent dans une mêmeté d’être, où derrière le monopole professionnel – 90 % des projets qui sont proposés, sont plus ou moins faits par les professionnels *(ibid.*, p. 120) – c’est une logique de substitution (faire à la place) et une logique de toute-puissance, utopie d’une restitution ultérieure du pouvoir sur soi confisqué par les éducatifs, qui se profilent. Habillés au prêt-à-porter des éducatifs, les jeunes, enfants ou adolescents accueillis, se voient là réduits à l’idéal normatif des éducatifs, l’idéal posé au départ dans l’éducation dont parle M. Mannoni (1973, p. 46), posture dans laquelle on demande à l’enfant de venir illustrer le bien-fondé d’une doctrine, dit-elle. Transformés en sujets-réponses, sujets-passifs, on leur proposait de « vivre comme des gens normaux, comme la moyenne des gens, comme la grosse majorité des gens », selon les termes d’un éducateur, « être comme tous les autres », selon les propos d’un autre (F. Chébaux, 1999, p. 130). La normalité offerte comme valeur absolue, le repli sur l’image miroitée de l’autre comme modèle, la conformation à l’image de l’autre – celle construite par les éducatifs – rend impossible tout travail d’écart, de différence, en soi et avec l’autre. J’ai rapporté la violence tournée contre soi ou contre les autres qui laisse les jeunes accueillis plus défaits à leur sortie des structures qu’à leur arrivée, et les éducatifs usés et démobilisés, rançon d’un enfermement narcissique. « Nous sommes des êtres qui découvrons, au jour le jour de notre vie, notre impuissance. Cette impuissance est toujours une mort à notre désir qui se voudrait tout-puissant », constate F. Dolto (1977-2, p. 159). Au jeu du désir, l’homme apprend – l’homme sait, dit F. Dolto (1981-2, p. 325) – « [...] par expérience même, s’il fait mine de n’y pas croire, que *son espérance de jouissance porte avec elle ses pièges, à la mesure de ses espérances » (ibid.)*. Leurré par les effets symboliques et les pouvoirs qu’ils créent, pouvoirs qu’il veut garder pour l’usage et la maîtrise du monde, dit-elle, ces leurres ne lui permettent pas d’économiser la découverte de l’inadéquation de la réalité à l’imaginaire. L’angoisse est alors inévitable : l’autre, le monde, échappent. Ils ne sont ni l’un ni l’autre conformes à ce qu’il veut qu’il soit, pour le dire dans un mode d’expression plus proche de celui de D. Vasse. Vivre, dans cette optique a la saveur du mourir, d'une mort permanente à ce désir de toute-puissance, peut-être réminiscence idéalisée de la confiance dans le père et la mère de la petite enfance, qui a été projetée sur les autres humains, comme elle le suggère *(ibid.)*, sans savoir qu'ils sont tout autant paumés quant à leur désir... Vivre, dans cette optique, c'est s'accepter tel que l'on est, avec humilité, accepter l'impuissance – ce risque qui accompagne une vie de vivants, aimants, désirants, qui aussi lui donne sens (1977-2, p. 159) –, se sachant comme chacun ignorants des réponses, mais cherchant – c'est la seule solution – à échanger entre nous sur la construction de ce que nous croyons être des réponses. « Vivre, c'est au jour le jour tenir avec les autres et bâtir quelque chose » (1985-1, p. 183).

Entre répétition et sublimation : l'impératif d'aimer

Vivre, c'est désirer. « Quand, d'un objet, d'un être aimé, nous sommes éloignés, écartés, monte alors la force du désir qui cherche à retrouver qui ou quoi lui manque. C'est ce manque qui est enviable, désiré » (1981-3, p. 138). Vivre, c'est accepter la castration, la séparation, la solitude. « [...] vous insistez beaucoup sur le fait qu'il y a une solitude incompressible, irréductible ; si on n'accepte pas ça, on est nécessairement dans le leurre [...] », interroge Pierre Mayol (1982-2, p. 99), dont le « bon Dieu » devient le bouche-trou, rajoute-t-il, le « bon-Dieu », comme n'importe quel autre, peut-on rajouter... Plus il y a séparation, castration, plus se creuse le lit du manque, plus s'y installe la vie du désir. C'est presque une tautologie, non ? Cela se ressent... les envies et la vie, jeu de mots facile, si vrai, et si complexe. Du côté de la vie, on ne peut pas s'empêcher de désirer, de faire confiance et d'espérer en ce désir. Encore que, dans l'éducation, on pourrait sans doute s'en laisser un peu plus inspirer de ce souffle-là. Les jeunes n'ont pas de projet... vous ne l'entendez jamais cette phrase ? Or, s'ils sont en vie, c'est qu'ils en ont des envies ; le problème, c'est qu'on ne sait peut-être pas les aider à se les révéler, les ressusciter. La résurrection, ce n'est rien d'autre : les remettre sur le chemin de leur allant-devenant à eux, les aider à se séparer de nous, de nos réponses toutes faites qui ne sont que les nôtres, pour les aider à construire les leurs. Ainsi de cet éducateur : il voyait un groupe de jeunes rassemblés tous les soirs sous un arrêt d'autobus, au cœur de cette cité à la périphérie d'une grande ville. Cet arrêt, dans cette banlieue, ils l'avaient baptisé « l'arrêt de l'angoisse » ! Il les a approchés, les a écoutés, a proposé un local, des discussions interminables, des nuits entières au fil des mois. Des projets individuels et collectifs, les deux, sont nés : des petits boulots pour assurer les moyens, des colonies de vacances, entendez des départs en vacances pour les petits frères de la cité, encadrées par les aînés, ces aînés-là justement, des projets de formation (à l'animation), l'interpellation des adultes, les parents, à qui on demandait un coup de main pour aménager le local, la structuration du groupe d'adultes qui s'apercevait du coup qu'ils ne savaient pas s'organiser dans la défense des loyers, par exemple... Le désir, ça s'attrape. Bref un plaisir d'être et de faire ensemble qui renaissait, initié grâce à une présence (éducative) qui avait su se faire absence. Tout roses, les murs de cette histoire ne l'étaient pas : la dope, les rechutes, les vols, divisaient encore cette énergie renaissante, je l'ai raconté (1999, p. 98). « Sépare-toi de choses non vivantes qui parasitent ton désir pour aller vers l'essentiel », c'est l'un des messages du Christ que F. Dolto nous rappelle (1981-3, p. 139) : ces jeunes ont progressivement quitté de la sécurité du connu, acceptant de se séparer d'un mode de satisfaction immédiate, de laisser mourir une partie de leur désir, inventant un nouveau chemin, en allant vers les autres. Ils ont construit des faits de culture. « Plus il y a séparation, ou castration, plus nous ressentons notre manque ; s'aiguise alors notre désir, obligé de tendre vers un but non plus immédiat mais plus lointain. Le fruit du désir, le plaisir, sera ainsi plus mûr, plus profond, plus essentiel » *(ibid.)*. Il n'y a, pour le coup, pas de mystère dans cette dynamique vitale. C'est du désir contrarié que surgit la créativité. L'enfant l'a appris avec sa mère quand elle l'a empêché de vivre son désir, qu'elle n'a pas satisfait immédiatement son envie de téter, ou seulement de la revoir, c'est là qu'elle lui a permis de prendre conscience qu'il avait un corps séparé du sien, attentes de satisfactions castrées qui se sont mues en paroles (1977-2, p. 173). C'est sur ces manques qu'il a construit sa différence, par la parole qu'il a pu traduire de façon de plus en fine ses besoins et désirs. Introduit à la culture, parce que séparé, ouvert aux autres, parce que séparé. L'éducation, c'est la remise vingt fois sur le métier de cet ouvrage-là. C'est ainsi que, dans un autre langage, nous avons développé notre image du corps, nous avons fait « [...] prendre sensible présence à notre chair », dans la castration du corps de l'autre, de sa consommation, qui donnait illusoire réponse satisfaisante à l'absence. La sensible présence à notre chair s'est construite sur le manque. C'est le manque qui appelle à sa traduction progressive des cris, des pleurs, à la parole, traduction de notre verbe, du mouvement, de l'élan vers l'autre, les autres. C'est le manque qui pousse à leur recherche. « Je pense donc que notre chair, c'est l'épaississement du verbe qui n'est pas arrivé à s'exprimer au niveau où il avait à s'exprimer ni au moment où il avait à s'exprimer » *(ibid.,* p. 174). Heureusement. Heureusement que dans notre corps s'est inscrit l'impossible de faire un avec l'autre, le nécessaire écart, du fait de l'Autre. Heureusement que dans notre chair s'est inscrit l'impossible rapport, le ratage de la communication. « Toujours, il manque quelque chose au désir » (*ibid.*, p. 175) ; heureusement. C'est là que se noue l'impératif d'aimer : le manque ouvre à l'altérité et ce faisant seulement à l'amour, la liberté laissée à l'autre de vivre son désir. L'impératif d'aimer, c'est la seule solution qu'il devrait rester à l'humain, une fois épuisée ce jeu relationnel qui tient de la maldonne où chacun attend de l'autre une réponse que personne ne peut lui donner (1984, p. 371).

Vivre, dans cette perspective, c'est être livré à l'impératif d'aimer, accepter que dans la pesanteur de la chair où le Moi de chacun s'épuise à consommer et à maîtriser, le Je se fasse aiguillon d'une dynamique jamais satisfaite, inconnaissable maître d'un verbe insaisissable. Quand on a accepté ce lâcher prise, alors possiblement on est sur le chemin de l'amour.

Bibliographie

Aulagnier P., *L'apprenti historien et le maître sorcier,* Paris, PUF, 1984.

Aulagnier P., Se construire un passé, in *Journal de la psychanalyse de l'enfant,* 1989, p. 191-220.

Balmary M., *Le sacrifice interdit, Freud et la Bible,* Paris, Grasset, 1986.

Bonnet C., *Geste d'amour,* Paris, Odile Jacob, 1990.

Bouchart A., La question des origines, in *Origines,* « Cahier du nouveau-né 7 », Paris, Stock, 1985-3, p. 15-21.

Chébaux F., *Archéologie de l'acte éducatif. Habilitation à diriger des recherches,* 3 t., Université de Caen, 1997.

Chébaux F., Violence et éducation, de l'autre côté du miroir, *in* Violence et éducation, *Les sciences de l'éducation pour l'ère nouvelle,* vol. 30, n° 2, 1997, CERSE, Université de Caen, p. 89-117.

Chébaux F., *La question du sujet entre Alain Touraine et Françoise Dolto,* Paris, L'Harmattan, 1999.

Chébaux F., La perspective du sujet, *in* Le sujet en questions, *Les sciences de l'éducation pour l'ère nouvelle,* vol. 32, n° 1, 1999, CERSE, Université de Caen, p. 5-8.

Chébaux F. (éd.), *Françoise Dolto et l'éducation,* Paris, L'Harmattan, 1999-3.

Chébaux F., Le secret de l'entretien, in *L'entretien de recherche dans les sciences sociales et humaines,* L. Marmoz (éd.), Paris, L'Harmattan, 2001.

Cifali M., De l'hypnose à l'écoute, in *Quelques pas sur le chemin de Françoise Dolto,* Paris, Le Seuil, 1988.

Cifali M., *Le lien éducatif : contre-jour psychanalytique,* Paris, PUF, 1994.

Clément R., Objets de soin et de mesures... ou personnes en devenir ?, in *Enfants en souffrance,* Paris, Stock, 1981, p. 19-32.

Clément R., Non-dit des origines, origines du non-dit. Du secret institutionnalisé à la disparition des traces, in *Origines,* « Cahier du nouveau-né 7 », Paris, Stock, 1985-3, p. 139-146.

Devereux G., *De l'angoisse à la méthode,* Paris, Flammarion, 1980.

Dolto F., *Le cas Dominique,* Paris, Le Seuil, 1971.
Dolto F., Séverin G., *L'Évangile au risque de la psychanalyse,* Paris, Le Seuil, t. 1, 1977-1.
Dolto F., Séverin G., *L'Évangile au risque de la psychanalyse,* Paris, Le Seuil, t. 2, 1977-2.
Dolto F., Rapoport D., This B., *Enfants en souffrance,* Paris, Stock, 1981-1.
Dolto F., *Au jeu du désir,* Paris, Le Seuil, 1981-2.
Dolto F., Séverin G., *La foi au risque de la psychanalyse,* Paris, Le Seuil, 1981-3.
Dolto F., *Séminaire de psychanalyse d'enfants,* Paris, Le Seuil, 1982-1.
Dolto F., La psychanalyse, parcours et travail, in *Esprit,* 1982-2, n° 7-8, p. 85-103.
Dolto F., *L'image inconsciente du corps,* Paris, Le Seuil, 1984.
Dolto F., *La cause des enfants,* Paris, R. Laffont, 1985-1.
Dolto F., *Séminaire de psychanalyse d'enfants,* Paris, Le Seuil, 1985-2.
Dolto F., Discussion avec Françoise Dolto, in *Origines,* « Cahier du nouveau-né 7 », Paris, Stock, 1985-3, p. 147-150.
Dolto F., *La difficulté de vivre,* Paris, Carrères/Vertiges, 1986.
Dolto F., *Solitude,* Paris, Carrères/Vertiges, 1987-1.
Dolto F., *Dialogues québécois,* Paris, Le Seuil, 1987-2.
Dolto F., *Tout est langage,* Carrères/Vertiges, 1987-3.
Dolto F., *Inconscient et destins. Séminaire de psychanalyse d'enfants,* Paris, Le Seuil, 1988.
Dolto F., *Autoportrait d'une psychanalyste,* Paris, Le Seuil, 1989.
Dolto F., Nasio J. D., *L'enfant du miroir,* Paris, Payot, 1992.
Dolto F., Hamad Nazir, *Destins d'enfants,* Paris, Gallimard, 1995.
Dolto F., *Le sentiment de soi,* Paris, Gallimard, 1997.
Dubet F., *Sociologie de l'expérience,* Paris, Fayard, 1994.
François Y., *Françoise Dolto, la langue des images,* Paris, Bayard Éditions, 1999.
Freud S., *Délire et rêves dans la « gradiva » de Jensen,* Paris, Gallimard, 1949.
Freud S., Au-delà du principe du plaisir, in *Essais de psychanalyse,* Paris, Payot, 1975, p. 7-81.
Guillerault G., *Le corps psychique,* Paris, Éditions universitaires, 1989.
Guillerault G., *Les deux corps du Moi,* Paris, Gallimard, 1996.
Guillerault G., *L'image du corps selon Françoise Dolto, une philosophie clinique,* Le Plessis-Robinson, Les Empêcheurs de tourner en rond, 1999.
Guillerault G., *Du corps comme identité à l'inconscient comme dynamique : présentation de l'image inconsciente du corps,* Journées d'études Dolto, Association Archives et documentation Françoise Dolto, Paris, 1999.
Hennezel M. (de), Montigny J. (de), *L'amour ultime,* Paris, Hatier, 1991.
Hennezel M. (de), Leloup J.-Y., *L'art de mourir,* Paris, Laffont, 1997.
Herbinet É., Naissance et adoption, in *Origines,* « Cahier du nouveau-né 7 », Paris, Stock, 1985, p. 27-40.
Lacan J., *Écrits,* Paris, Le Seuil, 1966.
Lacan J., La troisième, Congrès de l'EFP, Rome, *Lettres de l'EFP,* n° 16, 1974.

Laffitte R., *Une journée dans une classe coopérative,* Paris, Syros, 1985.
Leclaire S., *On tue un enfant,* Paris, Le Seuil, 1975.
Lucas P., Une autre relation thérapeutique, l'expérience de Montceau-les-Mines, in *Esprit,* 1978, n° 4, p. 51-74.
Mannoni M., *Éducation impossible,* Paris, Le Seuil, 1973.
Mannoni M., *La théorie comme fiction,* Paris, Le Seuil, 1979.
Mannoni M., *Un savoir qui ne se sait pas,* Paris, Denoël, 1985.
Mannoni M., Conclusion, in *L'enfant et la psychanalyse. Esquisses psychanalytiques,* Paris, CFRP, 1993, p. 605-611.
Mayol P., *in* La psychanalyse, parcours et travail, entretien avec Françoise Dolto, *Esprit,* 1982-2, n° 7-8, p. 85-103.
Nasio J. D., *Comment un psychanalyste qui travaille avec le concept d'image inconsciente du corps écoute-t-il son patient ?,* Journées d'études Dolto, Association Archives et documentation Françoise Dolto, Paris, 1999.
Ortoli F. (d'), Amram M., *L'école avec Françoise Dolto,* Paris, Hatier, 1990.
Oury F. et « Genèse de la coopérative », Transferts, transports, déplacements et résurgences, in *L'année dernière, j'étais mort, signé Miloud,* Vigneux, Matrice, 1986, p. 115-131.
Oury F., Repères, in *L'école avec Françoise Dolto,* F. d'Ortoli, M. Amram, Paris, Hatier, 1990, p. 283-285.
Oury J., *Lois d'agencement d'un collectif psychiatrique articulant : symbolique et imaginaire,* compte rendu de la « Conférence débat », CREAI de Basse-Normandie, 1985.
Oury J., À propos de Miloud, pédagogie et psychothérapie institutionnelles, in *L'année dernière j'étais mort, signé Miloud,* Vigneux, Matrice, 1986, p. 163-192.
Ogilvie B., *Lacan, la formation du concept de sujet,* Paris, PUF, 1987.
Pain J., Violences et prévention de la violence à l'école, in *Les sciences de l'éducation pour l'ére nouvelle,* 1997, vol. 30, n° 2, Cerse, Université de Caen, p. 57-88.
Pain J., L'individu sans collectif, un mal d'institution, in *Les sciences de l'éducation pour l'ére nouvelle,* 1999, vol. 32, n° 1, Cerse, Université de Caen, p. 29-60.
Pain J., *De l'école caserne à la pédagogie institutionnelle,* Journées d'études Dolto, Association Archives et documentation Françoise Dolto, Paris, 1999.
Rassial J.-J. et A., De l'image inconsciente du corps, in *Quelques pas sur le chemin de Françoise Dolto,* Paris, Le Seuil, 1988, p. 163-190.
Rapoport D., Que dire, quand le dire ? Parler pour ne rien dire, in *Origines,* « Cahier du nouveau-né 7 », Paris, Stock, 1985-3, p. 127-138.
Sauverzac J.-F. (de), in *Séminaire de psychanalyse d'enfants,* F. Dolto, Paris, Le Seuil, 1985-2.
Sauverzac J.-F. (de), in *Inconscient et destins. Séminaire de psychanalyse d'enfants,* F. Dolto, Paris, Le Seuil, 1988.
Séverin G., *L'Évangile au risque de la psychanalyse,* avec F. Dolto, t. 2, Paris, Le Seuil, 1977-2.

This B., Heures et jours qui suivent l'accouchement, in *La difficulté de vivre,* Paris, Carrère s/Vertiges, 1986, p. 17-85.

This C., *in* This B., Adoption et mythologie, in *Origines,* « Cahier du nouveau-né 7 », Paris, Stock, 1985-3, p. 89-104.

Touraine A., Le sociologue et la sociologie, in *Informations sociales,* 1981, n° 5, p. 39-47.

Vasse D., *Le temps du désir,* Paris, Le Seuil, 1969.

Vasse D., *Violence et dérision,* conférence, 1978.

Vasse D., Entre le goût des choses et le poids des mots. Le mal-entendu de la peur, in *Le divan de Procuste,* avec J. Mac Dougall, O. Mannoni, L. Dethiville, Denoël, 1987, p. 47-84.

Vidal J.-M., Le pouvoir structurant des images chez l'animal, et sa restructuration par la dimension symbolique chez l'homme, in *Origines,* « Cahier du nouveau-né 7 », Paris, Stock, 1985-3, p. 41-56.

Winnicott D.-W., *Processus de maturation chez l'enfant,* Paris, Payot, 1970.

Winnicott D.-W., *De la pédiatrie à la psychanalyse,* Paris, Payot, 1969.

Winnicott D.-W., *Jeu et réalité,* Paris, Gallimard, 1975.

Wolton D., *Le nouvel ordre sexuel,* Paris, Le Seuil, 1974.

Wolton D., Qui veut savoir ?, in *Esprit,* 1977, n° 7-8, p. 36-47.

Winter J.-P., *Dieu profane, sujet divin,* Journées d'études Dolto, Association Archives et documentation Françoise Dolto, Paris, 1999.

Imprimé en France
Imprimerie des Presses Universitaires de France
73, avenue Ronsard, 41100 Vendôme
Mai 2001 — N° 48 281